本书出版得到2012年度教育部人文社会科学研究西部与边疆地区青年基金项目"抗日战争时期大后方糖业统制研究"（12XJC770010）资助

西南大学
历史文化学院 民族学院
学术文丛

抗日战争时期大后方糖业统制研究

基于四川糖业经济的考察

赵国壮／著

科学出版社
北 京

图书在版编目（CIP）数据

抗日战争时期大后方糖业统制研究：基于四川糖业经济的考察 / 赵国壮著 . –北京：科学出版社，2015. 8

ISBN 978-7-03-045412-6

Ⅰ. ①抗… Ⅱ. ①赵… Ⅲ. ①抗日战争-制糖工业-工业经济-研究-四川省 Ⅳ. ①F426. 82

中国版本图书馆 CIP 数据核字（2015）第 192268 号

责任编辑：杨　静　陈　亮 / 责任校对：邹慧卿
责任印制：张　倩 / 封面设计：黄华斌　陈　敬
编辑部电话：010-64026975
E-mail: chenliang@mail. sciencep. com

科　学　出　版　社 出版
北京东黄城根北街 16 号
邮政编码：100717
http://www.sciencep.com
三河市骏杰印刷有限公司 印刷
科学出版社发行　各地新华书店经销
*
2015 年 8 月第 一 版　开本：720×1000　1/16
2015 年 8 月第一次印刷　印张：15　插页：2
字数：272 000
定价：**76. 00 元**

（如有印装质量问题，我社负责调换）

序

  光阴似箭，转眼之间赵国壮博士毕业已有数年，如今已成家立业，各方面都收获甚丰。其以博士学位论文为基础申报的教育部人文社科基金项目也顺利结项，即将出版。作为他攻读博士学位的指导老师，我对学生所取得的各方面成绩自然深感欣慰，也很高兴为其出版的第一部学术专著作序。

  我对在读的学生，无论是博士生还是硕士生，要求都比较严格，基本上未曾当面称赞过学生的优点，而是经常指出其不足及需要改进之处，并且由于本人性格的原因，平日与学生交流时往往是不苟言笑，态度比较严肃，致使许多学生都难免会产生一种敬畏之感。尽管早已知晓这种状况可能会影响到学生大胆求教和成长进步，希望能有所改进，但却因个人之本性难移，一直成效不著。

  不过，在这里还是要说一下我所了解的赵国壮，也许所说并不十分准确，但却是三年师生交流，以及他毕业后数年继续与其接触形成的直观感受。客观而言，国壮的学术天资与禀赋并不是十分突出，但他所具有的另一些特点与优点却较为显著，即为人诚朴谦逊，学习勤奋刻苦，治学严谨踏实，而且具备勇于承担各项具体工作的吃苦耐劳的优良品质。为人诚朴谦逊，不仅使其具有良好的人际关系，而且有利于更为广泛地获取学术信息与养料，得到许多人的支持与帮助，得以在学术道路上更好、更快地前行；学习勤奋刻苦则促使其一心向学，能够较快地奠定专业基础知识，掌握相关理论和方法，具备较强的独立从事学术研究的能力；治学严谨踏实，更使其能够在治学过程中一步一个脚印，稳步提升，收获了一份又一份有分量的学术成果。现今的年轻学人，为了能够集中时间和精力治学，常常不愿较长时间承担一些非学术研究性的工作，但这些工作在一个重要学术机构又必不可少。国壮的难能可贵之处，是在个人从事研究和教学之外，还承担了西南大学"重庆中国抗战大后方研究中心"的许多事务性的具体工作，并且任劳任怨，得到了该校历史文化学院领导和老师们的一致好评。

国壮博士毕业后到重庆的西南大学求职，虽然得到了历史文化学院的充分肯定，但由于某些客观原因，当年未能获得正式教师编制，不得不以博士后的身份进入西南大学。起初，还曾担心他博士后出站以后是否能够顺利留校任职，但不久之后，即听说他因各方面表现优秀，学院已决定聘其为正式教师。随即又不断地接连获悉其好消息，如2014年获得教育部人文社科基金项目，顺利评上副教授，而且得以享受国家计划生育新政策，在原已育有一子的情况下又生一女，可谓事业、家庭双丰收，可喜可贺。

现今即将出版的《抗日战争时期大后方糖业统制研究——基于四川糖业经济的考察》一书，称得上是国壮多年努力钻研收获的一项重要学术成果。在攻读博士学位时，他经过广泛阅读文献史料和相关研究论著，确定以"从自由市场到统制经济：近代四川沱江流域蔗糖经济研究"为题撰写博士学位论文，随即进一步辗转各地搜集档案、报刊、方志及文史资料，比较幸运的是，不久又经努力争取到了前往日本关西大学进修学习一年的机会，不仅提高了日语水平，更重要的是扩大了学术视野，并搜集到了许多与博士论文选题相关的日文资料和论著，从而为写好论文奠定了非常坚实的史料基础。

正因为如此，国壮没有延长攻读博士学位的时间，在三年内选修了全部学位课程，并完成博士论文的撰写而顺利毕业。由于博士论文写得十分扎实，论述比较深入，在此基础上申报教育部人文社科基金青年项目也顺利通过。随后，进一步补充相关史料，扩充研究内容，最终完成了这部学术专著。该书除绪论和余论之外共计五大章，每章的内容都比较丰富，第一章从生产区域、制糖技术、生产组织、外糖输入等方面，论述了抗日战争前中国糖业发展及统制实践；第二章探讨了政府对市场酒精糖料供应的统制，尝试从新的视角分析抗日战争时经济统制、液体燃料政策的得失；第三章考察政府对蔗、糖价格的干预及调控，透过一系列蔗糖纠纷案具体分析了"蔗糖评价制度"的实施、效果及影响；第四章主要论述了抗日战争时食糖专卖政策，阐明政府如何以此加强对地方社会的掌控，对糖业发展产生的各方面影响，以及官商之间的冲突；第五章从手工制糖技术革新、机器制糖业发展、政府的金融扶植等方面，论述了抗日战争时糖业统制对大后方蔗糖经济发展所产生的多重影响。全书主线明确，条理清晰，并运用区域经济史理论、经济成长理论、制度经济学理论，对若干重要问题进行了分析和论证，提出了自己的学术见解。可以说，该书对于深化抗日战争时期的统制经济、四川经济史乃至抗日战争史研究，均不乏积极作用，具有较高的学术价值和现实借鉴意义。

对每一位博士生而言，博士论文的撰写都是一个痛苦和艰辛的历程，其间充满了酸甜苦辣，五味杂陈，难以言表。我虽遗憾地未曾攻读博士学位，但自从1995年担任博士生指导教师以来，与所带众多博士生一起也感同身受，不无体验。另外，博士论文的撰写也是各位年轻学子经受严格学术训练而步入治学门径的良好一途，如能选取一个具有较大学术价值和较好发展空间的论文选题乃至研究领域，再经过不断的发奋努力，不仅能够写出一篇优秀的学位论文，甚至还会影响到其一生的治学成就。

可以预见，国壮正是沿着这样一条学术之路不断向前发展的。现今奉献给史学界的这部著作尚属于其学术处女作，相信在不久的将来还会看到他更多、更好的研究成果。著名历史学家章开沅先生曾说过："历史是已经画上句号的过去，史学是永无止境的远航。"所有"章门弟子"都应永远铭记这句话，不停地思考，不断地探索，为新时期中国历史学的发展贡献绵薄之力。

朱 英

2015年春节写于桂子山

目　录

表　目　录

绪　　论

一、研究旨趣及问题意识

历史是什么？历史的价值在哪里？这些问题萦绕在每一位史学工作者的脑海中，让每一个踏入历史研究殿堂的人都必须设法去面对它们，以便求得心灵的平静。过往的圣贤，时下的史学名角、花旦，皆对其有颇多论述，故不一一赘述，只是强调一下历史研究在过去、现在及未来中的沟通作用。正如莱布尼茨常说的：后退才能跳得高。赫拉克利特为物理世界写下的格言：上升的路和下降的路是同一条。历史就是力图把所有这些凌乱的东西、把过去的杂乱无章的细枝末节熔在一起，综合起来浇铸成新的样态。弗里德里希·施莱格尔曾把历史学家称为回顾的预言家。"除了对过去的一种预言以外，也是对过去的隐蔽的生活的揭示。历史学家不可能预告未来的事件，他只能解释过去。但是人类生活乃是一个有机体，在它们之中所有的成分都是相互包含、相互解释的。因此对过去的新的理解，同时也就给予我们对未来的新的展望，而这种展望反过来成了推动理智生活和社会生活的一种动力。"①

糖品是人们生活中的日常消费品，糖业在手工行业、国民经济、饮食革命、中外交流中均扮演着重要角色。例如，近代四川沱江流域蔗糖经济繁荣的局面虽已逝去，但人们依旧陶醉于其昔日的繁荣景象中，"甜城"两个字是内江人民心头永远抹不去的追忆。从萌芽到极度繁荣再到销声匿迹，四川沱江流域蔗糖经济在区域社会经济发展史上留下了一道优美的弧线，也给我们留下了诸多历史智慧和经验启示。沱江流域蔗糖经济悖论型增长模式，因时而成，凸显了近代社会转型中手工业发展的内在困境。弄清楚沱江流域蔗糖经济发展的内涵、制约其发展的深层次矛盾等问题，对时下区域优势经济体

---

① 〔德〕恩斯特·卡西尔，甘阳译：《人论》，上海：上海译文出版社，2004年，第245—246页。

的打造不无借鉴意义。

清代四川商业性农业的发展，使一些地区出现了棉、桑、蔗、烟、茶、果等专业种植区，逐步形成了初级的区域间生产分工。在这个过程中，沱江流域以其在蔗糖经济方面的特色成为川省著名的蔗糖经济区。该地区的植蔗面积达到全省的76%，"（四川）产糖区域分布，最主要者，均在交通运输便利沿江沿河各地，其中以沱江流域为主。本省蔗糖事业，集中于此，其种植面积占全省76%，其制糖方面，如工具及技术分工之精细，皆为他区所不及。在此区域中，内江及资中，富顺，简阳一部产白糖，资阳、金堂及简阳一部产红糖，前者可称之为白糖区，后者可称为红糖区"[①]。在沱江流域，农家保有较高的植蔗率，根据四川省甘蔗实验调查，沱江流域户均植蔗面积达到47.87%，其中简阳、内江更是分别高达60.20%、57.50%。[②] 在蔗糖产量方面，全川主要产糖县份有46个，而"沱江流域之内江、资中、简阳、金堂以及富顺一带，产量约为全川产量之70%，乃四川糖业中心"[③]。在糖品贸易方面，沱江流域由于川南地区密集的河流分布而构成了水路运输交通网，从而推动沱江流域糖品贸易的发展，形成了一个糖品销售的区域内市场。

另外，沱江流域的内江县，是该地区的糖品集散中心、糖业金融中心、川康食糖专卖行政中心（食糖专卖局专属设在内江）、糖业技术中心（四川省甘蔗试验场设在内江西圣水寺内）。相对于长江上游地区这个巨区来说，沱江流域是一个相对较小的中区，其在植蔗习惯、手工制糖技术、糖品贸易等方面的特色，使其成为透视川糖经济乃至近世中国糖业经济的独特视角。

综上所述，本书的问题意识主要围绕以下几个方面展开。

（1）在手工行业史研究方面。20世纪80年代以来，随着学术事业的全面繁荣，近代农村手工业经济史研究逐步受到学界的重视，关注的问题及研究的取向都有较大变化，即由分析传统手工业与近代工业的关系、资本主义萌芽等宏观问题而发展到分区域、分行业的具体研究，由对资本帝国主义压榨、摧残中国近代工业发展的政治取向一面，转而表现出强烈的学术关怀和现实关怀，新领域不断拓展，新观点也不断涌现，标志着这一研究领域的进一步

---

① 杨寿标、朱寿仁调查，钟崇敏撰述：《四川蔗糖产销调查》，重庆：中国农民银行经济研究处，1940年，序言，第21—22页。

② 四川省甘蔗试验场：《沱江流域蔗糖业调查报告》，第四章，1938年，第1—2页。

③ 内江地区档案馆：《民国时期内江蔗糖档案资料选编》上，1984年，第2页。

细化和深化。[①]

　　近代以来，手工制糖技术有了一定的发展，制糖业成为重要的手工行业之一。但近代以来制糖业的行业整体发展状况、手工制糖技术水平等方面的研究，则相对滞后于其他手工行业史的研究。就目前的手工业史研究状况而言，棉纺织业、蚕丝业、制茶业等行业多有大量研究专著、宏文问世，而手工制糖业则未受到较多关注，不能不为之遗憾。

　　同时，学界在认识传统手工业与近代资本主义关系的问题时，存有较大分歧，有发展、不发展、中间经济等观点。[②] 实际上，发展与不发展是可以共存的，是一个悖论，近代手工制糖业的发展状况很好地凸显了这一悖论。我们应把区域研究同行业研究结合起来，对近代四川沱江流域蔗糖经济进行分析，弄清其独特的行业特点及地域差异，从而丰富手工业行业史的研究。

　　（2）在区域社会史研究方面。所谓整体研究，是指站在宏观的角度，对某个问题进行区域性、行业性的整合，把研究对象作为一个经济整体，探讨它的长期存在状况及其原因，分析其地位，全面评价其作用，等等。所谓区域研究，是指站在中观或微观的角度，对小到一村一县的研究或更大的区域如一省一流域的研究。

　　施坚雅认为近代中国大概可以分为9个主要的、人口密度较大的区域，其中每个区域四周都有一圈圈的同心圆周，人口密度随距离而递减。每个人口密度的"核心"均被九大自然地理区中的一个团体围住，而构成地区界限的分界线一般都穿过人口较稀疏的区域。19世纪末已形成了若干以一个大都市为中心的经济区域：华北为北京、西北为西安、长江上游为重庆、长江中游为武汉、长江下游为上海、东南沿海为福州、岭南为广州等。[③]

　　①　严中平：《中国棉纺织史稿》，北京：科学出版社，1955年；许涤新、吴承明：《中国资本主义发展史》（三卷本），北京：人民出版社，2003年；段本洛、张圻福：《苏州工业史》，南京：江苏古籍出版社，1982年；徐新吾：《中国近代缫丝工业史》，上海：上海人民出版社，1990年；彭南生：《中间经济：传统与现代之间的中国近代手工业（1840—1936）》，北京：高等教育出版社，2002年；彭南生：《半工业化——近代中国乡村手工业的发展与社会变迁》，北京：中华书局，2007年；赵冈、陈钟毅：《中国棉业史》，台北：台湾联经出版事业公司，1977年；〔美〕李明珠著，徐秀丽译：《中国近代蚕丝业及外销（1842—1937）》，上海：上海科学院出版社，1996年。

　　②　吴承明：《中国资本主义与国内市场》，北京：中国社会科学出版社，1985年；汪敬虞：《中国近代手工业及其在中国资本主义产生中的地位》，《中国经济史研究》1988年第1期，第88—101页；彭南生：《中间经济：传统与现代之间的中国近代手工业（1840—1936）》，北京：高等教育出版社，2002年。

　　③　G. W. Skinner. *The City in Late Imperial China*, California: Stanford University Press, 1977, pp. 282-283；〔美〕施坚雅著，王旭等译：《中国封建社会晚期城市研究》，长春：吉林教育出版社，1991年。

王笛根据施坚雅的区域地理系统论，把长江上游地区进一步细化。长江上游地区的自然地理有一个重要特点，即以长江为主干，各支流自北而南注入，形成了一个以航运为中心的交通联系网络，这些江河往往成为大多数经济区的自然界限。所以，长江上游作为一个独立的经济巨区，又可分为若干较小的、有若干层次的经济区。在清代长江上游，存在着围绕8个城市运转的经济和商业贸易区域，即以重庆为中心的上川东区，以顺庆府城（南充）为中心的川北区，以嘉定府城（乐山）为中心的上川南区，以叙州府城（宜宾）为中心的川南区，以泸州为中心的下川南区，以万县为中心的川东区，以广元为中心的川西北区。上游中小城镇稠密，主要在于区域经济的发展，各地市场相联系的大宗商品就有一定的地域性，出现了一批以商业贸易为中心的城市和口岸，商品的生产、交换和消费显露了地域的区别，从而形成了经济区。这种区域经济的划分往往以地域的自然界限为基础，以大宗商品作物和工商经济的分布为依据。[①]

沱江流域包括7个县，分别是上河地区的金堂、简阳、资阳，下河地区的资中、内江、富顺、泸县。沱江河及成渝公路是其交通大动脉，蔗糖经济的形成及发展使其成为近代四川著名的蔗糖经济区。把行业研究与区域研究结合起来，有助于区域经济研究的细化和深化。

（3）在社会群体研究研究方面。从中国步入近代开始，其就经历着一个由传统到现代的转变过程，而且到目前为止，这一过程仍在继续。在这个转变过程中，社会群体会不断地发生裂变，旧的社会群体淡出历史舞台，新的社会群体崭露头角。新群体的产生，尤其是工商业者群体的产生，不仅反映了传统社会结构的变动，也体现了传统社会向近代社会的蜕变。

最早关注中国近代社会群体及其关系并对此进行初步研究的学者，大都是国外学者，如20世纪50年代初，何炳棣、张仲礼对绅士的研究；20世纪60年代小岛淑男、白吉尔、费正清、芮玛丽等对商绅阶层的考察。[②] 但他们的研究还不足以说明近代中国社会群体的特征及其与社会转型之间的内在联系。相形之下，国内学者对社会群体及其与近代中国社会转型的互动关系的研究起步较晚。"以社会群体为主题的研究，其兴起具有深远的学术背

---

① 王笛：《跨出封闭的世界——长江上游区域社会研究（1644—1911）》，北京：中华书局，2006年，第211—212页。

② 张仲礼：《中国的绅士——关于在19世纪中国社会中作用的研究》，上海：上海社会科学院出版社，1991年；小岛淑男：《辛亥革命時期の士紳：商人階級と上海独立運動》（辛亥革命时期的士绅：商人阶级与上海独立运动），《東洋史編》1960年第6期；〔法〕白吉尔著，张富强等译：《中国资产阶级的黄金时代（1911—1937）》，上海：上海人民出版社，1994年。

景。可以说，社会群体的研究是对原有单一'阶级研究'的突破。在改革开放初期的资产阶级研究之中，章开沅等学者率先提出以'社会阶层'、'社会群体'、'社会团体'的视角来代替单纯的阶级研究，可以避免将历史研究程式化和简单化，更易于发现历史的丰富内涵。章开沅等学者还大力提倡加强对近代官、绅、商、学等各式社会群体的研究，并有《中国近代史上的官绅商学》这样的力作问世，受到学界的广泛关注和认可。"① 起初的研究主要集中在上层社会群体方面，如徐鼎新、马敏、虞和平、李达嘉、冯筱才等学者对商人群体的研究，李喜所、王奇生等对留学生群体、县长群体的研究。② 此后，随着"眼光下移"的研究趋向，使社会群体的研究更趋于扩散，下层社会群体的研究被纳入到研究者的视野。③ 近几年，处于中间阶层的自由职业群体逐渐被纳入到学者的研究视野，出现了一批研究成果。④ "通过对各个社会群体的研究，近代中国的社会全貌、近代中国各个阶层民众的生活实况得以重新构建，也充分体现了社会群体研究在整个史学研究中的重要位置和作用。"⑤

　　如上所述，上中下各个有一定特征的社会群体皆被纳入到学者的视野

---

① 朱英：《近代中国自由职业者群体研究的几个问题——侧重于律师、医师、会计师的论述》，《华中师范大学学报》（人文社会科学版）2007年第4期，第65—74页；章开沅、马敏、朱英：《中国近代史上的官绅商学》，武汉：湖北人民出版社，2000年。

② 徐鼎新、钱小明：《上海总商会史》，上海：上海社会科学院出版社，1991年；马敏、朱英：《传统与近代的二重变奏》，成都：巴蜀书社，1993年；虞和平：《商会与中国早期现代化》，上海：上海人民出版社，1993年；朱英：《转型时期的社会与国家——以近代中国商会为主体的历史透视》，武汉：华中师范大学出版社，1997年；李达嘉：《上海商人的政治意识和政治参与（1905—1911）》，"中央研究院"近代史研究所集刊（台湾）第22期上册，1993年6月；《从"革命"到"反革命"——上海商人的政治关怀和抉择（1911—1914）》，"中央研究院"近代史研究所集刊（台湾）第23期上册，1994年6月；冯筱才：《江浙商人与1924年的"齐卢之战"》，"中央研究院"近代史研究所集刊（台湾）第33期，2000年6月；王奇生：《民国时期县长的群体构成与人事嬗递——以1927年至1949年长江流域省份为中心》，《历史研究》1996年第2期，第97—116页。

③ 池子华：《中国流民史：近代卷》，合肥：安徽人民出版社，2001年；严昌洪：《近代人力车夫群体意识探析》，《华中师范大学学报》（人文社会科学版）2007年第6期，第63—72页；黎霞：《民国时期武汉码头工人研究》，华中师范大学博士学位论文，2007年。

④ 张丽艳：《通向职业化之路：民国时期上海律师研究》，华东师范大学博士学位论文，2003年；孙惠敏：《中国律师制度的建立——以上海为中心的考察（1911—1912）》，台湾大学博士学位论文，2002年；魏文享：《近代职业会计师之诚信观》，《华中师范大学学报》（人文社会科学版）2002年第5期，第111—118页；魏文享：《近代上海职业会计师群体的兴起——以上海会计师公会为中心》，《江苏社会科学》2006年第4期，第198—206页；尹倩：《民国时期的医师群体研究（1912—1937——以上海为中心）》，华中师范大学博士学位论文，2008年。

⑤ 朱英：《近代中国自由职业者群体研究的几个问题——侧重于律师、医师、会计师的论述》，《华中师范大学学报》（人文社会科学版）2007年第4期，第65—74页。

当中，但对行业中出现的新经济群体的研究还不是太充足。例如，蔗糖经济中的蔗农群体、制糖者群体、糖商群体、经纪人群体，他们既是沱江流域糖业经济发展的产物，又是社会结构发生变化的体现。通过对这些新经济群体的分析、诠释，不仅可以借此观察沱江流域蔗糖经济发展对区域社会的影响，而且也可以丰富社会群体研究。例如，糖商群体来自不同的地方，为了分享糖类产品的销售利润，他们积极地参与糖品的运销活动。他们不仅仅是单纯的参与者，而且也逐渐形成了不同的帮派，组织自己的同业公会，并推动城市的发展及地方金融市场的形成。在这个过程中，他们与政府之间存在着合作和抗争，但他们是如何合作的？如何抗争的？尤其是在蔗糖产销政策由预卖预买到甘蔗评价，由自由买卖到食糖专卖的转变过程中，他们有何作为？同时，这一行业社会群体与职业社会群体有什么相似和相异之处？这些都有待于细细地推敲。四川省是一个炮哥文化盛行、江湖习气浓重且较为封闭的内陆地区，对这一群体的分析，可以从区域行业史的角度丰富社会群体研究。

（4）在农村经济史研究方面。就目前的学术成果来看，华北、华南两地是近代乡村问题研究较为成熟的区域。[①] 这两个地区的研究成果多以棉农、茶农、蚕农为中心展开讨论，它们为我们透视其他地区或其他新型小农，如烟农、蔗农提供了经典的分析模式。

比如，对农家经营模式的探讨。近代中国，随着资本主义的入侵和商品经济的发展，农村自然经济开始逐步解体，农户家庭中的"耕"与"织"两部分发生了分化和组合。[②] 近年来，学界对农家经营模式的认识发生了较大的变化。传统观点认为，近代以来，随着资本列强的入侵，农村自然经济和城乡手工业遭受到了严重的冲击，造成了大批农民和手工业者破产，从而为

---

① 罗仑、景甦：《清代山东经营地主经济研究》，济南：齐鲁书社，1985 年；黄宗智：《华北的小农经济与社会变迁》，北京：中华书局，2000 年；黄宗智：《长江三角洲小农家庭与社会发展》，北京：中华书局，2000 年；曹幸穗：《旧中国苏南农家经济研究》，北京：中央编译出版社，1996 年；苑书义、董丛林：《近代中国小农经济的变迁》，北京：人民出版社，2001 年；侯建新：《农民、市场与社会变迁》，北京：社会科学文献出版社，2002 年；〔美〕弗里曼·毕克伟·塞尔登著，陶鹤山译：《中国乡村，社会主义国家》，北京：社会科学出版社，2002 年；〔美〕杜赞奇著，王福明译：《文化、权力与国家：1900—1942 年的华北农村》，南京：江苏人民出版社，2004 年；〔美〕白凯著，林枫译：《长江下游地区的地租、赋税与农民的反抗斗争：1840—1950 年》，上海：上海书店出版社，2005 年；〔美〕李怀印著，岁有生、王士皓译：《华北村治——晚清和民国时期的国家和农村》，北京：中华书局，2008 年。

② 彭南生：《论近代中国农家经营模式的变动》，《学术月刊》2005 年第 11 期，第 82—92 页。

资本主义的发展提供了商品市场和劳动力市场[1]，而且在这个过程中，其突出的表现就是农家经营模式中的"耕"与"织"的分离。随后这一观点备受质疑，这些质疑不仅包括对单线历史观的评判，也包括对"耕织结合"多元分解过程的重新界定，强调分化组合的多元性、地区之间的差异性及时间上的不均衡性。[2]

与同时代其他区域的农民植蔗相比，沱江流域的蔗农家庭经营具有一定的独特性。已有研究成果对其有一定的关注，如对下河地区蔗农（植蔗）—糖房（榨蔗成糖清或制成红糖）—漏棚（漏制白糖）这一生产流程的肯定。[3]植蔗与制糖的分离是该行业"耕织结合"（农工结合）家庭经营模式变动的体现，但它并不是该地区"耕织结合"家庭经营模式变动的全部，还存在着另外两种农家经营模式——自种自榨自经营和合作社经营，同时这两种"农工结合"经营模式也并非传统意义上"耕织结合"模式的翻版。另外，具有资本主义手工工场性质的糖房、漏棚为何没有突破传统生产工艺的限制，促进生产力发生质的突破，而反倒成为下河地区蔗糖纠纷的策源地？因此，弄清不同的生产形态，既有助于我们全面、深入地透视新经济群体——蔗农的生存状况，也对近代乡村经济研究的进一步细化大有裨益。

二、学术史回顾及思考

沱江流域位于四川省中部，年平均气温约为 18 摄氏度，年降水量约为 1000 毫米，较适宜种植甘蔗。近代以来，沱江流域以其在糖品产量、制糖技术、市场结构等方面的优势，成为四川地区著名的蔗糖经济区，蔗糖经济的形成及发展也推动了区域社会经济的近代变迁，这些特点及影响使其成为学者们关注

---

[1]　许涤新、吴承明：《中国资本主义发展史》，北京：人民出版社，1985 年。

[2]　徐新吾：《近代中国自然经济加深分解与解体的过程》，《中国经济史研究》1988 年第 1 期，第 101—110 页；陈惠雄：《近代中国家庭棉纺织业的多元分解》，《历史研究》1990 年第 2 期，第 116—130 页；谢放：《近代四川农村"耕织结合"的分离过程及其局限》，《近代史研究》1990 年第 1 期，第 98—109 页；彭南生：《论近代中国农家经营模式的变动》，《学术月刊》2005 年第 11 期，第 82—93 页。

[3]　"这一时期，制糖手工工场的规模和生产技术都较前有了大的发展，初步形成了从蔗农（原料）—糖房（半成品）—漏棚（成品）的一整套手工业生产流程……（搭搞，即自种自榨自经营）毕竟属少数。"刘志英：《论近代沱江流域的制糖工业》，四川大学硕士学位论文，1992 年，第 13—14 页。"当时内江的蔗糖业在原料供应、制作过程、销售业务、金融流通等方面已经形成了'蔗农＋糖房＋漏棚'一条龙的纵向协作的经营模式。一般来说，这种经营模式既利于蔗农解决缺钱、缺技术、缺设备的问题，又利于糖房解决缺原料、缺劳动力的问题。"胡丽美：《抗战以来四川内江的蔗糖纠纷》，四川师范大学硕士学位论文，2006 年，第 5、8—9 页。

的重点对象之一。这方面的研究包括两本专著①，3 篇硕士论文②，1 篇博士论文③，20 多篇学术论文。④ 其所探讨的问题涉及手工制糖技术改良、机器制糖工业的发展、糖业经济的形成及发展、糖业与区域社会关系、糖业事件等多个研究领域。而从国内区域糖业史的研究成果来看，有关该区域的成果最多，也最为成熟，沱江流域的糖业也就成为一个研究内陆糖业史及手工行业经济史的典型范例。因此，对其进行回顾及思考，既可以避免低层次重复而枉费宝贵的资源，也可以明确糖业史研究中存在的问题，从而推动糖业史及手工行业经济史研究向纵深方向发展。

（一）有关四川沱江流域糖业史研究成果的分析

根据已有研究所探讨的问题，我们从土法制糖技术、蔗糖经济的形成及发展、糖业融资、糖帮及糖业群体组织化、川康区食糖专卖、蔗糖纠纷等几

---

① 参见陈初尧、袁幼菊：《四川土法制糖工艺》，北京：轻工业出版社，1958 年；陈栋梁、李明生：《内江糖业史》，成都：四川科技出版社，1990 年。

② 刘志英：《论近代沱江流域的制糖工业》，四川大学硕士学位论文，1992 年；胡丽美：《抗战以来四川内江的蔗糖纠纷》，四川师范大学未刊硕士学位论文，2006 年；邱晓磊：《抗战时期川康区食糖专卖局研究》，华中师范大学硕士学位论文，2012 年。

③ 赵国壮：《从"自由市场"到"统制市场"：近代四川沱江流域糖业研究》，华中师范大学博士学位论文，2011 年。

④ 主要学术论文有：陈祥云：《近代四川商品农业的经营：以甘蔗市场为例》，《辅仁历史学报》（台湾）1998 年第 9 期，第 137—164 页；陈祥云：《蔗糖经济与城市发展：以四川内江为中心的研究（1860—1949）》，《国史馆学术集刊》（台湾）2002 年第 2 期，第 83—122 页；陈祥云：《蔗糖经济与地域社会：四川糖帮的研究 1929—1949》，《辅仁历史学报》（台湾）2008 年第 21 期，第 83—122 页；张朝辉：《论抗战时期川康区食糖专卖》，《档案史料与研究》1999 年第 3 期，第 63—68 页；张朝晖：《论抗战时期国民政府川康区食糖专卖政策》，《文史杂志》2000 年第 4 期，第 26—29 页；覃玉荣：《抗战时期川康区食糖专卖政策对内江糖业的影响》，《西南交通大学学报》（社科版）2009 年第 3 期，第 128—131 页；刘志英：《论近代沱江流域制糖工业的兴衰》，《内江师专学报》1993 年第 1 期，第 81—86 页；刘志英：《论抗战时期四川沱江流域的制糖工业》，《内江师专学报》1998 年第 3 期，第 51—56 页；刘志英、张朝晖：《抗战时期沱江流域制糖业的近代化》，《文史杂志》1998 年第 6 期，第 62—63 页；胡丽美：《浅析 1946 年内江蔗农的请愿活动》，《内江师范学院学报》2005 年第 5 期，第 154—157 页；胡丽美：《抗战时期四川内江蔗糖业的长项债务纠纷》，《内江师范学院学报》2009 年第 11 期，第 51—55 页；朱英、赵国壮：《试论四川沱江流域的糖品流动（1900—1949）》，《安徽史学》2011 年第 2 期，第 70—77 页；赵国壮：《"经济惯性"与"政策承续"：辛亥革命前后四川糖业极度繁荣的原因新释》，《四川师范大学学报》（社会科学版）2011 年第 6 期，第 24—31 页；赵国壮：《论清末民初手工制糖业的近代转型》，《求索》2011 年第 1 期，第 232—235 页；赵国壮：《沱江流域与潮汕地区的糖业比较 1858—1938》，《或问》第 17 号（日本关西大学文学部），2009 年 12 月出版，第 113—134 页；赵国壮：《二十世纪三四十年代四川沱江流域蔗农农家经营模式研究》，《近代史学刊》2010 年第七辑，第 115—138 页；赵国壮：《略论近代四川沱江流域糖业经营方式》，《西华师范大学学报》（哲学社会科学版）2012 年第 6 期，第 14—21 页。

个方面，对以往的研究状况加以回顾和梳理。

1. 土法制糖技术（手工制糖技术）

1937 年以前，沱江流域几乎没有近代机器制糖厂，川糖全部由土法制造而成。抗日战争爆发后，国民政府组织力量，在沱江流域建立了一批糖厂，但是直到 1949 年，机制糖在沱江流域乃至整个四川仍只占一小部分的份额，土法制糖仍是沱江流域制糖业的主流。因此，学界围绕着土法制糖为什么能够顽强地生存下来，如评价其历史地位等问题展开了讨论。

王笛认为手工制糖业在近代是有一定的发展的，当近代工业品进入上游市场后，传统手工业的命运大概有 3 种：衰落、维持原状、一定程度上有所发展，如缫丝业、制糖业。① 黄世杰等简单介绍了为土法制糖技术革新作出突出贡献的个人，包括为筹组精糖公司赴日本考察的邓树辉等人，赴日本采办制糖机器的伍所南和廖亨九，为改进蔗糖技术献身的谢守先，糖房钢轴压蔗的始制者晏济元，用离心机制白糖的蓝田玉和艾延年等人。② 严茂修介绍了内江榨蔗石辊采运过程，石辊是土法制糖榨蔗的主要工具，是糖房的首备工具，但是内江并不产石辊，需要从万县购买。③ 陈初尧等从糖房压榨、提净及熬煮等环节对四川手工制糖业的技术状况进行了详细的剖析④，赵国壮在详细地分析日本调查资料，对比国内主要产糖区的手工制糖技术的基础上，认为近代四川沱江流域手工制糖技术在全国处于领先地位。⑤

2. 蔗糖经济的形成及发展

蔗糖经济的形成及发展推动了区域社会经济的近代变迁，如社会结构的变动、市镇经济的发展等，因此，从社会变迁角度来分析蔗糖经济与区域社会之间的关系，是一个很不错的研究视角。

在探讨蔗糖经济的形成、发展问题时，学界有人从农业商品化的角度，分析经济作物的种植，增加了蔗农植蔗的机会成本，使其在种蔗的比较利

① 王笛：《跨出封闭的世界——长江上游区域社会研究（1644—1911）》，北京：中华书局，2006 年，第 296—297、334 页。
② 黄世杰、与铭、曾家猷：《内江土法制糖技术革新的人们》，《内江县文史资料》第 15 辑，中国人民政治协商会议内江县县志编纂委员会，1988 年 10 月，第 56 页。
③ 严茂修口述，白丁整理：《建国前内江糖坊（房）石辊的搬运》，《内江市市中区文史资料选辑》第 26 辑，中国人民政治协商会议内江市市中区文史和学习委员会，1988 年 7 月，第 53 页。
④ 陈初尧、袁幼菊：《四川土法制糖工艺》，北京：轻工业出版社，1958 年。
⑤ 赵国壮：《日本调查资料中清末民初的中国砂糖业——以〈中国省别全志〉及〈领事报告资料〉为中心》，《中国经济史研究》2011 年第 1 期，第 112—119 页。

益上较为划算，因此推动了蔗糖经济的形成及发展。[①] 有从地理因素、经济利益及政治条件等多个方面综合分析蔗糖经济形成与发展的原因的[②]；有从经济与政治之间关系的角度分析这一问题，强调经济发展中的惯性及前后政策承继的。[③] 以上的分析均有一定的道理，均从一个侧面分析了蔗糖经济形成及发展的原因，不过综合起来，我们还是比较强调区域自然地理条件及种蔗的利益在蔗糖经济形成及发展过程中的作用。[④] 另外，王笛在分析长江上游地区的社会与经济发展时，也强调了区域地理条件是区域经济发展的依托，一个城市具有什么样的性质、职能，发展速度有多快，不但取决于城市本身，而且取决于它所在的地理位置和区域经济特点。[⑤]

在蔗糖经济的形成、发展所引起的区域社会近代变迁问题上，陈栋梁、李明生认为内江糖业源远流长，在中国近代制糖史上闪耀过耀眼的光辉，近百年来，农业、工业、商业、交通、金融，以及城市建设的每一项事业的发展，都与蔗糖紧密相连，因此，蔗糖对于后来内江市的形成和发展产生过极为重要的影响，可以说，没有蔗糖，就没有内江市，也就没有"甜城"。[⑥] 刘志英认为，蔗糖经济促进了自然经济的解体和商品经济的发展；促进了高利贷的猖獗和新式金融业的兴起；促进了沱江流域城镇体系的形成及其向近代化方向的转变。[⑦] 陈祥云认为，第一，内江的产业结构因蔗糖经济而发达，由农业发展出农工结合的手工业，且糖品贸易的扩大进而又刺激了商业的发展；第二，在沱江流域甘蔗专作区内，甘蔗的专业生产及其与手工业的结合，使得沱江流域各县如内江、资中、资阳等地成为糖业重镇；第三，由于糖品

① 王笛：《跨出封闭的世界——长江上游区域社会研究（1644—1911）》，北京：中华书局，2006年，第147—150页。
② 刘志英：《论近代沱江流域的制糖工业》，四川大学硕士学位论文，1992年，第38页；陈祥云：《近代四川商品农业的经营：以甘蔗市场为例》，《辅仁历史学报》（台湾）1998年第9期，第137—164页；陈祥云：《蔗糖经济与城市发展：以四川内江为中心的研究（1860—1949）》，《国史馆学术集刊》（台湾）2002年第2期，第83—122页。
③ 赵国壮："经济惯性"与"政策承续"：辛亥革命前后四川糖业极度繁荣的原因新释》，《四川师范大学学报》（社会科学版）2011年第6期，第24—31页。
④ 赵国壮：《从自由市场到统制市场：四川沱江流域蔗糖经济研究（1911—1949）》，华中师范大学博士学位论文，2011年，第45页。
⑤ 王笛：《跨出封闭的世界——长江上游区域社会研究（1644—1911）》，北京：中华书局，2006年，第215页。
⑥ 陈栋梁、李明生：《内江糖业史》，成都：四川科技出版社，1990年，第26页。
⑦ 刘志英：《论近代沱江流域的制糖工业》，四川大学硕士学位论文，1992年，第85页。

贸易的扩大，内江社会结构出现了相当大的变化，糖号、行庄、船运、金融等商会公会的出现及其专业化，显见内江社会城市化的倾向，且糖商、经纪人、金融从业人员的增加，无形中也加速了内江社会阶层的多元化；第四，蔗糖经济导致沱江流域农村经济结构发生变化，内江城市的农、工、商业与市场密切结合；第五，从城市化的指标而言，内江经营与运销糖品的人口比率达 28%，工商业人口比率增加，出现了产业工人、经纪人等新兴社会阶层，社会关系因糖业出现了业缘组织与关系；第六，就空间结构而言，内江糖品交易，从定期的农村集市发展为日日交易的专业化市场，糖房、漏棚、糖商、糖号集中于城区市街，清末至 1949 年，内江从一个交通、航运与货物集散的市场，因糖业转变为工业、商业机能的区域城市，成为沱江流域的经济金融中心。[①] 朱英、赵国壮以糖品流动为切入点，综合分析了 1900—1949 年该区域蔗糖经济的发展状况，认为其增长模式是一种发展与危机并存的"悖论型"增长：发展的一面是糖品不仅与其他商品形成对流，优化了区域贸易格局，而且在其流动过程中也刺激了其他行业的发展，从而推动了区域社会经济的进步；危机的一面是销售格局的不利影响持续扩大，以及抗日战争时期政府对糖品交易的干预在一定程度上激化了蔗农与糖商、政府与民众之间的矛盾，使蔗乡社会处于失序状态。[②]

3. 糖业融资

完全商品化的蔗糖经济，不仅需要市场来驱动其发展，而且也要依靠市场上的资金融通来疏通血脉，保证其正常运行。从植蔗到制糖再到运输销售，蔗糖经济的各个环节都需要大量的资本来维持正常的运转。蔗农需要生产资金来支付地租、维持生活，糖房需要资金来预买"青山"，漏棚需要资金来"预糖"，糖号也需要大量的资金来购运糖品。每到新糖上市季节，各个环节皆需款孔亟，刺激了沱江流域糖业金融市场的形成及繁荣。

作为沱江流域金融中心的内江，其金融状况是学者们重点介绍和讨论的对象，如地钞对内江的影响，新中国成立前内江钱庄的状况，以及整个金融

---

① 陈祥云：《蔗糖经济与城市发展：以四川内江为中心的研究（1860—1949）》，《国史馆学术集刊》（台湾）2002 年第 2 期，第 83—122 页。

② 朱英、赵国壮：《试论四川沱江流域的糖品流动（1900—1949）》，《安徽史学》2011 年第 2 期，第 70—77 页。

业的描述等。① 陈祥云从四川糖帮入手，分析了糖业与金融业之间的关系，"纵观四川糖业金融，抗日战争前后国家行库的贷放不足，未能稳定糖帮金融；地方钱业银行普遍高利，不利糖帮资本发展。此一时期中央政府财政介入四川糖业，理应利于四川糖帮资本扩大与糖业的发展，然事实并非如此；长期资本不足，终至 1949 年重庆义通、富佑祥、互利、天德昌等糖号复相继倒闭，皆因糖帮资本的运转不灵，造成地方金融的危机"。同时，也指出了国家在金融扶持背后的政治目的："国家行库如中国银行、中国农民银行先后入川设行，于四川农村金融不无裨益；然其影响则因扩大农业放贷促进了农村经济，实亦有政府藉此透过农村金融强化地方控制的事实。"②

近年来，糖业融资问题日渐为学者所重视，赵国壮在《糖业融资与近代金融资本市场——以近代四川业糖者融资问题为中心》（《中国社会经济史研究》2013 年第 2 期）一文中，对如蔗农、制糖商的融资、糖业融资对行业技术发展的影响、糖业与银钱业的关系等问题进行了初步的分析。该文认为在近代四川糖业区域化、产业化的发展过程中，融资问题成为业糖者从事糖业活动的关键因素之一。近代四川业糖者融资活动大致上分为两个阶段：抗日战争以前，蔗农多通过"卖预货"及"借高利贷"维持生产、生活；制运糖商多属殷实，贷入资本不多，如需融资，多依赖于商业资本，较少与金融业发生关系，但这也不否认其与传统金融业（钱庄、票号、当铺）发生联系，即比期借款及异地划汇。之后，国家合作社贷款增加了蔗农的融资渠道，制运糖商与近代金融业的关系日渐密切，业糖者经营活动严重依赖近代金融业的资金贷放。在业糖者融资过程中，商业资本及金融资本均起到了至关重要的作用，商业资本是糖品向外运销的驱动力，促进了糖品生产价值的实现，但并未干预糖业的生产和组织形态；近代金融业的发展密切了其与糖业的关系，但二者的关系却相当复杂，应予以动态地、全面的分析。

---

① 张止境：《四川地方银行由来和地钞在内江所造成的灾祸》，《内江市文史资料》第 10 期，中国人民政治协商会议内江市委员会内江市编史修志委员会，1981 年，第 14—16 页；张俊之：《略谈解放前的内江钱庄》，《内江市文史资料》第 10 期，中国人民政治协商会议内江市委员会内江市编史修志委员会，1981 年，第 11—14 页；曾翥、刘志勇：《内江本票案始末》，《内江市文史资料》第 10 期，中国人民政治协商会议内江市委员会内江市编史修志委员会，1981 年，第 16—17 页；李毅熙：《我所知道的解放前内江金融业》《内江市文史资料》第 10 期，中国人民政治协商会议内江市委员会内江市编史修志委员会，1981 年，第 3—11 页。

② 陈祥云：《蔗糖经济与地域社会：四川糖帮的研究 1929—1949》，《辅仁历史学报》（台湾）2008 年第 21 期，第 83—122 页。

4. 糖帮及糖业群体组织化

四川是一个袍哥文化传统悠久、江湖习气浓重的内陆省份，各行各业纷纷建帮立派，同一行业中也是帮派林立，其间的关系错综复杂。就糖帮而言，以内江为例，有本帮（坐商）、外帮（行商）、贩庄（临近各县糖商、未在内江设号，仅于糖品上市携款赴内江采办者）之分别，其中重要的糖帮有内江帮、津渝帮、泸合帮、合州帮、忠万帮等，在各帮中又以津渝帮、内江帮人数最多，资力最为雄厚。四川糖品的内销外贸，多赖于糖帮居间周转，糖帮之于糖品贸易、蔗糖经济、区域社会等都有着极为重要的作用。

但是，已有的研究成果对这一方面关注的不多，只有一些介绍性的文章①，唯有陈祥云对其进行了专文论述，他分析了四川糖帮组织的形成与发展，探讨了糖帮资本与地方金融，糖帮组织对于沱江流域地域社会的影响及意义，并认为糖帮组织结构的变化是"抗战以后国府迁渝，为图四川人力、物资的动员和利用，深化基层的控制"之举，"不难发现政府的影响力持续扩增"②。到目前为止，这是一篇具有开创性的、对糖帮研究较为深刻的文章。不过，可能受制于资料的不足，我们只看到了糖帮与政府互动的一面，而未能看到糖帮之间的错综复杂关系及利益冲突的一面。另外，就国内其他区域而言，糖业组织的研究成果也比较少。就笔者管见，仅有高红霞对上海糖商业同业公会组织的研究，不过她是从糖商业同业公会角度来分析同业公会的发展问题的，"通过对上海糖业与糖商业同业公会的缘起、发展的梳理，分析从晚清到民国，上海糖商业同业公会在社会经济变迁中所体现的同乡与同业、传统与现代复杂交织的特性"③。

5. 川康区食糖专卖

在如何评价这一政策上，学界有较大的分歧。

持批评观点的学者认为，专卖政策重在掠夺，有较大的负面作用。

首先是针对食糖专卖局的横征暴敛及其官员的贪污腐败问题进行批评，

---

① 但恭慎的《同业公会小史》(《内江市市中区文史资料选辑》第 29 辑，中国人民政治协商会议内江市市中区文史和学习委员会编，1991 年 3 月，第 41—54 页) 一文对内江县同业公会情况加以概要性的描述，其叙述时间一直到新中国成立后，其中有一部分是对糖帮情况的介绍。任世俊、宋子麟的《解放前内江河坝街各帮分布》(《内江文史资料选辑》第 9 辑，中国人民政治协商会议四川省内江市文史资料委员会编，1992 年 12 月) 一文介绍了糖帮在内江县城的位置。

② 陈祥云：《蔗糖经济与地域社会：四川糖帮的研究 1929—1949》，《辅仁历史学报》(台湾) 2008 年第 21 期，第 83—122 页。

③ 高红霞：《同乡与同业、传统与现代——上海糖商业同业公会的历史考察》，《中国经济史研究》2006 年第 1 期，第 54—61 页。

他们多试图通过分析其弊政、祸端来抨击专卖政策的苛敛，讽刺国民政府的贪虐，如对专卖史上的一大丑闻"票照案"的分析。①

其次是分析其对糖业经济的打击。张朝辉认为食糖专卖的推行也曾一度较大幅度地增加了财政收入，但是由于国民党没有合理妥善地解决增收与抑制物价、征税与扶植税源等尖锐的矛盾问题，而是牺牲生产者的利益来确保专卖利益，其结果是尽管短期内增加了财政收入，并有利于资助抗日战争，但从长远看，却招致了整个制糖工业的急剧萎缩和严重破坏，并且物价也无法得到有效的控制。②覃玉荣等以内江为个案，分析了专卖对内江糖业经济的破坏作用，"抗战中后期，内江糖业经济却很快走向衰退，追寻其原因，除了因战争而导致的外销不畅、通货膨胀等因素外，川康区实行的食糖专卖政策是极为重要的因素。食糖专卖税率的大幅度提高严重损害了制糖商和蔗农的积极性，造成甘蔗总供给减少和食糖生产的萎缩，而官收、官运、官卖的垄断经营政策则严重破坏了内江糖业的市场机制，最终导致了内江糖业经济的破产"③。卿树涛则认为专卖政策加剧了财政危机。④

最后是从冲突的角度来否定专卖政策。杨修武、钟莳懋简要叙述了资中、内江一带蔗农对专卖政策的不满事件：资中蔗农殴伤分局长李锡成，富顺牛佛渡蔗农请愿活动，遂宁民众捣毁遂宁分局，资中球溪河蔗农捣毁业务所及糖商温和的呼吁，认为政府推行食糖专卖政策，实质上就是把食糖这一人们的生活日用品进行独占经营，将其纳入专卖机关的管辖之下，进行收购和批发。⑤曾祥元、曾翥介绍了在国民政府税改过程中糖商的请愿活动，糖商经过不懈的努力争回了一点利益，征实的标准由30%减到25%。⑥

---

① 李永厚口述，关弓整理：《抗战末期内江食糖专卖局票照案始末》，《内江县文史资料选辑》第14辑，中国人民政治协商会议内江县县志编纂委员会编，1988年12月，第123—129页；《内江县税务志》编写组：《原内江食糖专卖分局"印照"盗窃贪污梗概》，《内江县文史资料》第9期，中国人民政治协商会议内江县县志编纂委员会编，1984年5月，第10—11页；金振声：《四川的糖业与国民党"专卖"、"征实"》，《四川文史资料选辑》第13辑，中国人民政治协商会议四川省文史委员会编，1964年，第118—146页。

② 张朝辉：《论抗战时期川康区食糖专卖》，《档案史料与研究》1999年第3期，第63—68页。

③ 覃玉荣等：《抗战时期川康区食糖专卖政策对内江糖业的影响》，《西南交通大学学报》（社科版）2009年第3期，第128—131页。

④ 卿树涛：《论抗战时期国民政府专卖政策对财政危机的影响》，《江西财经大学学报》2004年第6期，第39—41页。

⑤ 杨修武、钟莳懋：《川康区食糖专卖概述》，《内江县文史资料选辑》第14辑，中国人民政治协商会议内江县县志编纂委员会编，1988年12月，第95—122页。

⑥ 曾祥元、曾翥：《反对国民党政府食糖征实的经过》，《内江县文史资料选辑》第4辑，中国人民政治协商会议内江县县志编纂委员会编，1983年3月，第4—5页。

持两分法观点的学者多肯定这一政策在平抑物价、保证税收方面的正面作用。何思眯认为战时消费品之专卖，其专卖利益属消费税一种，无论是专卖品中的火柴、盐、糖还是烟，只要有消费，必有专利利益之收入，税源相当稳定，从专卖利益收入统计上看，大抵皆能达其预算数，因之，专卖不失为财政收入的良方。[①] 陈祥云认为，"国家政治力量的介入，一则技术更新，引进改良蔗种、新式机器制糖，以致沱江流域食糖、酒精工业繁荣，不过抗日战争时期政府的食糖专卖政策、蔗糖评价措施等，复又干预了蔗糖经济的市场机能；探究其实，政府对于糖业生产的垄断和控制，虽有财政上的考量，然对于内江糖业的冲击和影响颇深"[②]。赵国壮在详细分析专卖制度自身内容、实施过程及不足的基础上，强调不应该孤立地看待食糖专卖政策，而既应把这一政策放在抗日战争这一特殊大背景下进行考察，也应将其与"酒精代汽油政策"、"甘蔗评价制度"等其他相关糖业统制政策结合起来进行分析。[③]

6. 蔗糖纠纷

制度经济学理论强调制度创新和制度变革在经济增长和人类社会演进中不可替代的作用，但是在这一过程中往往交织着群体利益的纷争，一部分人的获利是建立在另一部分人失利的基础上的，这是一个无法调和的矛盾，也就成为社会冲突的重要原因之一。在沱江流域，随着政府势力不断介入蔗糖经济，传统的预卖预买制度被蔗糖评价制度代替，糖业统税政策被食糖专卖政策替代，原有的利益格局被打破，新的利益格局的形成往往伴随着激烈的社会冲突，主要表现为持续不断的蔗糖纠纷和政商冲突。

胡丽美对 1937—1949 年内江地区蔗糖纠纷的系统介绍，不仅让我们了解了近代该地区蔗糖纠纷的类型、原因、实质，也让我们看到了光鲜背后的辛酸和血泪，给予我们较多启示。[④] 时下，国家大力提倡农业产业化，希望以市场为导向，以家庭联产承包制为依托，在品牌企业的带动下，走"农户+公司"的"产供销一条龙"发展道路，从而为广大农副产品打开市场出路，促进农村经济的发展，实现共同富裕。政府在这个经济活动中如何介入自己

① 何思眯：《抗战时期的专卖事业 1941—1945》，台北："国史馆"，1997 年，第 521—522 页。
② 陈祥云：《蔗糖经济与城市发展：以四川内江为中心的研究（1860—1949）》，《国史馆学术集刊》（台湾）2002 年第 2 期，第 83—122 页。
③ 赵国壮：《从自由市场到统制市场：四川沱江流域蔗糖经济研究（1911—1949）》，华中师范大学博士学位论文，2011 年，第 189 页。
④ 胡丽美：《抗战以来四川内江的蔗糖纠纷》，四川师范大学硕士学位论文（未刊），2006 年。

的权力，履行自己的职责，这篇文章在这方面很具有借鉴意义。

（二）有关四川沱江流域糖业史研究的资料使用情况

从已有研究成果所用的史料来看，我们可以把有关史料归结为以下几个部分。

1. 档案史料

档案馆所藏史料以原始性、系统性、完整性著称，是史学研究的重要史料之一。在糖业档案史料方面，以内江市档案馆及重庆市档案馆馆藏糖业史料为最多，其次是四川省档案馆，以及沱江流域各县市档案馆所藏档案史料。

民国时期的内江是四川省第二行政专员公署驻地、川康区食糖专卖总局驻地、四川省农业改进所甘蔗试验场所在地、资源委员会酒精业务委员会资内办事处所在地，同时多家银行也在该地开设分行或办事处，因此，形成了一大批糖业档案史料。这些史料均保存在内江市档案馆内，如四川省第二行政督察公署，川康区食糖专卖局，四川省甘蔗试验场，民国资源委员会酒精业务委员会，民国川、陕、黔酒精厂（联），民国资内银钱（钱庄）（联）等全宗。

国民政府迁渝后，银行机构也纷纷内迁重庆，这些银行为了顺利开展业务，一方面纷纷在内江设立分行或办事处，另一方面又积极从事四川糖业调查，因此，也形成了一大批关于四川糖业的档案史料（包括业务函电和调查报告）。这些史料均存于重庆市档案馆内，如中国银行重庆分行、中中交农四行联合办事处、四联总处重庆分处、中国农民银行重庆分行、聚兴诚银行、川盐银行、美丰商业银行、金城银行重庆分行、重庆社会局、立信会计师重庆事务所、重庆市商业同业公会、上海商业储蓄银行重庆分行、中南银行股份有限公司重庆支行等全宗。

从时间上看，这些糖业档案史料多形成于抗日战争爆发后；从形式上看，有政府机关之间的函、代电、训令、指令，有非政府组织（银钱业、同业公会）的调查资料、业务报告、会议记录；从内容上看，这些档案史料涉及糖业技术改良、酒精糖料、糖业借贷、食糖专卖、糖业纠纷等多个方面。因此，档案史料是研究糖业史的重要史料之一，尤其值得重视。

2. 县志史料

有关糖业史方面的县志史料，多保存在国内一些重点大学的图书馆内，如华中师范大学、武汉大学、西南大学及四川大学等。县志中记述的糖业内容不多，但多为抗日战争前的内容，能与档案史料形成互补，因此显得弥足珍贵，不过因记述内容过于简略，需要与其他资料相互配合使用。就目前的情况来看，可以用到的县志大致有雍正《四川通志》（清代黄廷桂等修，1733年刻本），乾隆《富顺县志》（故宫博物院编，1760年故宫珍本丛刊），乾隆《资阳县志》（故宫博物院编，1765年故宫珍本丛刊），嘉庆《四川通志》（清代常明等修，1816年刻本），嘉庆《直隶泸州志》（1820年刻本），道光《蜀典》十二卷（清代张澍纂，1834年刻本），道光《内江县志要》（清代王果纂修，1845年刻本），咸丰《简州志》十四卷（清代濮瑗修，1853年刻本），咸丰《内江县志》（1858年刻本），咸丰《资阳县志》（1860年刻本），同治《续金堂县志》（1867年刻本），光绪《蜀故》二十七卷（清代彭遵泗纂，1876年刻本），光绪《直隶泸州志》（1882年刻本），光绪《简州续志》十四卷（清代易家霖修，1897年刻本），民国《合川县志》（张森楷等纂修，1920年刊本），民国《金堂县续志》（王暨英修，1921年铅印本），民国《内江县志》（朱襄虞、曾庆昌纂修，1925年刊本），民国《简阳县志》（林志茂等修，1927年铅印本），民国《合江县志》（张开文等纂修，1929年铅印本），民国《富顺县志》（庐翊廷等编修，1931年铅印本），民国《简阳县续志》（李青廷修，1931年铅印本），民国《四川郡县志》（龚熙春纂，1935年刻本），民国《四川通志稿》（四川通志局编，1936年稿本），民国《泸县志》（王禄昌修，1938年铅印本），民国《内江县志》（朱寿朋、伍应奎等纂，1945年石印本），民国《四川新地志》（1947年铅印本），民国《资阳县志稿》（佚名纂，1949年铅印本）。

3. 资料汇编

资料汇编以其较强的针对性、系统性等特点，成为研究某一方面问题的重要资料之一。有关沱江流域糖业的资料汇编比较多，据不完全统计，约有40余种，大概可以分为两类。

一类是直接以糖业为题进行记述的，如《四川省之糖》（中国银行编，中国银行总管理处经济研究所，1934年版），《沱江流域蔗糖业调查报告》（四川省甘蔗试验场编，1938年版），《四川蔗糖产销调查》（杨寿标主编，中国农民银行经济研究处，1941年版），《战时重庆之糖业》（国民经济研究所），《内江县甘蔗资料汇编》（内江县人民委员会编，1957年版），《土法制糖参考资料》（内江专署委员会、四川合作社联合社内江专区办事处编，1954年版），《民国时期内江蔗糖档案资料选编》（内江地区档案馆编，三卷本，1984年版）等。这一类型的资料汇编往往以糖业的某一方面为其主要关注内容，对其进行详细、系统的调查、整理或论述，问题突出、内容翔实，是研究糖业史不可或缺的珍贵史料。

另一类则是把糖业作为其记述的一个重要部分，如《成渝路区之经济地理与经济建设》（王成敬著，四川省银行经济研究处，1945 年版），《四川农村经济》（吕登平著，商务印书馆，1935 年版），《四川经济参考资料》（张肖梅编，上海中国国民经济研究所，1939 年版），《中国农村经济资料》（冯和法著，台北华世出版社，1978 年版），《四川财政史资料》（鲁子健编，四川人民出版社，1984 年版），《四川近代贸易史料》（游时敏编，四川大学出版社，1990 年版），《抗战时期专卖史料》（何思瞇编，台湾“国史馆”，1992 年版），《中国近代手工业史资料》（彭泽益编，生活·读书·新知三联书店，1957 年版），《中国近代工业史资料》第一辑（孙毓棠编，1840—1895 年，上册，科学出版社，1957 年版），《中华民国档案资料汇编》第五辑第二编（中国第二历史档案馆编纂，江苏古籍出版社，1997 年版）等。尽管相对于其他行业而言，糖业是一个小行业，不过这类资料汇编对其予以了足够的重视，设有专章（节）来记述其发展及演变。同时，这类资料汇编又与上一类形成了互补，因此，也颇值得重视。

4. 报刊史料

近代旧报刊，也是一类很重要的史料。它们密切关注中国社会经济发展，给我们留下了相当多的宝贵史料。从目前的使用情况来看，与四川糖业相关的报刊资料共计有 50 多种，如《四川经济季刊》、《四川经济月刊》、《西南实业通讯》、《四川月报》、《台糖通讯》、《中国银行经济汇报》、《银行周报》、《中农月刊》、《资源委员会季刊》、《工商半月刊》、《建设周讯》、《实业通讯》等期刊，以及《新新新闻》、《新华日报》（重庆）、《华西日报》等。

这些各级各类的经济、糖业类专业报刊，大都延聘了当时著名的经济学者、资深从业人士等作为其主要撰稿人，刊物开设的栏目也十分广泛，有糖业评论、调查、统计报告、通讯等，对当时四川糖业的发展现状、所面临的困境、如何改进等方面均做了深入的调查、分析及评述，它们以其消息权威、内容丰富、数据详尽等特点，在糖业界及社会上产生了较大的影响。这些资料较为真实地反映了近代四川糖业的原貌，也成为研究糖业史重要的补充资料。

5. 文史资料

以往学界对文史资料多不重视，认为其至多为一些野狐禅罢了，但是近些年来，学界对此的看法有了较大的改观，因为一些根据事件亲历者的回忆而整理出来的文史资料，同样具有较高的价值。就四川地区的文史资料来看，自 20 世纪 80 年代到目前为止，已经刊登了很多关于糖业的文章，在这其中，尤以内江地区文史资料最为突出，几乎年年刊出糖业类文章，且涉及面非常广阔，涵盖了制糖技术、糖业习俗、糖业贸易等多个方面，如邹作圣[①]、黄江陵[②]、宋子麟[③]等的文章，为我们深入了解近代沱江流域糖业的发展、演变提供了很多帮助。

6. 外文资料

外文资料的使用方面，一直是研究内陆糖业史的一个薄弱环节（有很多客观原因）。就有关四川糖业史的外文资料来看，主要以日文资料为主，这主要是由于近代日本对中国糖业做了较为详细的调查，如《支那の糖業》（《支那的糖业》）（台湾总督官房调查课，海外调查第 11 号，盛文社，1922 年版），《四川考察報告書》（《四川考察报告书》）（中支建设资料整备委员会，上海：上海兴亚院，1940 年版），《栈雲峡雨記》（《栈云峡雨记》）（竹添井井，米内山庸夫译注，大阪屋号书店，1944 年版），《中国省別全誌》（《中国省别全志》）（东亚同文会，五卷四川，台北：南天书店，1988 年版），《中国经济全書》（《中国经济全书》）（上海东亚同文书院，第 8 辑，东亚同文会，1908 年版）及《領事報告資料》（《领事报告资料》）等。

例如，从《中国省别全誌》和《领事报告资料》两则史料对中国糖业的

① 参见邹作圣的相关文章，如《立此存照——呼吁糖业博物馆失败纪事》，刊于中国人民政治协商会议内江市市中区文史和学习委员会编《内江市市中区文史资料选辑》第 42 辑，2004 年 10 月；《内江往昔采风录》，刊于中国人民政治协商会议内江市市中区文史和学习委员会编《内江市市中区文史资料选辑》第 24 辑，1996 年 10 月；《内江甘蔗引种问题》，刊于中国人民政治协商会议内江市委员会文史资料委员会编《内江市文史资料》第 2、3 期，1984 年，第 37—41 页；《我对内江县第二产糖高峰产量作了一次核查》，刊于中国人民政治协商会议内江市市中区文史和学习委员会《内江市市中区文史资料选辑》第 40 辑，2002 年，第 179—188 页。

② 参见黄江陵的相关文章，如《杂糖店"同兴源"》，刊于中国人民政治协商会议内江市市中区文史和学习委员会编《内江市市中区文史资料选辑》第 25 辑，1987 年，第 117—120 页；《一个名桔园的盛衰史》，刊于中国人民政治协商会议内江市委员会文史资料委员会编《内江文史资料选辑》第 32 辑，1994 年，第 90 页；《解放前的内江航运业》，刊于中国人民政治协商会议内江市市中区文史和学习委员会编《内江市市中区文史资料选辑》第 25 辑，1987 年，第 129—159 页；《大糖房主邱玉章》，刊于中国人民政治协商会议内江市市中区文史和学习委员会编《内江市市中区文史资料选辑》第 27 辑，1988 年，第 50—54 页；《建国前内江杂糖糕点业概况》，刊于中国人民政治协商会议内江市市中区文史和学习委员会编《内江市市中区文史资料选辑》第 40 辑，2002 年，第 189—196 页。

③ 参见宋子麟的相关文章，如《建国前内江商业概貌》（系列），《内江市市中区文史资料选辑》第 23 辑，中国人民政治协商会议内江市市中区文史和学习委员会编，1986 年，第 26—29 页；《我经营糖业运销的回忆》，刊于中国人民政治协商会议内江市市中区文史和学习委员会编《内江市市中区文史资料选辑》第 24 辑，1987 年，第 121—140 页；《解放前内江食糖经营概况》，刊于中国人民政治协商会议内江县县志编纂委员会编《内江市市中区文史资料选辑》第 4 辑，1983 年，第 8—10 页；《记"爆火炮"给内江市场带来的冲击》，刊于中国人民政治协商会议内江市市中区文史和学习委员会编《内江市市中区文史资料选辑》第 22 辑，1985 年，第 26—27 页。

记述情况来看，它们均具有一定的独特价值：均为实地调查资料，客观性较强；历时较久，且从未间断，具有一定的系统性；涉及的范围较广，数量较大。《中国省别全誌》原名《支那省别全誌》，共18卷，包括广东、广西、云南、山东等18个省（自治区、直辖市），唯所谓的满蒙除外。这是在1907—1918年12年间由东亚同文书院毕业班学生在中国各省区实地调查后将所得资料编辑而成的。其内容涉及了政治、社会、经济、地理等诸多方面，并且对各省的砂糖业有专章论述。[①] 同时，就其论述情况来看，它较为突出地关注砂糖产地、甘蔗种植、砂糖制造等方面的内容。《领事报告资料》包括《通商报告》及《通商彙纂》两部分内容。作为政府定期的发刊物，它自明治十四年（1881）至昭和十八年（1943）63年间从未间断刊行，并以一贯提供海外经济相关情报而著称于世。它是由日本驻中国各重要都市的领事们，应政府要求，把其所在地的商贸信息收集汇编而成的。虽然不否认其有为获取经济情报、拓展市场服务的目的，但它毕竟较为真实地反映了领事所在地的商贸情况，是了解当时各地市场状况的一手材料。就其所记述的砂糖业内容来看，它多侧重于对砂糖贸易的介绍。

（三）有待进一步努力的研究方向及深度挖掘的潜在史料

到目前为止，虽然沱江流域糖业史研究已取得了丰硕的成果，但是在一些方面仍存有不足之处。例如，微观方面的研究依显不足，没有一篇文章或一本论著讲清楚了近代一户蔗农家庭的具体生产生活情况或一座糖房的兴衰历史；而就糖业史资料整理、收集方面来看，也有诸多不尽如人意之处，虽然档案史料及资料汇编很多，为糖业史的论述提供了很多便利，但是从时间段上来看，这些资料均偏重于对20世纪40年代前后糖业历史的记述，而对之前糖业发展状况的描述，虽然可以从部分县志中得到一些了解，不过限于语焉不详而颇为遗憾。若要走出这些困境，就需要我们在加大对该地区糖业史研究的同时，尤其要注意在史料收集工作方面多下工夫，跳出传统史学搜集史料的方法局限，而从整理口述资料、挖掘实物资料、征集民间文书资料等方面，广开资料源，也只有这样，才能把糖业史研究推向一个新的更高的水平。

1. 有待进一步努力的研究方向

（1）酒精糖料问题。抗日战争爆发后，汽油进口锐减，为保障国防及大后方交通运输对液体燃料的需求，政府实行了"酒精代汽油"的办法，大后

---

① 東亞同文会：《中国省别全誌》卷首語，台北：南天書局，1988年。

方酒精工业随之迅速崛起。这一时期酒精的生产原料不是杂粮，而主要为糖类产品，包括液体的糖蜜（漏水）、原水，固体的红糖、桔糖，因此，毋庸置疑，战时酒精工业的成功、液体燃料的保障，多有赖于四川糖业的厚实基础和大力支持。

酒精糖料问题是指酒精厂方在进购酒精生产原料——糖品——过程中所产生的一系列问题，包括生产原料糖品不足、糖商与酒精厂商之间的纷争、政府评定糖品价格之难、新旧糖品价格之争、红糖进购之困等多个方面的内容，概括起来，前期以"糖蜜问题"为主，后期以"红糖问题"为主。该问题从 1939 年 11 月糖蜜价格暴涨起一直持续到抗日战争结束，涉及经济部、财政部、军政部、交通司、川康区食糖专卖局、资源委员会、液体燃料委员会、四联总处等多个部委，并横跨酒精工业及制糖工业两个行业，是分析战时液体燃料政策得失、酒精工业及制糖工业统制成败的重要切入点。

但是，从目前的研究成果来看，无论是糖业方面的研究，还是液体燃料问题方面的研究，对酒精糖料问题均语焉不详。事实上，该问题不仅是论证四川糖业在抗日战争和新中国成立中所起作用的重要突破口，也是解决战时糖业统制、酒精工业成功等问题的关键，因此亟待进行细致的分析。

（2）糖业与相关行业的关系问题。糖业的发展既离不开其他行业的辅助作用，也刺激了其他行业的快速发展。就沱江流域而言，成熟的商品粮市场解决了糖业从业者的食粮问题，发达的船运业解决了糖品的远距离贸易难题，蓬勃发展的银钱业又丰富了糖业融资手段，而糖业经济的形成与发展又反过来推动这些行业进一步走向成熟。就整个四川的贸易格局来看，川东的桐油业为糖业提供了大量的肥田肥料——油饼，两地形成了贸易对流格局；川东北的蚕农因熬夜养蚕缲丝，需要大量的糖品。另外，自贡发达的盐业也与糖业发生了较为密切的联系。因此，拓宽研究视域，加强糖业与相关行业的研究，将推动该项研究向纵深方向发展。

（3）糖业融资问题研究。融资就是货币资金的融通，是当事人（企业）通过各种方式到金融市场上筹措或贷放资金的行为。就行业融资而言，资本构成、融资渠道、偿还方式、贷款用途、借贷习俗等方面，直接关系到行业资本集聚、扩大再生产、技术革新等一系列重大问题。

抗日战争时期，大后方手工行业成为抗日战争和新中国成立及大后方社会经济建设的重要支柱之一，不过受战时经济形势的影响，它们却均需向外大量融资。而此时，也正值国家行库、商业银行及社会游资纷纷涌入大后方，政府借机建立起了以国家行库为主体的大后方金融网络，为手工行业的资金筹措提供了相对宽松的融资环境。

从糖品生产过程来看，蔗农需要生产资金来支付地租、维持生活；糖房需要资金来预买"青山"，从事糖品加工；漏棚需要资金来"预糖"和漏糖；糖商（糖号）也需要大量的资金来购运糖品，因此，融资问题成为业糖者最为关注的问题之一。但是，这一方面的研究尤显不足，存在诸多盲区，比如，蔗农、制糖商是如何融资的？融资模式对制糖技术有怎样的影响？糖业与银钱业的关系如何？等等。

（4）蔗糖纠纷问题。学者们分析的纠纷产生原因均有一定的道理，但似乎未能完全解释为什么在甘蔗评价实施后，农民突然一下子对过去的旧制度（预卖预买制度）极度不满了，强烈要求归还其利益。在之前，蔗农为什么一直处于沉默之中，难道是以前的剥削程度是可以忍受的，现在的则超出了他们的忍受度？试举一例说明，"对于长项的蔗农来说，尽管遭受着糖商的苛刻盘剥，但是他们习惯于忍耐和接受。因为长期以来，处理'长项'蔗农与其债权人之间关系的唯一准则，便是蔗糖界盛行的'上流下接'的帮规，此帮规在资内富得各庙都立有铁碑为证"①。这则材料说明，在中央政府干预蔗糖经济之前，社会共同体在抑制社会冲突方面起到了较大的协调甚至压制作用，一旦中央政府势力介入地方社会，打破这一个区域共同体的制衡作用，掩盖已久的矛盾就会被激化。

从行政干预经济角度入手，分析政府在蔗糖经济中扮演角色的转变，打破了蔗乡固有的经济社会平衡。政府由税收的征收者和纠纷的协调者而因食糖专卖政策（甘蔗评价机制）直接过渡到经济参与者，甚至毫不客气地说是一个谋利者，那么这就致使本来就处于弱势的蔗农群体进一步被边缘化，从而打破了蔗农与糖房之间的脆弱的平衡关系，致使纠纷不断，麻烦不断，最后，政府不得不作出让步，甘蔗评价机制自动瓦解，食糖专卖政策草草收场，从而可以看出政府势力介入的失败，蔗乡固有的经济社会共同体有其强大的制约惯性。

那么，蔗乡固有的社会经济平衡是如何形成的？如何看待政府希望通过超强经济手段加强对地方社会的掌控，以及这一时期的政商冲突问题，都是涉及蔗糖经济与区域社会关系的重要问题，是需要进一步予以说明的。

2. 有待深入挖掘的潜在史料

（1）积极开展实地调查和征集散落在民间的资料。目前，在历史研究中

---

① 官述康：《资中、内江、富顺、简阳、资阳的"糖业生活"》，《内江市市中区文史资料选辑》第23辑，中国人民政治协商会议内江市市中区文史和学习委员会编，1986年，第16页。

实地调查方法被学者们普遍采用，这方面的史料有着其他文字材料无可比拟的价值。但目前这方面的糖业史料搜集、整理是比较薄弱的。在实地调查方面，目前一些糖业遗址还大量存在，如内江的剑道街、东兴街、曾家大院及一些破产的糖厂（资中的银山糖厂、内江的茂市糖厂）等，这就有必要组织力量对这些遗迹进行实地考察、发掘及保护，不仅可以为糖业史研究提供实地调查资料，弥补文献资料之不足，而且可以丰富人们对糖业的历史记忆，增加甜城内江的历史厚重感。

另外，这里所说的民间资料，不仅包括以族谱、县志、契约、碑刻等民间文书为主的文字资料，也包括一些如压榨、熬煮器具，糖房、漏棚遗址等实物资料。它们多散落于民间，虽然数量不多，但是极其珍贵，能补足正史之不足。不过，这方面的资料因所藏地点不明，因此搜集起来较为不易，这一方面需要政府相关部门出台优惠的征集政策，吸引民间收藏者主动公开其收藏；另一方面，有志于糖业研究的学者，要肯下工夫，多做田野调查，多到乡间、社区里走访。

（2）抢救口述史料。在口述史料方面，由于新中国成立已有半个多世纪，历史当事人越来越少，因而将他们的历史证言整理下来则越加是刻不容缓的工作。做好这项工作除了依靠史料工作者及资料档案单位以外，还可以充分调动各方面的力量。历史见证人散居各个地方，仅靠专业人员访查是非常困难的，基层政府、基层组织往往更了解本地区在这方面的情况，因此，加强与这些组织的协作，对于更好地搜集、抢救活材料极为重要。之前，我们在内江的剑道街朝阳茶馆（文史爱好者的聚集地）遇到过很多对糖业较为熟悉的老人，他们或者是糖业工人，或者是家里开过糖房或漏棚，他们讲述的历史事实颇为生动、真实。例如，黄江陵对内江城糖品贸易盛况的描述："糖摊糖店糖街市，少女春装服务忙。老汉品尝心里乐，儿童入口笑声长。"

（3）档案资料的数字化。档案资料的数字化问题，应引起各家存有民国档案的档案馆的高度重视。虽然一些省级档案馆早已着手开始这项工作，但是沱江流域各县市的档案馆则限于资金困难等原因，而尚未着手开展这项工作。但是，这项工作同样是刻不容缓的，就沱江流域各县市档案馆的民国时期的档案保存情况来看，多家档案馆馆藏的民国糖业档案史料均已遭受到不同程度的损坏，这主要是年代久远，纸张自身氧化问题造成的，颇为可惜，希望各档案馆赶在无法辨认之前，利用政府及民间资金，尽快将其数字化。

（4）充分利用网络资源。在互联网高度发达的今天，网络资源给予我们诸多便利，因此，我们要有意识地从中去发掘有关糖业史的相关资料，并将其公布出来与学者们共享，以期推进糖业史研究的深入。比如，亚洲历史资料中心、神户大学报刊索引数据库、民国三十八年（1949）前重要剪报数据库、大成老旧刊全文数据库等一些数据库，均提供（前三者免费）原始的档案及报刊资料。这些资料中包含了大量民国时期的中国糖业史料，尤其值得我们去重视它、利用它。例如，神户大学报刊索引数据库从近现代的日本内阁、外务省、陆军、海军等机构所形成的档案及其他记录当中，选出与亚洲邻国相关的资料，将其进行数字化，制成图像数据库，并在网站上公开免费开放，尝试着对共有的历史事实进行数字存档；这些数字存档不仅包含着大量的近代日本糖业史料，而且也蕴藏着丰富的近代中国糖业史料。再如，神户大学报刊索引数据库收集了明治至昭和时代大量的日文报刊文章，并将其制作成了 Word 文档；这些报刊文章既刊载了大量有关中国糖业的文章，也报道了日本糖业在中国市场上开拓及竞争的历程，为我们解读近代中国糖业乃至东亚糖业的发展演变提供了丰富的素材。

综上所述，相对于国内其他区域的糖业史研究，沱江流域糖业史研究无论是在研究范围的拓展上还是在糖业史料的挖掘方面，均已达到了一个相对高度，成为糖业史研究及手工行业史研究的一个典型案例。不过，在相关问题的探讨及史料的挖掘方面，仍有待进一步深入，以便更好地还原历史时期沱江流域糖业发展的原貌，并服务于当下区域糖业文化的打造。

三、理论范式及问题说明

1. 理论范式

（1）区域经济史理论。1933 年，德国地理学家克利斯泰勒（W. Christaller）提出了著名的中心地理论：城市在一定区域和范围内，按一定的规律相互结合，构成城市等级结构体系，即一个大城市统辖一定数量的中等城市和更多数量的小城市，大城市的服务（或职能）和影响通过这些中小城市逐级传输到全地区。

施坚雅在中心地理论的基础上提出了市场和社会结构模式[①]，认为近代中国大概可以分为 9 个主要的、人口密度较大的区域，其中每个区域四周都有一圈圈的同心圆周，人口密度随距离而递减。每个人口密度的"核心"均被九大自然地理区中的一个团体围住，而构成地区界限的分界线一般都穿过人口较稀疏的区域。19 世纪末已形成了若干以一个大都市为中心的经济区

---

① 〔美〕施坚雅著，叶光庭等译：《中国帝国晚期的城市》，北京：中华书局，2000 年。

域：华北为北京、西北为西安、长江上游为重庆、长江中游为武汉、长江下游为上海、东南沿海为福州、岭南为广州，等等。

王笛认为长江上游中小城镇稠密，主要在于区域经济的发展，各地市场相联系的大宗商品就有一定的地域性，出现了一批以商业贸易为中心的城市和口岸，商品的生产、交换和消费显露了地域的区别，从而形成了经济区。这种区域经济的划分往往以地域的自然界限为基础，以大宗商品作物和工商经济的分布为依据。上游自然地理有一个重要特点，即以长江为主干，各支流自北而南注入，形成了一个以航运为中心的交通联系网络，这些江河往往成为大多数经济区的自然界限。在清代长江上游，存在着围绕 8 个城市运转的经济和商业贸易区域，即以重庆为中心的上川东区，以顺庆府城（南充）为中心的川北区，以嘉定府城（乐山）为中心的上川南区，以叙州府城（宜宾）为中心的川南区，以泸州为中心的下川南区，以万县为中心的川东区，以广元为中心的川西北区。[①]

同时，他也提出作为长江上游这样一个大的区域，不可能由一个统一的流通中心完成聚散，因而只能通过许多大小、层次不同的地域流通中心来实现，这些大小、层次和位置不同的地域流通中心，一方面联系着生产者、经营者和消费者，另一方面各层次、各流通中心之间也保持着复杂的纵横向流通联系，从而在长江上游形成了一个完整的、连续不断的、畅通的、以城市为中心的流通主体的空间结构网络。处在流通结构中的大小不同的地域贸易中心形成了一定的层次。第一层也是最基本的层次是农村，它是各级市场的基础。第二层是基本市场，其特点是分布广，覆盖面大，单位面积内商业贸易的数量少、密度低、布局分散，供给量和需求者的数量多于媒介者，流通量相对较小。第三层是地区市场，多是商业性的城镇。其数量大、分布广，商业贸易密度超过了第二层次，媒介者比例较大，而且具有较配套的流通机构，它是城乡交流的重要环节。第四层次是区域市场，多是中等城市，较之前两个层次数量大为减少。商业贸易密度较高，贸易半径也较大，门类齐全，可以承担较大规模的流通，但它们的贸易主要在一定的区域范围内。在整个贸易的空间结构中，它们处于中间层次。一方面联系着本地区的县城、乡镇和广大农村，另一方面联系着更高层次的高级市场，起着承上启下的作用。第五层次即多功能高级市场，指数量不多的经济中心城市。其特点是商业贸易机构高度集中，密度很大，具有发达配套的流通机构，能够承担大规模的

---

① 王笛：《跨出封闭的世界——长江上游区域社会研究（1644—1911）》，北京：中华书局，2006年，第 211—212 页。

商品流通。商业活动的半径大，在区域经济中起着决定性的作用，是巨区的流通中心，是在大的经济区域中实现协调、同步、有序的流通活动的关键。①

相对于长江上游地区这一巨区而言，沱江流域属于一个中区，该区域因其内部糖业的发达而成为著名的蔗糖经济区。在该区域内，内江是产地集散中心，金堂、简阳、资阳、资中、富顺及泸县等县城联系着本县乡镇的糖品交易，均为糖业重镇。同时，金堂的赵家渡、简阳的石桥、资阳的王二溪、资中的球溪河、内江的茂市镇及富顺的牛佛渡等乡镇，又为县以下的糖品集散中心，联系着广大乡场及农村。利用区域经济史理论，不仅能够深入地分析沱江流域糖业的产销格局，而且也能进一步从区域与行业相结合的角度来看待糖业的发展。

（2）经济成长理论。关于历史上的经济成长方式的主要种类和变化，费维凯（A. Feuerwerker）从理论上做了总结。他认为历史上的经济成长方式，主要有"广泛性成长"（extensive growth）、"斯密型成长"（the Smithian growth）和"库兹涅茨型成长"（growth a la Kuznetz 或 the Kuznetsian growth）3 种。第一种方式是近代以前主要的经济成长方式，第二种方式发生在工业革命以前的"近代早期"，而第三种方式则是工业革命的产物。这 3 种成长方式在性质上各不相同，并由不同的动力所推动。在性质方面，第一种成长只有经济总量增加而无劳动生产率的提高；第二种成长有经济总产量和劳动生产率的提高，但技术变化不大；第三种成长则不仅有经济总产量和劳动生产率的明显而持续的提高，而且还有重大的和不断的技术变革。在成长动力方面，第一种成长方式是外延性扩大，主要通过同类型生产单位（如农户）数量的增加实现；第二、三种成长方式都有内涵性扩大，但第二种方式主要由劳动分工和专业化推动，而第三种方式则由技术变革和组织变革推动。就中国历史上的情况而言，第一种方式是帝国早期的主要经济成长方式；第二种方式出现于帝国中期，但到帝国晚期才得到较为充分的发展；至于第三种方式，则是到 19 世纪后期才在中国少数地区开始出现。②

沱江流域蔗糖经济的发展是介于第一和第二种经济成长模式之间，其经济总量的增长一方面在于劳动分工和专业化的推动，另一方面也是主要方面，在于同类种植农户的增加。

---

① 王笛：《跨出封闭的世界——长江上游区域社会研究（1644—1911）》，北京：中华书局，2006年，第 217—219 页。

② 王国斌：《转变的中国：历史变迁与欧洲经验的局限》，南京：江苏人民出版社，2005 年，第 30、56—67 页。

（3）制度经济学理论。诺思是 20 世纪 60 年代支持创立美国新经济史学的主要人物。作为"新经济史"的主要创始人之一，他反对为叙述历史而叙述，建议经济史学家应当用当代理论的观点和方法提出假设，验证和利用档案材料，主张任何假设都应当通过收集有关数量的资料，并用统计学和计量经济学方法所进行的分析来严格检验。诺思及其合作者设计出一个有关制度创新和制度变革的经济模式，从产权制度、法律制度，以及其他组织结构的变革与创新来解释长期经济增长的原因和人类社会的历史进程。20 世纪 80 年代，其《经济史上的结构和变革》一书是这种理论的成熟体现，他从现代经济学的理性选择假定出发，运用交易成本、公共产品、相对价格等分析工具，构建了包括产权理论、国家理论和意识形态在内的新经济史学理论体系。[①] 这一理论的中心思想是：由于人类受其自身生产能力和生存环境的约束，只能通过交换即交易这一基本活动获得经济效益和安全保障，而产权是交易的基本先决条件，产权结构的效率引起了经济增长、停滞甚至经济衰退；国家则规定着产权的结构，并最终对产权结构的效率负责。此外，由于约束行为的衡量费用很高，如果没有思想信念约束个人最大限度地追逐利益，会使经济组织的活力受到威胁，因此，意识形态的作用是不可替代的，它是一种节省时间和精力的工具，有助于实现决策过程简化，并使社会稳定和经济制度富有黏合力。

制度经济学理论从制度创新和制度变革来解释长期经济增长和人类社会的演进，显然是富有启示意义的。但是在这一过程中往往交织着群体利益的纷争，一部分人的获利是建立在另一部分人失利的基础上的，这是无法调和的矛盾，也就成为社会冲突的重要原因之一。在沱江流域，随着政府势力不断介入蔗糖经济发展，传统的预卖预买制度被甘蔗评价制度代替、糖业统税政策被食糖专卖政策替代，原有的利益格局被打破，新的利益格局的形成往往伴随着激烈的社会冲突，主要表现为持续不断的蔗糖纠纷和政商冲突。利用制度经济学理论能够深入地分析经济发展与社会变迁之间的关系，但是也要看到制度对经济发展的负面作用。

2. 相关概念解释

（1）糖品。糖类产品的简称，包括甘蔗、糖清、白糖、红糖、桔糖、冰糖、漏水等，其中，糖清为半成品，漏水为漏制白糖及桔糖的副产品。

---

① 〔美〕道格拉斯·C. 诺思著，历以平译：《经济史上的结构和变革》，北京：商务印书馆，2007 年。

（2）沱江流域。沱江位于中国四川省中部，发源于川西北九顶山南麓，全长712千米，流域面积3.29万平方千米。南流金堂赵镇，经简阳、资阳、资中、内江、富顺、泸县而汇入长江。沱江流域即为沱江流经的七县区域，分别为上河地区的金堂、简阳、资阳，下河地区的资中、内江、富顺、泸县。

（3）蔗糖经济。蔗糖经济指人们在与糖业有关的活动中结成的人与人之间的利益关系，包括植蔗、制糖、糖品销售等相关方面的经济活动。

（4）蔗糖纠纷。蔗糖纠纷是指蔗农与糖商之间因预卖价与时价差距过大而引起的纠纷，糖商包括制糖商（糖房及漏棚）与运销商。

（5）酒精糖料问题。它是指酒精厂方在进购酒精糖料的过程中所产生的一系列问题，包括生产原料糖品不足、糖商与厂商之间的纷争、政府评价之难、新旧糖品价格之争、红糖进购之困等诸多方面的内容，概括起来，前期以糖蜜问题为主，后期以红糖问题为主。

四、篇章结构及内容

本书共分3个部分，第一部分为绪论；第二部分为正文，包括第一至第五章；第三部分为余论。

第一章主要是对战前中国糖业的发展概况及统制实践活动加以概括性描述。就糖业发展状况而言，第一章主要是从生产区域、制糖技术、生产组织、外糖输入等几个方面，对战前中国糖业的发展状况加以概括性的描述。就统制实践活动而言，主要分析了政府实施糖业统制政策的初衷及背景，以及几次尝试活动。

第二章主要是剖析了政府对市场上酒精糖料供应问题的统制。该问题从1939年11月糖蜜价格暴涨起一直持续到抗日战争结束，涉及经济部、财政部、军政部、交通司、川康区食糖专卖局、资源委员会、四联总处等多个部委，其中专卖局及资委会与其关系尤为密切，同时二者也采取了一系列措施来应对该问题。第二章集中讨论该问题的发生及政府应对，希望从新的视角去分析战时经济统制、液体燃料政策的得失问题。

第三章主要分析了政府对蔗、糖价格的干预及调控。随着战事的持续发展，国内各项物资的供应日益捉襟见肘，尤其是自1939年起，这种状况日益恶化，物价也随之急剧上涨，糖价也不例外。糖价的飞涨使蔗乡固有的矛盾激化，引起了一系列的蔗糖纠纷。在这一形势下，政府为保证市场上糖品的供需平衡、稳定地方社会起见，实施了"蔗糖评价制度"，运用计划手段来调控买卖糖品的价格，希望从中化解蔗农、糖商双方之间的争端。但是，这一干预政策是如何实施的？它是否能达到预期的效果？以及它对蔗糖经济的发展到底产生了多大的影响？这些问题正是第三章所要关注的。

第四章主要侧重于对战时食糖专卖政策的述论。1942年，国民政府对川康区的糖业实施了食糖专卖政策，从价征收30%的专卖利益，以求保证政府的财政收入。川康区食糖专卖政策的实施是政府统制糖业的高峰，政府通过行政手段来垄断行业的经济利益，从而保证了战时国家的税入，并借机渗入地方社会，加强中央对地方社会的掌控，以求大后方的稳固及抗日战争的胜利。但是，政府强制介入行业发展的施政行为，也为糖业的发展带来了诸多不利影响，比如，专卖局官员的腐败、蔗糖纠纷的恶化、官民及官商之间的冲突等社会问题。第四章重点关注这一政策是如何统制糖品的市场交易活动的，以及对糖业的发展到底产生了多大的影响。

第五章重在评价战时糖业统制的绩效。糖业统制的目的重在保证财政税收、保障酒精原料，不过为了达到这一支援抗日战争的目的，政府也在改进制糖技术、融通糖业资金等方面作出了一定的努力。一方面，政府以四川省农业改进所甘蔗试验场为平台，从引进高产蔗种、革新手工制糖技术、发展机器制糖工业等几个方面来干预四川蔗糖业的产能，在保证市场上糖品供需平衡的同时，也扶持了糖业的发展；另一方面，政府通过合作社农贷及银行抵押贷款等方式，融通业糖者的金融资本，保障糖业资金正常流动。改进制糖技术及融通糖业资金的过程及成效，是第四章关注的重点内容。

最后，基于以上对战时糖业统制过程及实施绩效的梳理、分析，本书从增长方式角度将战时四川蔗糖经济发展模式总结为"悖论型增长"，即发展与危机并存。

第一章　抗日战争前中国糖业发展及统制实践

在中国，熬糖、用糖的历史较为久远，制糖技术也在不断进步。自唐朝从印度引进熬糖法始，到宋代王灼第一次较为细致地记述糖霜制法（《糖霜谱》，1164年），再到明代宋应星系统地描述双辊压蔗法及黄泥淋糖法（《天工开物》，1637年），制糖的手工熬煮技术日渐完备。并且，在明清时期，中国向外输出了大量糖品及熬糖技术，如前近代的日本多由中国输入糖品及制糖技术①，糖品成为文化交流的重要载体之一。时值清道光、咸丰年间，随着商业性农业的发展，甘蔗的种植面积日渐扩大，糖品的产量也随之增多，糖品逐渐成为日常消费品之一。

清末民初，在世界糖业力量发展格局演变及东亚政治经济发展不平衡的大背景下，东亚糖业格局经历了一个较大的蜕变期：东亚高寒纬度上的甜菜制糖业初步形成并得到一定的发展，打破了甘蔗糖业一统东亚的格局；东亚传统甘蔗糖业大国——中国正面临着严重的糖业危机，由中国主导的前近代东亚糖业格局解体；1895年以后，日本携军事、政治优势，大力发展本国精制糖业，并积极向外拓殖市场，迅速成为东亚的重要糖业力量；在东亚糖品市场上，日本糖、爪哇糖、古巴糖、英属香港糖及中国糖等主要糖品力量，激烈地争夺市场份额，重构了一个东亚糖业新格局。中国政府为了挽回利权、

---

① 1880年，在大阪举行的棉糖竞赛会上，明治政府追赏了已故的植蔗、制糖创始者直川智。直川智在庆长年间（1596—1615）去琉球途中遭遇台风漂流到福建，随后在闽滞留一年，学得黑糖（红糖）制造技术，并将其传入日本，自此开启了前近代日本引进中国制糖技术的快速发展时代。宽文二年（1662），政府派使节到福州学习白糖、冰糖制造技术。延享年间（1744—1947），政府派人购回《天工开物》，并从中国府志及县志收集制糖资料，另外，还从来长崎的中国商人李大衡、游龙顺那里学习制糖法。宝历年间（1751—1763），又从在长崎的清人那里学习白糖制造法。社团法人糖业协会：《近代日本糖业史》上卷，东京：劲草书房，1997年，第10—15页。明治初期，日本在砂糖业中的使用三辊立式压蔗器、品字形唐人灶、赞岐式分蜜法，与近代中国砂糖制造技术相比有传承也有改进，但是二者的差距并不大。植村正治：《日本製糖技術史1700—1900》，大阪：清文堂，1998年；冈部史：《日本の砂糖のふるさと——中国・福建省》，《季刊糖业资报》2009年第182期，第7—12页。

适应新糖业格局，采取了一些统制措施，然而却成效甚微。

第一节　抗日战争前中国糖业的发展状况

清末民初，中国甘蔗糖产区主要分布在东南沿海地区、长江流域及西南地区[①]，其中最为重要的是广东、福建及四川三省。[②] 四川和广东两省有较大的地理位置差异，一个深居内陆腹地，一个偏安岭南沿海，但二者皆为近代中国重要的产糖区。川糖和广糖在近代中国也颇具盛名，然而由于缺乏详细的统计数字，各省的植蔗面积及产糖数量一直不甚明了，直到1919年才有确切的比较数字，"国内各省蔗糖产量，虽无精确统计，惟据各方调查，与民国八年（1919年）日本糖业专家河野信值赴各省实地调查结果，均以四川年产糖180万公担为最多，约占全国产量66.7%"[③]。

一、中国糖业经济区的分布及各区植蔗状况

糖品分甘蔗糖及甜菜糖两种，中国的甘蔗糖历史较为久远，可以追溯到唐代，而甜菜糖的历史较短，是在近代由国外引进而来的。由于中国甜菜制糖起步较晚，且产量较少，是故以蔗糖为中心展开论述。

1. 糖业经济区的分布

在沿海地区，以广东、福建两省为主。[④] 广东省内糖品产地以潮州府所属的潮阳、饶平、登海、潮安、普宁、揭阳等县为最多，次为南海县的佛山、

---

① 也有资料显示，近代蔗糖的产区"遍及十省，若四川、广东、福建、安徽、云南、湖南、广西、江西、浙江及河南等地"。重庆中国银行：《四川省之糖》，上海：汉文正楷书局，1934年，前言，第16页。另外，据季羡林搜罗的清代史书、杂记、方志等史料记载看，清代植蔗地区为湖南，湖北，江东，江苏，浙江的杭州府、宁波府、绍兴府、金华府、台州府、严州府及处州府，河南的汝南、郾城及许昌，福建的福州府、兴化府、泉州府、漳州府、建宁府、邵武府、汀州府、福宁府及永春州，广东的肇庆、潮州、番禺、东莞、增城、广州及佛山，广西的浔州府，四川的成都府、童川府、资州、绵州、保宁府，台湾，江西的庐陵、广信府、饶州府、南安府及赣州府，云南的临安府，安徽。参见季羡林：《糖史》上册，南昌：江西教育出版社，2009年，第456—459页。植蔗地区与砂糖经济区并非等同，故本书以重要砂糖经济区为中心。

② 上海東亞同文書院：《中国经济全書》，第8辑，上海：上海東亞同文会發行，1908年，第431页。

③ 杨寿标、朱寿仁调查，钟崇敏撰述：《四川蔗糖产销调查》，重庆：中国农民银行经济研究处印行，1940年，序言，第12页。

④ 台湾也是近代中国的重要砂糖产地之一，但由于这一时期被日本占领，故本书暂不对其加以论述。

新会县的江门、番禺县的南岗、新造及东莞等地[①]；福建省内重要的糖品产地为漳州地区及福州、福宁二府所属地区，其中漳州府居于首位。[②] 在长江流域，糖业经济区主要分布于其中上游的江西省及四川省内。在江西省内，糖业经济区则为锦江沿岸的东乡、乐平、万年、鄱阳、德兴、余干及赣江沿岸的原赣州府所属地[③]；四川省则主要分布在扬子江（长江）、沱江、岷江及嘉陵江沿岸，在以上产地中，产额较大的地区为叙州府、资州府及泸州所属各县，而又以资州府所属的内江县最为著名。[④] 在西南地区，云南、贵州及广西三省内均有甘蔗种植区，但范围不广。云南省产糖最多的地方当属阿迷州（今开远市），州中又以本坝为第一[⑤]；贵州省则仅有贞丰及兴义两府略有产出[⑥]；广西砂糖则首推南宁府，其次为龙州平原，而南宁府又以左右江地区为最大产糖地。[⑦]

　　2. 各区的植蔗状况

　　在各糖业经济区，甘蔗品种虽略有差异，但用来制糖的品种，均以细茎、质地坚硬而著称。例如，在广东的潮州、汕头地区，"甘蔗有竹蔗、腊蔗、胶蔗诸种，胶种为新近移自台湾者，杆长、质甜，农民多喜植之"[⑧]，另据1902—1903年汕头海关统计，该地区土种竹蔗每亩产糖量为300—400斤。[⑨] 在福建漳州地区，蔗有大蔗（白蔗）、竹蔗两种，竹蔗主要用来制糖；福州地区一亩蔗田产蔗约4000斤，上等者可得砂糖400斤，中等者可得300斤左右。[⑩] 在江西省各产糖区，甘蔗主要有粗茎蔗、细茎蔗、青皮种及黄皮种4种，其中细茎蔗及黄皮种多用来制糖；在东乡地区，一亩蔗田产蔗4000斤。[⑪] 在四川沱江流域，蔗种有芦蔗、小立叶、红蔗3种，然而红蔗多供食用，小立叶所煮之糖清，远不及芦蔗所煮者光亮，且种植不易，故蔗地几乎全被芦蔗所占据；就每亩的收获量而言，"平均产蔗约5000斤至7000斤，出糖约

　　① 《支那砂糖景况》（中国砂糖情况），《领事报告资料》（通商报告），通卷号数2234，1890年12月8日，第8页。
　　② 東亞同文会：《中国省别全誌》十四卷福建，台北：南天书局，1988年，第714页。
　　③ 東亞同文会：《中国省别全誌》十一卷江西，台北：南天书局，1988年，第607页。
　　④ 東亞同文会：《中国省别全誌》五卷四川，台北：南天书局，1988年，第731—732页。
　　⑤ 東亞同文会：《中国省别全誌》三卷云南，台北：南天书局，1988年，第800页。
　　⑥ 東亞同文会：《中国省别全誌》十六卷贵州，台北：南天书局，1988年，第431—432页。
　　⑦ 東亞同文会：《中国省别全誌》二卷广西，台北：南天书局，1988年，第756页。
　　⑧ 饶宗颐编纂：民国《潮州志》，《实业志》，"农业"，1946年，第18页。
　　⑨ 冷东：《潮汕地区的制糖业》，《中国农史》1999年第4期，第74—80页。1斤=500克。
　　⑩ 東亞同文会：《中国省别全誌》十四卷福建，台北：南天书局，1988年，第715、750页。
　　⑪ 東亞同文会：《中国省别全誌》十一卷江西，台北：南天书局，1988年，第608、613页。

400斤至500斤，唯资阳与淮州（金堂属）每亩地出糖量较高，约有550斤净糖"[1]。在广西，甘蔗的种类有红蔗、蚋蔗及竹蔗3种，但以种植竹蔗为主，普通情况下一亩蔗田产蔗5000斤。[2]

二、制糖技术及组织

1. 压榨器具及驱辊动力

清末民初，虽然在广东潮汕地区有洋商开办的机器制糖厂的存在[3]，但这并未改变这一时期中国制糖业的手工性质，压蔗的主要工具仍是石制的辊子，驱辊动力仍为牛马等畜力。在广东的潮州、汕头地区，糖寮榨蔗，用牛马3—4头驱动石辊，一糖寮有牛马12—13头；整个蔗榨过程需3—4道，第1回放入7—8根蔗，从第2回开始，数量逐渐增加；用此法榨蔗，只能榨出50%—60%的蔗汁，其他糖分多残留在蔗渣中。[4] 在福建漳州地区，糖廓榨蔗，在廓中央立一个铁制的轴，轴周围开一个宽3尺[5]、深2尺的圆沟，沟上放置一个1尺厚的石轮，并把石轮的中轴与铁制的轴连在一起，把甘蔗投入沟中，用两头牛来牵动石轮转动压蔗。[6] 在江西乐平及东乡地区，糖廓中放置一个大石盘，又在石盘上放置一石辊，把甘蔗放在石盘上，用1—2头牛来牵动石辊转动压蔗，蔗汁顺着石盘流入木盆中。[7] 在四川沱江流域，手工榨蔗使用立式双石辊，主要动力亦为畜力，整个榨蔗过程需3道，每榨次需时约20分钟，效率比较低，蔗汁榨出率约为60%。[8] 在广西南宁府，压榨器用樫木制造，由水牛驱动辊轴压蔗。[9]

2. 糖灶及糖锅

在未使用蒸汽锅之前，各蔗糖经济区均是用火直接在铁锅中熬煮蔗汁，因此，糖灶的设计及糖锅的口数体现了一个地区手工制糖在熬煮环节上的技

---

① 内江地区档案馆：《民国时期内江蔗糖档案资料选编》上册，1984年，第14、28页。

② 東亞同文会：《中国省别全誌》二卷广西，台北：南天书局，1988年，第757、758页。

③ 孙毓棠：《中国近代工业史资料1840—1895》第一辑，上册，北京：科学出版社，1957年，第80页。

④ 東亞同文会：《中国省别全誌》一卷广东，台北：南天书局，1988年，第871页。

⑤ 1尺≈0.33米。

⑥ 東亞同文会：《中国省别全誌》十四卷福建，台北：南天书局，1988年，第722页。

⑦ 東亞同文会：《中国省别全誌》十一卷江西，台北：南天书局，1988年，第618页。

⑧ 内江地区档案馆：《民国时期内江蔗糖档案资料选编》（内部资料）中册，1984年，第306页。

⑨ 東亞同文会：《中国省别全誌》二卷广西，台北：南天书局，1988年，第758页。

术水平。在广东潮汕地区，到 1920 年前后已使用了孔明灶，灶上有糖锅 6 口，"现时煮糖，多用孔明灶，状似葫芦，灶中相通，上置六釜，第一最大，二三四较小，五六釜最小；第一釜燃烧，则火焰通过各釜，故第一釜受热最大，用以煮沸蔗液；依次各釜，则为蒸发既经澄清之汁液；如此构造，既俭燃料，复不患烧焦，较旧式灶为便利"①。在福建漳州地区，糖廍内要备锅 8 口，有 4 口称为乌鼎，用来制赤砂糖，另外 4 口称为白鼎，用以制造贡粉及冰糖。② 在江西赣州，一糖灶上则放置 5 口铁锅。③ 而在四川沱江流域，熬糖灶有两种，一种叫作花灶，另一种叫作枪灶。花灶的火门与熬糖锅的排列垂直，前 4 锅按菱形排列，后几个锅按线形排列；而枪灶的火门与烟囱分别设在灶的两端，上置按直线形排列的糖锅 9—12 口，1—2 除泡锅、3 盆锅、4 紧锅、5—7 腰子锅、8—9 糖锅、10 出糖锅、11—12 牛尾锅，这种糖灶的灶身较长，对于热的利用较为充分，故被广泛采用。④ 另外，在广西及云南两省，熬糖亦使用铁锅，但其熬煮程序颇为简单。⑤

3. 漏制器具及白糖制造

就糖清的漏制来看，各蔗糖区的漏制水平大致相同，漏制器具均为用泥土烧制的土钵，其方法也同为压泥滴漏法，漏制时间均需时月余。在广东的潮州和汕头地区，糖铺直接从榨糖者手中买来糖清，装入土制漏钵中，一起存入仓库，约 6 天后，水分自上而下从土漏钵中渗出，于是在上面放置一些蔗药；10 日后，把漏钵上面 2/3 糖层取出，然后再放蔗药，再经过 10 天可以全部取出。⑥ 在福建漳州地区，在素烧瓶中填充糖蜜，上置约 1 寸⑦厚的泥土，糖水从下面小孔中渗出，一个月后，过半糖层变白。⑧ 在江西东乡、赣县地区，将糖清分装入下部带有小洞的罐子里，事先用草塞住，放置僻静处，让其自动下漏，然后从上面刮取糖品。⑨ 在四川沱江流域的富顺县，"取糖霜则贮糖清于漏钵，漏棚置漏钵于瓦罐上，去其塞（钵底有小孔，初以草塞

---

① 张国基：《揭阳县农业调查报告》（1921 年），《广东农业概况调查报告书》，国立广东大学农学院，1925 年，第 111 页。

② 東亞同文会：《中国省别全誌》十四卷福建，台北：南天书局，1988 年，第 721—722 页。

③ 東亞同文会：《中国省别全誌》十一卷江西，台北：南天书局，1988 年，第 619 页。

④ 陈初尧、袁幼菊：《四川土法制糖工艺》，北京：轻工业出版社，1958 年，第 77—78 页。

⑤ 東亞同文会：《中国省别全誌》二卷广西，台北：南天书局，1988 年，第 758 页；《三卷雲南》，台北：南天书局，1988 年，第 801 页。

⑥ 東亞同文会：《中国省别全誌》一卷广东，台北：南天书局，1988 年，第 874 页。

⑦ 1 寸≈3.33 厘米。

⑧ 東亞同文会：《中国省别全誌》十四卷福建，台北：南天书局，1988 年，第 724 页。

⑨ 東亞同文会：《中国省别全誌》十一卷江西，台北：南天书局，1988 年，第 620 页。

之），以污泥及水藻盖之，则水自下漏于瓦罐，曰漏水糖。刮钵面白霜二寸许，为白糖，又以污泥盖之，如是者三四次乃止。其钵底之糖仍黄色，又合漏水熬之（俗称转漏）。贮于钵，以铁铲搅之，覆于簞曝干，曰桔糖"[①]。

4. 制糖组织

制糖组织为业糖者在制造砂糖过程中所形成的协作单位。首先，各蔗糖经济区制糖所的称谓颇为相异，在广东称为糖寮，在福建及江西称糖廓，而在四川则称糖房及漏棚。其次，家庭副业性制糖组织与手工工场性质的制糖组织并存，但后者更为普遍。例如，在云南，专业制糖组织仅出现在本坝地方，其他地方则数量很少，大多为农事及畜牧闲暇之际的副业而已。[②] 在江西，牛挂廓属于家庭副业性质，为当地的甘蔗种植者，据各自提供的牛数来租赁石车，并负担一切设备费用，此种组织概因耕种者资金薄弱，不得已为之；而公家廓则属于手工工场性质，实行股份制，股东的股数依据其在金钱、水牛、劳动等方面的出资来定，出力者管理糖廓等一切相关事务。[③]

然而，在广东、福建及四川等省的蔗糖经济区内，手工工场性质的制糖组织则普遍存在。在广东，糖寮制糖需驱牛工 2 人、送蔗入压榨器工 2 人、煮糖师 3 人、烧火工 2 人、运蔗工 5—6 人、除根去叶工 5—6 人、晒蔗渣工 5—6 人，共计 22—23 人；工人工资为日薪 25 仙[④]，但只有 8—10 人可以拿到工资。[⑤] 在福建，一糖廓平均需要 14 个工人，糖师傅（监督技师）2 人、原料搬运工 8 人、压榨部 1 人、烧火工 2 人、糖挂锅工 1 人。[⑥] 在四川沱江流域，糖房、漏棚均采用雇工经营，一部分工人由糖房主、漏棚主从劳动力市场雇来，另一部分则为附近的种蔗户。工人工资由雇主以现金方式支付，如糖房工人 1 日工价（洋元）如下：过搞匠 2 人，各 3.5—8 角；检搞匠 2 人，各 1.7—2 角；吆牛匠 4 人，各 0.8—1 角；辊子匠 1 人，1.8 角；牛牌子 1 人，约 1.5 角；熬糖师 1 人，约 5 角至 1 元；副手 1 人，2—3 角；下手 1 人，约 1.8 角；打泡匠 1 人，1—1.4 角；烧火匠 2 人，约 1.2 角。[⑦]

---

① 卢翊廷等纂修：民国《富顺县志》卷之五，《食货》，1931 年刊本，第 21 页。

② 東亞同文会：《中国省别全誌》三卷云南，台北：南天书局，1988 年，第 800 页。

③ 東亞同文会：《中国省别全誌》十一卷江西，台北：南天书局，1988 年，第 617—621 页。

④ 1 仙= 0.01 元。

⑤ 東亞同文会：《中国省别全誌》一卷广东，台北：南天书局，1988 年，第 876 页。

⑥ 東亞同文会：《中国省别全誌》十四卷福建，台北：南天书局，1988 年，第 721 页。

⑦ 彭泽益：《中国近代手工业史资料 1840—1949》第三卷，北京：生活·读书·新知三联书店，1957 年，第 584—585 页。

三、外糖输入的具体情况

清末民初，随着中国半殖民地程度的加深，外国商品输入的数量也不断增加，洋货冲击幅度及市场占有额度也均在不断地扩大。

1. 重要港口的外糖输入

（1）天津港。自古，北部中国所需糖品皆由福建、广东及台湾三地供应，天津港为其集散市场；近代以来，外国商品贸易兴盛，爪哇精制原糖及中国香港糖进入中国北部市场。在天津港的外糖经办商主要为英国的太古及怡和，日本的三井及大仓。1905 年前，外糖市场被太古及怡和所垄断[①]，之后，由于日本精糖制造业的发展，日糖开始行销该区域。据海关统计，1910 年该区域输入各种糖品的总额为 673 267 担，价值 3 710 946 海关两，其中日糖为46 047 担，价值 246 731 海关两，约占总额的 1/15；1911 年输入总额为 843 332担，价值 4 497 092 海关两，其中日糖为 52 975 担，价值 280 540 海关两，约占总额的 1/16，日糖达到了预期的销售额。[②]

（2）汉口港。1901—1905 年，汉口输入外糖的数额分别为 1901 年 3826担、1902 年 283 097 担、1903 年 194 783 担、1904 年 215 913 担、1905 年311 257 担，分别占该年输入糖品总额的 1.9%、86.9%、85.7%、78.9%、93.2%。[③] 从这一比例来看，汉口港的糖品输入几乎全被外商垄断，国糖市场份额锐减。另外，在汉口糖品市场上，日糖发展最为迅速，成为英国太古及怡和的强劲竞争对手。1905 年前，太古及怡和两洋行垄断了整个糖品市场，但是之后，日糖以其低廉的价格及精美的品质逐渐侵占太古及怡和的市场份额，导致其在汉口有 7 万担滞销，在上海有 10 万担滞销。[④]

（3）镇江港，清末民初，镇江港是外糖输入的重要港口之一，其年均外糖输入量呈递增趋势（表 1-1）。

---

① 上海東亞同文书院：《中国経济全書》第 8 辑，上海：上海東亞同文会，1908 年，第 459 页。

② 《天津ニ於ケル砂糖需給状况》（天津的砂糖供给状况），《通商彙纂》第 26 号商业，1912 年11 月 5 日第 1、2、3、4 页，マイクロ MF12887—73—63。

③ 《漢口輸入日本砂糖卜外國砂糖商况》（汉口输入日本砂糖与外国砂糖商业情况），《通商彙纂》第 50 号商业，1906 年 7 月 23 日第 3—4 页，マイクロ MF12859—45—35。

④ 《漢口輸入日本砂糖卜外國砂糖商况》（汉口输入日本砂糖与外国砂糖商业情况），《通商彙纂》第 50 号商业，1906 年 7 月 23 日第 5、6 页，マイクロ MF12859—45—35。

表 1-1　1899—1908 年 10 年间镇江港输入外糖数量　　单位：担

年份	赤砂糖	白砂糖	精制糖	冰砂糖
1899	201 861	19 578	99 102	11 382
1900	201 554	24 058	79 653	6830
1901	256 058	25 545	143 001	12 573
1902	498 168	43 460	165 962	16 448
1903	306 105	106 435	109 361	18 908
1904	379 938	124 736	112 388	20 629
1905	428 503	170 355	124 720	24 859
1906	672 849	211 418	205 227	34 370
1907	618 106	210 141	223 569	37 217
1908	352 328	119 162	123 165	17 452

资料来源：《南京、蕪湖、镇江ニ於ケル砂糖》,《通商彙纂》第 38 号商业, 1910 年 5 月 6 日第 15 页；《领事报告资料》, マイクロ MF12875—61—51（1908 年输入量仅为上年半数）

从表 1-1 来看, 1899—1908 年 10 年间镇江港输入外糖数量, 在整体上处于递增趋势。1899 年, 镇江输入外糖数量分别为赤砂糖 201 861 担、白砂糖 19 578 担、精制糖 99 102 担及冰砂糖 11 382 担, 此后一直呈逐年增长趋势, 到 1906 年输入外糖数量分别为赤砂糖 672 849 担、白砂糖 211 418 担、精制糖 205 227 担及冰砂糖 34 370 担。之后, 赤砂糖及白砂糖稍有减少, 精制糖及冰砂糖在 1907 年仍保持增长趋势。

（4）上海港。输入该港的糖品有赤糖、白糖、精糖及冰糖 4 种, 1900—1908 年 9 年间输入糖品的数量为：1900 年从外国输入 603 150 担, 从中国各港输入 17 470 担, 转口输出国外 20 105 担, 转口输出国内各港 502 643 担, 纯输入为 97 872 担；1901 年分别为 1 166 459 担、2312 担、18 335 担、781 349 担及 369 087 担；1902 年分别为 1 619 220 担、2592 担、11 912 担、1 100 260 担及 509 640 担；1903 年分别为 1 293 807 担、1161 担、13 676 担、840 269 担及 441 023 担；1904 年分别为 1 507 267 担、580 担、4746 担、1 190 236 担及 312 865 担；1905 年分别为 1 665 918 担、4616 担、13 243 担、1 131 384 担及 525 907 担；1906 年分别为 2 218 580 担、8619 担、96 327 担、1 338 257 担及 792 615 担；1907 年分别为 2 097 236 担、4150 担、1844 担、1 488 682 担及 610 860 担；1908 年分别为 1 417 018 担、6477 担、2705 担、

1 116 753 担及 304 037 担。[①] 在 1900—1908 年的 9 年间，上海港输入外糖数量在总体上呈递增趋势，年均从国外输入外糖达 1 509 850 担。另外，其转口功能较为突出，如由其转口输出国内各港的外糖数量年均达 1 054 426 担，占年输入外糖总量的 69.8％，其输出地为镇江、苏州、杭州、宁波、温州及长江一带。

从这一时期外糖的来源结构看，香港太古及怡和洋行的输入数量最多，日本及吕宋发展最为迅猛。就精制糖而言，1908 年，在精制糖的输入数量中，60％由太古洋行输入、10％由怡和洋行输入、12％由日本输入，而 1909 年日本精制糖数量已达到 15％；就白砂糖而言，1906 年的输入总数约为 25 万担，其中中国香港糖占 80％、爪哇糖占 11.6％、日本糖占 5％；就赤砂糖而言，在 1902—1905 年，中国香港糖位居第一，高达 84％，而 1908 年则下降到 72％，吕宋赤糖的发展速度惊人，1902 年仅占 7.2％，1905 年则增加到 17.2％，1908 年则高达 23％。[②]

2. 产地输入外糖

外糖不仅畅销于各个港口城市，而且在中国几个重要的砂糖产地，也有较大的输入量。例如，在 1905—1909 年的 5 年间，广东输入白砂糖及精制糖的总额分别为 156 677 担、279 506 担、255 739 担、165 819 担及 273 631 担。[③] 潮州和汕头地区虽为广东重要的砂糖生产区，但外糖输入仍呈增长趋势，1904 年汕头港输入外国冰糖、精糖及白糖的总额为 35 743 担，价值 228 684 两；1905 年较前一年增加一倍，共计 75 346 担，价值 400 572 两；1906 年又在 1905 年的基础上增加一倍，达 145 522 担，价值 719 750 两。[④] 在江西九江，1912—1916 年的 5 年间，输入外糖的数额分别为 187 407 担、246 891 担、247 670 担、153 006 担及 206 471 担。在其输入的糖类中，仍以白糖和精制糖为主，但并不局限于此，而红糖和冰糖也有相当大的输入额度。[⑤]

---

① 《上海ニ於ケル砂糖》（上海的砂糖），《通商彙纂》第 29 号商业，1910 年 3 月 30 日，第 3—5 页，マイクロ MF12874—60—50。

② 《上海ニ於ケル砂糖》（上海的砂糖），《通商彙纂》第 29 号商业，1910 年 3 月 30 日，第 12、10、11 页，マイクロ MF12874—60—50。

③ 《南京、蘇州及廣東ニ於ケル砂糖状況》（南京、苏州及广东的砂糖状况），《通商彙纂》第 52 号商业，1910 年 7 月 28 日第 34 页，マイクロ MF12875—61—51。

④ 《汕頭ニ於ケル砂糖状況》（汕头的砂糖状况），《通商彙纂》第 36 号商业，1908 年 5 月 22 日第 11 页，マイクロ MF12867—53—43。

⑤ 東亞同文會：《中國省別全誌》十三卷江西，台北：南天书局，1988 年，第 754 页。

3. 东北地区的外糖输入

哈尔滨的砂糖主要是经由满洲里税关及绥芬税关输入，其数额呈逐年递增趋势。1908 年输入总额计 41 947 担，价值白银 214 776 两；1909 年计 71 430 担，价值白银 408 777 两。其供货商主要为俄国之阿什河制糖公司、英国之太古洋货及日本之三井物产公司。[1] 在"间岛"，1908 年第一季度，输入糖品数量为白砂糖 150 担，赤砂糖 11 担，其中，24 担白砂糖及 2 担赤砂糖属于外糖，其首位原输入地为中国香港，其次为中国台湾，再次为日本大阪。[2] 在新民府，1910 年输入砂糖高达 17 245 个（2 522 800 斤），价值 234 233 元。在输入的 18 种糖品中，英国占 6 种，1365 个，值 19 249 元；中国占 9 种，15 400 个，值 207 705 元；日本占 3 种，480 个，值 7278 元。[3] 在东北地区，国产糖虽占据一定的优势，不过英国、日本已把其糖品推销到东北更远的地区。

四、近代中国糖业发展的特点

1. 从甘蔗种植区到砂糖经济区

在中国，甘蔗的种植有较为久远的历史，到明清时代，福建、台湾、广东、江西及四川则出现了专业种植区。[4] 但是，甘蔗种植区并不等于蔗糖经济区，因为当时的甘蔗种植多融合于各省的经济作物种植中，并未形成专属经济区。[5] 故本书认为砂糖经济区形成于清末民初，且主要分布在沿海地区及长江流域。从蔗糖经济区形成的标准（甘蔗种植面积大、糖品产量高、糖品交易繁盛，且形成了以蔗糖业为主的社会经济生活等）来看，在清末民初，广东的潮州和汕头地区、福建漳州地区、江西乐平东乡赣县区域、四川沱江流域等区域均形成了蔗糖经济区。例如，沱江流域以其适宜的地理条件，植

---

[1] 《哈爾濱ニ於ケル砂糖ノ狀況》（哈尔滨的砂糖），《通商彙纂》第 44 号商业，1910 年 6 月 19 日第 5—7 页，マイクロ MF12875—61—51。

[2] 《間島、天津、漢口、汕頭ニ於ケル砂糖》（间岛、天津、汉口、汕头的砂糖），《通商彙纂》第 38 号商业，1910 年 5 月 6 日第 7 页，マイクロ MF12875—61—51。

[3] 《新民府ニ於ケル砂糖商況》（新民府的砂糖情况），《通商彙纂》第 35 号商业，1911 年 5 月 19 日第 20 页，マイクロ MF12879—65—55。

[4] 李文治：《明清时代的农业资本主义萌芽问题》，北京：中国社会科学出版社，1983 年，第 28 页。

[5] 作为一个产糖大国，中国在 17—19 世纪并未形成甘蔗经济区，甘蔗的栽培多融合于各省的经济作物种植中，如广东、福建、台湾及四川等省。Sucheta Mazumdar, *Sugar and Society in China: Peasants, Technology, and the World Market*，Cambridge：Harvard University Asia Center，1998，p. 2.

蔗面积占全四川的76%，甘蔗的密集生产，刺激了手工业的兴起，沱江河两岸30里，糖房、漏棚林立，沱江流域成为四川首要的蔗糖经济区。同时，在商品化农业的带动下，内江、富顺、简阳、资阳、金堂、资中等地成为糖业重镇，并形成了较完整的糖品产运销市场体系，从基层市场到区域集散市场，以至于出口市场，各有其不同的交易规模和商业机能。另外，大规模糖品的生产刺激了金融、保险、堆栈、船运、副食品加工等行业的发展，并与洋货及油料商品形成对流，优化区域商品贸易格局，从而形成了以糖品为中心的区域社会经济生活。例如，资中"农民约55万，其中50%左右为蔗农……糖产既富，故市场各业均以糖业为中心，人民生活亦多惟糖是赖，糖之盛衰可影响社会各方面。"[①]

2. 各蔗糖经济区的手工制糖技术水平大体一致，且达到了一定的高度

首先，从压榨环节来看，东南沿海与内陆省份的技术水平及动力条件是基本一致的，可以认为石制辊子及牛马畜力代表着这一时期手工榨蔗的技术水平；从熬煮环节看，各省熬糖所用的器具及制造程序，也基本保持一致，花灶及铁锅是这一时期熬煮水平的主要体现。其次，手工制糖水平达到了一定的高度，如在压榨方面，广东的潮州和汕头地区与四川沱江流域均使用立式双石辊，且每班使用2—3头牛，这就提高了单位时间内压蔗的数量及压榨的强度；又如，在糖清熬煮方面，四川省的沱江流域普遍使用上置12口糖锅的枪灶，几乎将传统熬煮工艺发挥到极致。最后，从砂糖制造的整个过程来看，不论是沿海的广东、福建，还是内陆的江西、四川，畜力驱动石辊压蔗、铁锅煎煮蔗汁及压泥漏糖仍是清末民初中国砂糖业手工制造水平的总体特征。不过，与前近代的手工制糖技术相比，这一时期的手工制糖只是在器具的材料上略加改进，而并未有质的突破。据《天工开物》记载，前近代砂糖制造的程序即为三道：用一牛驱动立式双木辊压蔗，用"品"字形三铁锅煎熬蔗汁，用黄泥水淋瓦溜中糖清漏糖。[②] 而在清末民初，手工制糖仅把木辊改进为石辊，1牛更换为3牛，铁锅由3口增加到5—12口而已，虽有压榨效率的提高，但未有真正的砂糖质量的改良。同时，相对于近代机器制糖业的发展，其落后的一面则更加突出。"我国旧法制糖之最不经济者，为甘蔗之压榨，普通所用之木石辊，其高度虽有3尺，惟甘蔗输入之口道，不过5寸见方，使压榨面积尚不及总面积的一半，而辊又笨重，须用3牛或4牛拉动，

---

① 杨寿标、朱寿仁调查，钟崇敏撰述：《四川蔗糖产销调查》，重庆：中国农民银行经济研究处，1940年，第84页。

② （明）宋应星：《天工开物》，1637年刊本，第76—79页。

工作异常缓慢，……每日工作仅能压蔗 200 担，仅得蔗汁 130 担，若与新式糖厂每日压蔗 16 800 担、可得蔗汁 13 440 担相比对，则相差甚远；再以损失而论，旧法压榨每担损失为 35％，而新法压榨仅 20％，相差又在 15％，由是可知旧法制糖效率之低微矣"。[①]

3. 手工工场性质的制糖组织普遍存在，在手工制糖业中形成了以雇佣关系为主的生产关系

在各蔗糖经济区中，制糖组织有属于农家副业性质及手工工场性质两种，但后者较为普遍。这些手工工场性质的制糖组织均采用雇佣经营，制糖所内工人由外面雇入，工人工资以现金的方式支付，因此，可以认为这一时期在手工制糖业中形成了以雇佣关系为主的糖业生产关系。手工工场性质制糖组织的大量存在，不仅反映了手工制糖业的近代转型和发展，也进一步解释了近代以来用糖规模及范围不断扩大的原因。但是这一制糖组织仍属于农工结合的"乡土工业"性质的生产组织，在制糖环节上并未有严格意义的产业分工，如植蔗者亦是粗糖加工者，粗糖制造者又兼制白糖，白糖制造者又参与糖品买卖说合，糖品经纪人又从事糖品贩运。[②] 与股份公司、机制糖厂相比，其组织水平仍尚属幼稚，且与近代糖业产业化、规模化的趋势是相背离的。

4. 外糖的输入结构发生变化，且具有压倒性优势

清末民初，日本砂糖业的快速发展，使中国的外糖输入结构发生了变化。在 1895 年前，南洋华商多从南洋向国内输入物美价廉的商品，并委托当地商贩销售，在这个阶段中，爪哇糖的输入数量占外糖总输入量的 80％，然而，近年来随着中国香港糖品及日本糖品的大量输入，爪哇糖的销售地位受到挑战[③]，并形成了以英属香港太古及怡和两洋行糖品占居首位、爪哇糖次之、日本糖再次之的外糖输入格局。但是，由于日本政府锐意发展砂糖业，日本糖渐成为中国香港糖品的重要竞争对手，例如，其糖品的低廉价格及优良品质在"间岛"、天津、汉口及汕头等港口博得了一致的好评。[④] 同时，为了击败资本雄厚、经营数十年的老店——太古和怡和，并进一步拓展其糖品销路，

① 彭泽益：《中国近代手工业史资料 1840—1949》第三卷，北京：生活·读书·新知三联书店，1957 年，第 689、701 页。
② 上海東亞同文書院：《中国经济全书》第 8 辑，上海：上海東亞同文会，1908 年，第 439 页。
③ 東亞同文会：《中国省别全誌》一卷广东，台北：南天書局，1988 年，第 879 页。
④ 《間島、天津、漢口、汕頭ニ於ケル砂糖》，《通商彙纂》第 38 号商業，1910 年 5 月 6 日第 10 页，マイクロMF12875—61—51。

近年来，日本政府不断减免糖税，并加大扶植力度。[①] 在第一次世界大战期间，输入中国的日糖数量年均到达 100 万担以上，即 1913 年为 1 569 391 担、1914 年为 1 345 485 担、1915 年为 1 000 796 担，约占输入外糖总额的 1/4。[②] 此外，输入外糖的种类结构也发生了变化，由以往白糖、精糖（车糖）两种发展到白糖、精糖、赤糖及冰糖 4 种。[③]

这一时期，外糖的压倒性优势主要体现在长距离贸易、税收减免及市场争夺等方面。在长距离贸易方面，外糖不仅畅销于沿海港口城市，如上海、天津、芝罘等港，而且深入腹地及东北地区，更有甚者，竟在重要的砂糖经济区畅销，如广东的汕头、福建的厦门、江西的九江及四川的重庆均有大量的外糖销售记录。而国糖因运费高昂及品质低劣，其长距离贸易额度逐渐萎缩，大多在本省内消耗，唯有潮州和汕头地区的部分糖品经由汕头港输出国内其他港口。在税收方面，外糖多是纳一次关税而可通行各个港口[④]，而国糖则受到关税及厘金的重重盘剥[⑤]，以至于当其运到销售市场时，其运费已与其本身价格相等或更高。在市场争夺方面，出现了"外糖进、国糖退"的局面。股份公司与机器制造相结合，使外糖的制造成本极低，且成规模效益。外糖的优良品质及低廉价格，成为争夺国糖市场的利器，它不仅抢占国糖的海外市场，而且也正在一步步地蚕食国内的糖品市场。[⑥] 例如，川省桔糖，其主要输出地为两湖地区，并以汉口为其集散中心，近年"川糖的大部分销路为外糖所侵夺，今在汉口其量不过 2 万—3 万桶"[⑦]。

从以上分析来看，这一时期中国砂糖业的发展呈现出以下几个方面的特点：从甘蔗种植区到砂糖经济区；各蔗糖经济区的手工制糖技术水平大体一致，且达到了一定的高度；手工工场性质的制糖组织普遍存在，在手工制糖业中形成了以雇佣关系为主的糖业生产关系；外糖的输入结构发生变化，并具有压倒性优势。

---

① 上海東亞同文书院：《中国经济全书》第 8 辑，上海：東亞同文会，1908 年，第 495 页。

② 東亞同文会：《中国省别全誌》一卷广东，台北：南天书局，1988 年，第 881 页。

③ 東亞同文会：《中国省别全誌》一卷广东，台北：南天书局，1988 年，第 800 页。

④ 杨寿标、朱寿仁调查，钟崇敏撰述：《四川蔗糖产销调查》，重庆：中国农民银行经济研究处，1940 年，第 213 页。

⑤ 《福州砂糖商况》，《通商彙纂》第 10 号商业，1906 年 12 月 6 日第 13 页，マイクロ MF12860—46—36。

⑥ 《福州砂糖商况》，《通商彙纂》第 10 号商业，1906 年 12 月 6 日第 14 页，マイクロ MF12860—46—36。

⑦ 《間島、天津、漢口、汕頭ニ於ケル砂糖》，《通商彙纂》第 38 号商业，1910 年 5 月 6 日第 10 页，マイクロ MF12875—61—51。

这些特点包含两个方面的内容：一方面，手工制糖业长期以来的发展，到清末民初，为中国砂糖业积累了一定的发展性因素，如砂糖经济区的形成、手工制糖技术高度发展及手工工场性质的制糖组织普遍存在等，这些因素是手工制糖业与机器制糖业之间进行行业生产力整合的基础，必将在砂糖业的现代化过程中起到一定的作用；另一方面，中国砂糖业所面临的发展瓶颈问题，不仅在于制糖技术的滞后、落后糖业生产关系的束缚，而且更在于市场竞争环境的变化。传统手工制糖工艺未有较大突破，机器制糖业毫无发展，以及落后糖业生产关系的束缚等方面，无疑是砂糖业进一步发展所必须解决的内在瓶颈问题。然而，欧洲甜菜糖的崛起、日本砂糖业的快速发展，尤其是日本，它借助中国台湾砂糖的产业基础，大举开拓东亚及中国市场，严重挤压了中国砂糖业发展的市场空间。因此，在世界砂糖业大发展的背景下，中国砂糖业因自身发展的瓶颈问题，不仅失去了国外糖品市场，而且国内市场也一步步沦陷，发展前景较为暗淡。但是，从本书的分析来看，与其说如一些区域性研究成果所认为的那样清末民初中国砂糖业普遍"衰退"，倒不如说它正在危机中经历着一个由传统到现代的转型。在优质洋糖的冲击下，中国砂糖业的发展危机四伏，其内部的弊端也一一暴露，但也正是在这一危机下，中国砂糖业借助现有的条件，加快了由传统到现代的产业蜕变。

第二节　抗日战争前中国糖业统制的实践

相比较而言，糖业是个小行业，不如棉纺织业、丝织业、茶业、盐业等行业对国民经济那么重要，但无论是从中日贸易数额来看，还是从中日贸易货物的种类来看，糖品在中日贸易中的地位都是很突出的，颇值得重视。就中日之间的贸易情况来看，糖品贸易不容小觑。大正五年（1916）日本对中国十大输出品调查，棉丝 63 842 489 日元、棉织品 34 813 963 日元、砂糖 12 620 626 日元、煤及焦炭 6 557 950 日元、燐寸 5 213 681 日元、纸类 4 678 426 日元、木材 3 823 643 日元、铜（块、锭及线）2 813 273 日元、针织品 2 505 344 日元、海带及海带制品 2 308 384 日元。[①] 砂糖在日本对华输出品中高居第三，可见其对日本对外贸易的重要性。从 1924 年前后日本输入中国的商品数额来看，棉货居第一位，为输入总值的 32.94%，而糖品则又高

---

① 《糖界现下の諸問題（一—十）》（当下糖业界的诸问题 1—10），大阪朝日新聞，1918 年 1 月 25 日—1918 年 2 月 5 日（大正 7），神户大学新聞記事文庫，製糖業（05—002）。

居第二位，为输入总值的 8.65%。[①] 因此，日糖在中国市场上的拓殖活动，不仅对中国糖业发展产生了较大影响，而且对中日间的贸易产生了深远的影响。

19 世纪末 20 世纪初，日本产品在国际市场上与中国产品展开了全面的市场争夺，可以说自此以后整个中国手工行业均面临着来自日本同行的竞争。在竞争下，中国各行业均出现危机，如丝织业出口受阻、面粉业遭排挤、土布业销售不旺等。[②]"茶也、丝也、棉也、矿也，并吾国其他之大种实业，受外商之压迫，无一不颓落不滞钝，将来且无不危险，吾固已言之矣。然以彼各项每岁多少，总尚有若干之输出可以稍作抵制，有现成之基础可以立图改良。未有如糖业有入无出，安受浸灌者，百道横流，万派冲激，而曾无拳石束蒿之具，足以稍资捍卫，此坐毙之势也。"[③] 与其他手工行业相比，糖业所面临的情况更差。在日糖大力开拓中国市场的情况下，中国糖业遭受了巨大的冲击，出现了严重的糖业危机。

一、从传统糖品输出大国到进口大国：中国甘蔗糖业的危机

中国甘蔗糖的历史较为久远，自唐朝从印度引进熬糖法开始，到宋代糖

---

① 张研、孙燕京：《民国史料丛刊》（658，经济·商贸），《中国国际贸易概论》（二），郑州：大象出版社，2009 年，第 215 页。

② 如丝织业，当 19 世纪 70 年代和 80 年代日本的蚕丝业尚处于形成阶段时，美国人仍更喜欢中国的丝，但当华丝价格上涨得太高时也购买日丝。那时，美国顾客抱怨日丝不规则，质量低劣，同时也抱怨中国的商业活动不守信用。不过，日本人注意到了外国顾客的需要，并很快作出了标准化和机械化的努力。到 1909 年，日本已经取代了中国成为世界上最大的生丝出口国（方显廷：《中国的缫丝业发展及其分布的考察》，载《中国经济月报》第 7 卷第 12 期，1934 年 12 月，第 487 页）。在世界经济大萧条的情况下，日本一方面利用货币贬值在美国市场跌价竞销，另一方面，在生产上力求高质量、规格标准化，以适应美国市场的需求，以此致使华丝在美国市场上失去了与日丝的竞争力（徐新吾主编：《中国近代缫丝工业史》，上海：上海人民出版社，1990 年，第 311 页）。又如，面粉业，日俄战争之后，日本商人曾于 1908 年以 100 万元资金在铁岭创办满洲制粉株式会社。到 1934 年，在关东军的支持下由日本国内制粉界的日本制粉、味久素会社等 12 个财团，集资 200 万元，后增加到 1000 万元，联合成立"日满制粉会社"，控制 11 个工厂，日生产能力为 40 300 包（上海社会科学院经济研究所：《中国近代面粉工业》，北京：中华书局，1987 年，第 65 页）。再如，土布业，20 世纪 30 年代中国土布销售不旺的一个极其重要的全国性原因是帝国主义，主要是日本在中国设厂生产大量机制布，并大量仿制土布，这不仅严重打击了手织布，而且严重冲击了中国国内市场的既有格局，迫使原来为农村手织业生产原料的中国纱厂因机纱销路不振，为求生存而大量生产布匹，这就使原有的棉纺织业中的大机器工业与农村手工业之间的协调关系受到了严重破坏，加剧了农村土布的市场困难（林刚：《1927—1937 年间中国手工棉纺织业新探》，《中国经济史研究》2002 年第 2 期，第 17—33 页）。

③ 《袁文钦关于振兴全国糖业意见书》，《中华民国史档案资料汇编》第 3 辑，"北洋政府工商政策"，南京：江苏古籍出版社，1991 年，第 263—272 页。

霜制法(王灼:《糖霜谱》,1164 年),再到明代双辊压蔗法及黄泥淋糖法
(宋应星:《天工开物》,1637 年),蔗糖生产技术日渐完备。明清时期,中国
向外输出了熬糖技术及大量糖品,并在东亚处于领先地位。19 世纪中后期,
在世界糖业力量发展及中国境遇变迁的背景下,甘蔗糖业日渐萎缩,20 世纪
初,已存在严重的生存危机。[1]

　　1895—1937 年,就中国几个重要糖品产地[2]的产销情况来看,糖品贸易
萎缩成为常态。首先,据历年海关年报的统计,1870—1875 年为汕糖向国外
出口的黄金时代[3],然而,在 20 世纪初,栽蔗产糖近两千年的珠江三角洲却
放弃了糖的生产。[4] 其次,台糖向外输出以日本为主,在 1868—1895 年,台
糖输入日本的总额占同时期日本进口总额的 69.55%,达 619 万担,与大陆
进口台湾 718 万担的总额仅差约 100 万担。[5] 然而,在 1895—1931 年,中国
台湾、日本、中国大陆之间的食糖贸易,变成了以日本为主导的三角贸易:
由中国台湾种植甘蔗,生产原料粗糖,将这种粗糖运往日本本土加工成精糖,
再将此糖销往中国大陆,日本逐步形成了一种以外向型经济贸易战略为主导
的掠夺性的多边经贸机制。[6] 再次,闽糖产量仅次于汕糖及台糖,省内甘蔗
产地主要集中在漳州、福州、福宁等地区,其中漳州府最多。[7] 前近代,闽
南糖业仅龙溪一县年产 90 万元,南靖、海澄两县年产 72 万元,晋江、同安、
南安三县年产 20 万元,并且糖品"畅销于华北各埠"。20 世纪 20—30 年代,
"以天灾、地变、人祸层出不穷,经济崩溃,闽南蔗糖事业亦渝至破产之境

　　① 学界对此的相关论述,可以参见赵国壮:《日本调查资料中清末民初的中国砂糖业——以
〈中国省别全志〉及〈领事报告资料〉为中心》,《中国经济史研究》2011 年第 1 期,第 112—119 页;
《"经济惯性"与"政策承续":辛亥革命前后四川糖业极度繁荣的原因新释》,《四川师范大学学报》
(社会科学版)2011 年第 6 期,第 24—31 页。

　　② 中国甘蔗糖产区主要分布在东南沿海地区、长江流域及西南地区,其中以粤、台、闽、川四
省为最多。上海東亞同文書院:《中国经济全书》第 8 辑,上海:上海东亚同文会,1908 年,第
431 页。

　　③ 范毅军:《广东韩梅流域的糖业经济(1861—1931)》,《中央研究院近代史所辑刊》第 12 期,
1983 年 8 月,第 127—161 页。

　　④ 〔美〕穆素洁著,叶篱译:《中国:糖与社会——农民、技术和世界市场》,广州:广东人民
出版社,2009 年,第 451 页。

　　⑤ 林满红:《茶、糖、樟脑业与台湾之社会经济变迁(1860—1895)》,台北:台湾联经出版事业
公司,1997 年,第 23—26 页。

　　⑥ 习五一:《1895—1931 年台湾食糖贸易研究——台湾、日本、大陆三角贸易考察》,《近代史
研究》1995 年第 5 期,第 186—205 页。

　　⑦ 東亞同文會:《中国省别全誌》十四卷福建,台北:南天书局,1988 年,第 714 页。

地"[①]。最后，四川省糖产量在清末民初之际达 300 多万担，跃居全国首位，其销售格局以四川省内为主，兼及邻近各省，其中外销以输出两湖地区的桔糖为大宗；20 世纪 20—30 年代，在外糖的侵逼下，川省桔糖在两湖的销售额有所下降，但因两湖地区偏好桔糖，因此，川省桔糖销售并未中断，其糖品销售结构未发生较大变化。

总的来看，1895 年前，国内糖品贸易的主要格局是南部及西南部中国糖品均能自足；北部中国所需糖品皆由粤、闽及台三地供应，天津港为其集散市场；两湖地区的桔糖均由四川供应，汉口为其集散市场。从东亚的糖品贸易格局来看，中国为东亚的最大糖品输出国，几乎垄断了整个东亚的糖品贸易。1895 年以后，随着中国糖业重镇中国台湾被日本占领，以及世界糖业的大发展，中国糖品贸易格局发生了较大变动：国外市场尽失；仅在区域内市场销售；且外糖大量涌入中国市场。[②] 糖品贸易格局的转变，既是中国甘蔗糖业危机的重要表现之一，也标志着前近代由中国主导的东亚糖业旧格局的瓦解。

二、中国市场的糖品竞争日趋激烈

爪哇糖品进入中国的时间最早，这主要得益于中国的南洋商人，他们发现糖品贸易的厚利，着力将爪哇糖品引入中国。据统计，1895 年前从爪哇输入中国的糖品占外糖总输入量的 80％。[③] 之后不久，英国在中国香港设立机制精糖厂，并由太古、怡和两洋行来经销，1905 年左右，英属香港糖品独霸着上海、天津、汉口等重要港口城市的外糖销售额。日俄战争后，日本机制糖业快速发展，逐渐打破了爪哇糖及中国香港糖统治中国糖品市场的局面。20 世纪最初的 30 年内，爪哇、英属香港、日本等糖商在东亚市场上，尤其是在中国市场上展开了全面的竞争。

1. 20 世纪前 10 年的中国东北市场

明清时期，东北市场上的糖品供应均来自中国南方，20 世纪初，随着外糖输入范围的扩张，东北市场上出现了中国糖、俄国糖、英属香港糖及日本

---

① 朱博能：《闽南的蔗糖业》，《复兴月刊》第 4 卷第 8 期，"大学文坛"，1936 年，第 9 页。

② 丹尼尔斯（Christian Daniels）按时间先后顺序把 1870—1930 年的中国砂糖史分为 4 个阶段：出口增加（1870—1893）、由纯出口国转为纯输入国（1893—1895）、外国机制糖的持续增加（1900—1930）及机制糖与手工糖并存的双重国内砂糖市场（1900—1930），参见丹尼尔斯著：《中国砂糖の国际的位置：清末における在来砂糖市场について》，《社會經濟史學》1985 年第 50 卷第 4 期，第 411—444、532—530 页。

③ 東亞同文会：《中国省别全誌》一卷广东，台北：南天书局，1988 年，第 879 页。

糖4种糖品竞争的局面。例如，1908年哈尔滨糖品输入总额计4947担，价值214 776两；1909年计7430担，价值408 777两，其供货商主要为俄国的阿什河制糖公司、英国的太古洋货及日本的三井物产公司。[①] 1910年新民府输入糖品25 228担，价值234 233元，在输入的18种糖品中，英国糖占6种，997担，价值19 249元；国产糖品有9种，22 484担，价值207 705元；日本糖占3种，700担，价值7278元。在新民府，国产糖虽然占到绝对的优势地位，不过英国和日本已把糖品推销到东北的更远地区。[②] 1909年俄国人在阿什河设立阿什河制糖公司，开发甜菜制糖。1914年第一次世界大战爆发，受其影响，欧洲甜菜糖输出断绝，甘蔗糖供给困难，世界糖价飞涨。不过，战争却给日本糖创造了独霸中国市场乃至东亚市场的绝佳机遇。在中国东北市场上，俄国因忙于战争而无暇顾及该地的甜菜制糖，日本则大力发展中国东北的甜菜制糖业。

2. 20世纪20年代的中部及南部中国市场

第一次世界大战前，在中部及南部中国市场上，主要是英属香港糖与爪哇糖之间的争夺，而英属香港糖占据首位。战时，日本借助英国无暇顾及中国市场的机遇，大力拓展中国市场。战后，日本成为英属香港糖在中国市场上的主要竞争对手。例如，在1918—1920年，中国精糖市场为英属香港货及日本货所垄断。"太古公司规模最大，有自备之船只以为运货之用，且于内地各埠广设支店，自置堆栈，肆行销售……以地理及其他关系立于有利之地位。"作为后起者的日本糖商，"大日本制糖、明治制糖及台湾制糖三会社，常相互联合，组成一种'加迭尔'大行商略，纵遇损失亦不惜贬本求售，其损失则求价于日本内地"。在其积极的开拓政策的指导下，"日糖颇能蚕食香港糖之贩路，除福州以南各埠外，日糖之势力已渐与香港糖并驾齐驱"[③]。1923年，明治制糖公司、台湾制糖公司、盐水港制糖公司、大日本制糖公司、新高制糖公司、帝国制糖公司等6家制糖公司积极拓展中国市场，同年向中国输出糖品价值达2000万日元，其中以输往上海为主，占日本输出糖品的7成。并且，在上海市场上，日本的明治、台湾、大日本3家公司同英属

---

① 《哈尔滨二於ケル砂糖ノ状况》，《通商彙纂》第44号商业，1910年6月19日，第5—7页，《领事报告资料》マイクロMF12875—61—51。

② 《新民府二於ケル砂糖商况》，《通商彙纂》，第35号商业，1911年5月19日，第20页，《领事报告资料》マイクロMF12879—65—55。

③ 张研、孙燕京：《民国史料丛刊》（654，经济·商贸），《今世中国贸易通志》（二），郑州：大象出版社，2009年，第194页。

香港太古、怡和进行激烈的角逐。日方为了争取在竞争中取得优势地位，拟提议协定输华糖品的色泽标准，不过因日本糖商内部竞争激烈而未能商定。[①] 1925年，因爪哇糖输入增加，日本糖退居第三位，不过1926年日本糖输入中国的数量有所增加，达300万担左右。[②]

1927年"南京事件"发生后，国内掀起了"反日之经济绝交运动"，上海糖商从保障自身利益出发，于同年8月设立一个拍卖市场（即日糖公卖处，对日糖实施限价政策，规定具体交易日期），并一致禁止与日本交易，这个市场的开设给日本糖市以重大打击，同年日本输入中国市场的糖品减少了16%以上，此拍卖市场于1928年年初撤销。[③]

3. 20世纪30年代中国市场上的日本糖销售及外糖竞争

"九一八"事变以后，中国国内发生了大规模的抵制日货运动，对日本糖输华产生了较大冲击，而其他外商则借机拓展市场。例如，据1932年1月23日大阪市产业部发布的天津港日糖销售情况来看，之前，在该港外糖输入总量中，日本糖占6成，其余是爪哇、吕宋、香港等的糖品，然而，1931年抵制日货运动发生后，香港糖品下调价格，积极拓展市场，而日本糖销路日渐萎缩，从事日本糖代销的中国批发商转而代销香港糖，同时爪哇糖品输出量也相当引人注目。[④] 1933年，印度政府实施以自给自足为目的的国内糖品增产计划，新设官民共建的精糖公司，并提高外糖输入关税，从而导致每年输入印度170万—200万吨糖品的爪哇糖商不得不另外开拓市场。[⑤] 爪哇糖业代表在考察中日糖业现状之后，认为日本由于输出成本加大、技术停滞、抵制日货运动等原因，致使其输入中国的糖品由1931年前每年的400万担骤减为170万担，因此努力开拓中国市场，并计划在上海新设精制糖厂。[⑥] 1935年，如何处理台湾过剩糖品问题，成为日本糖业界关注的重点。日本糖商极

---

① 《对支砂糖输出混战太古台湾明治日糖の竞争：色相协定は绝望各社自由竞争》，《国民新闻》，1923年11月29日，（10—089）。

② 《近二十年来之中日贸易及其主要商品》，张研、孙燕京：《民国史料丛刊》，郑州：大象出版社，2009年，第434页。

③ 〔美〕奥拆德，周剑译：《日本新工业之发展》，上海：商务印书馆，1938年，第492页。

④ 《天津の日本糖胁威：排斥中に外糖乘ず》（天津市场上的日本糖受到威胁：抵制日货中的外糖乘机发展），《神户新闻》，1932年1月24日，神户大学新闻记事文库，制糖业（13—099）。

⑤ 对于此一阶段日糖及爪哇糖在中国市场上的竞争情况，韩国学者姜抮亚在其《20世纪初的东亚市场与中国制糖业》（收入吴景平主编：《近代中国：经济与社会研究》，上海：复旦大学出版社，2006年，第447—473页）一文中，有简要的论述。

⑥ 《印度の代りに支那を目ざす：爪哇糖の市场开拓》（取代印度开拓中国市场：爪哇糖的市场拓展），《大阪朝日新闻》，1933年9月2日，神户大学新闻记事文库，制糖业（14—037）。

力主张向中国输出，而中国东北市场容量仅为 150 万担，其他 150 万－200
万担需要在中部及南部中国市场上找到销路。不过，因中国国内抵制日货运
动、广东政府的食糖专卖政策及爪哇滞存糖品对中国市场的投放等因素，日
本糖的销售极为迟滞。[①] 因此，日本使用低价倾销政策，以求打开销售市场，
而这一举措立即引起了一轮削价竞争。荷印政府（爪哇当局）因其糖品大受
日本倾销政策之影响，也实行削价政策，成效显著，仅 5、6 两月，爪哇经中
国香港转销华南各地的糖品已达 10 吨，同时，其他各地糖商亦得政府协助源
源不断来华倾销。[②] 1937 年年初，虽然中日外交依然不明朗，然而日中贸易
则比较顺畅，日糖输出自 1936 年 10 月以来，呈增长势头。不过，香港太古
制糖厂因日糖进逼及原料购买困难而遭受了较大打击，面临着停产的危机，
是故提出与日本糖业联合会及日糖公司订立"中国糖品输出协定"，要求协定
输华糖品价格、分割中国市场销售区域。日方予以断然拒绝，称日本糖业联
合会既无权协定日本国内供应量，也无能力与糖品输出公司订立协定；两者
制糖原料虽同为爪哇糖，但是由于结算单位不一，而无法在价格上予以协定；
分割中国市场，不合外交惯例。[③]

　　总的来看，爪哇、英国及日本三国糖商之间的争斗，加剧了东亚糖品市
场的竞争局势，并逐渐形成了以日本糖及英属香港糖为主导的东亚糖业新格
局。但是，这一新格局的形成是以牺牲中国糖品市场份额为代价的，中国糖
业则出现了严重的产销危机。[④]

三、从糖业扶植到糖业统制

1. 晚清及北京政府的糖业扶植

　　晚清，政府已着意扶植糖业发展，同洋糖进行抗争。早在 1898 年，户部
就已在"议复各省自辟利源折"中强调，"若合江西、浙江、江苏、安徽素常

　　① 《支那の転向気運と我糖業者：輸出糖の進展に相協力せよ》（中国市场的转向与我国糖业
者：齐心合力助糖品出口），《台湾日日新報》，1935 年 2 月 7 日，神户大学新闻记事文库，製糖業
（14—216）。

　　② 朱博能：《中国之蔗糖业及其统制》，《东方杂志》第 33 卷第 3 号，1936 年 2 月 1 日，第
62 页。

　　③ 《砂糖の对支輸出非常な活況：英国系の香港製糖廠が悲鳴，我糖連に協調を申込拒絶
さる》（砂糖输入中国非常活跃：英属香港太古制糖厂叫苦不已，日方糖连拒绝协调），《台湾日日新
報》，1937 年 2 月 19 日，神户大学新闻记事文库，製糖業（15—182）。

　　④ 具体冲击情况参见赵国壮：《日本糖业在中国市场的开拓与竞争（1903—1937）》，《中国经济
史研究》2012 年第 4 期，第 23—36 页。

种蔗之地，广植丰收，购机制造，则岁增之利无算"①。20世纪初，在洋糖进口日盛、国糖式微的情况下，商部章京廖世伦拟呈本部种蔗制糖各试验场、制糖讲习所、改良旧式糖厂、提倡新式糖厂、上海宜设精制糖厂、试制芦粟糖、试种西洋萝卜等条陈八则，以求振兴糖业。② 商部采纳了廖世伦的振兴糖业建议，随后札文天津总商会劝导糖商种蔗制糖并设法改良，"行札到该商会，即便转知各糖商详细劝导、体察地方情形，设法改良并随时呈报支本部，如有应行保护之处，本部自应力与维持，以图进步而辟利源"③。

1909年，商务局对川糖提净方法进行试验，结果较为理想。在试验结果的激励下，赵尔巽积极提倡改良糖业技术，不过鉴于"商人狃于成法，惮于投资"，而主张在糖捐项下"提银二万移交劝业道"，从事糖业改良事项。同时，又考虑到资中、内江为产糖重镇，"应由糖捐局资州、内江地方官会同，劝令各糖户派遣聪敏子弟送日本及中国台湾制糖厂学习，以为学成自立，不假外材之计"，"学习调查之费，均在糖捐项下详明拨给"④。随后派郑澍辉等4人去日本考察新法制糖，预备回国后正式成立公司，后因革命而罢。⑤ 1910年10月1日，省府在资州城内开设精糖公司筹备处，劝谕绅民纳捐办公司。⑥ 同年12月19日，川督奏请设糖务局，提议由糖务局总领糖业改良的各种事项，如"调查本省蔗糖情形，选购闽、粤、南洋及台湾各处蔗苗，设场试验，开会品评，并选聘技师、招生见习，以为改良基础"⑦。

民国建立后，袁世凯及北京政府农商部起初对实业的发展确实是比较重视的。⑧ 袁世凯在以临时大总统身份发布修订各项经济法规以利实业发达令时，首先声明要继承前清的制度遗产，"凡关于保护兴业各法令，业经前清规定者，但于民国国体毫无抵触，应即遵照前次布令概行适用，次第施行"⑨。

① "户部议复各省自辟利源折"，《光绪二十四年中外大事汇记》，《中华文史丛书》，台北：台湾华文书局，1968年，第1564页。

② 廖世伦：《振兴糖业议》，《商务官报》第15期，"论丛"，1906年7月25日，第1—6页。

③ 《商部札天津商务总会劝道糖商种蔗制糖设法改良文》，（清）甘厚慈辑：《北洋公牍类纂》卷二十一，清光绪三十三年（1907）铅印本，第20页。

④ 《督宪札提公款改良糖业并饬劝令各糖户派遣聪明子弟数人送赴日本、台湾制糖厂学习文》，《四川官报》第11册，"公牍"，1909年4月上旬，第7—8页。

⑤ 四川省甘蔗试验场：《沱江流域蔗糖业调查报告》第一章，1938年，第44页。

⑥ 《资州厘局兼糖捐分局白话告示》，《四川官报》第28期，"演说"，1910年10月下旬，第1页。

⑦ 《本任督宪奏设糖务局片》，《四川官报》第7号，"实业门"，1911年2月26日，第7页。

⑧ 朱英：《辛亥革命与近代中国社会变迁》，武汉：华中师范大学出版社，2001年，第225页。

⑨ 《袁世凯关于修订各项经济法规以利实业发达令》，见：中国第二历史档案馆：《中华民国史档案资料汇编》第3辑，"工矿业"，南京：江苏古籍出版社，1991年，第15页。

农商部为录送整顿糖业办法暨批令事致鲁、豫、桂、黔、鄂、滇、湘、晋、闽、直（隶）、赣、奉（天）、吉、黑、川、粤、浙、皖、苏等省巡按使及京兆尹咨文，强调"现在欧洲多事，世界重要产糖地方大受其影响，振兴糖业实以此时为难得可贵之机会"，要求对糖业进行整顿，"而整顿方法、尤以定区域、行检查二事为切要之图"①。1914 年，农商部为《农商公报》撰写"中国南部之糖业稿"，就中国南部糖业产制状况做详细介绍的同时，也呼吁"现今欲设大规模制造工厂，亦颇困难，惟若设百吨程度之改良糖厂，则应不难成立也"②。同年，民国政府对制糖公司颁布了五厘保息条例，对甜菜种植颁布了每亩补助甜菜种银一角、肥料银一角之条例，后因战端骤起而未加实施。

2. 糖商的抗争

同时，上海的中国糖商也采取仿造日本糖商标及在日本糖中混入廉价爪哇糖进行销售的办法打击日本糖进口，据同年 10 月 22 日上海电称：上海约 60 家中国精糖商把爪哇糖与日本糖按照 5∶2 的比例混合制成劣等产品，仿造日本精糖会社的商标进行出售，致使最近数月日本糖输入上海市场的数量比平常剧减一半。③ 这些手段不仅使 1927 年同期的日本糖输入额骤减一半，"1927 年东糖进口车白糖 705 681 包，赤砂 8323 包，冰糖 28 548 箱，合计 742 552 包，较 1926 年统计减少 464 238 包"④，而且也严重损伤了日本糖的声誉，给日本糖输入中国市场带来了较大威胁。

1929 年，中国机器工业家采取国糖保护运动。伴随着中国兴办实业的高潮，华侨出身的爪哇糖商河东号、国民制糖公司及建源号等糖号，计划以上海为中心筹设精糖公司。国民政府给予这些企业家经营特权，并修改关税保

① 《农商部为录送整顿糖业办法暨批令致鲁豫等巡按使请转饬遵照咨》，见：中国第二历史档案馆：《中华民国史档案资料汇编》第 3 辑，"工矿业"，南京：江苏古籍出版社，1991 年，第 257—258 页。

② 《农商部：中国南部之糖业稿》，见：中国第二历史档案馆：《中华民国史档案资料汇编》第 3 辑，"工矿业"，南京：江苏古籍出版社，1991 年，第 258—262 页。

③ 《上海糖商の奸策》（上海糖商的奸策），《大阪朝日新闻》，1927 年 10 月 23 日，神户大学新闻记事文库，製糖業（11—249）。根据该文提示的时间点，我们先后查阅了《申报》、《东方杂志》等报刊，很遗憾并未发现中文方面的佐证材料，不过，在查证的过程中，我们又发现了一些旁证资料：其一，俞国珍（中国国民党上海特别市党部临时执行委员会及商民部部长）在《上海商人之前途》（《商业杂志》，第 2 卷第 8 号，1927 年 8 月 1 日，第 4 页）一文中，论及 1927 年上海商人的情况时，明确指出上海烟土商人"采用'陈仓暗度'之法，将洋货改头换面，冒充国货，以期偷减捐税，陷害国民"，这从一个侧面反映出了当时上海商人确实存有这种"商业欺诈行为"；其二，1927 年受反日之经济绝交运动的影响，日本输入中国市场的糖品数量确实存在锐减情况。

④ 《1927 年东糖销额锐减》，《商业杂志》第 3 卷第 3 号，1928 年 3 月，第 1 页。

护原料糖进口。中国现行砂糖进口关税使用荷兰标准，分十一号未满及十一号以上两种，前者每担征收海关两 5 文 7 分 5 厘，后者征收 8 文。按照这样的关税标准，爪哇糖、古巴糖及日本精糖均按同等标准征收关税。不过，中国实施国糖保护政策及以增加税收为目的的关税改革之后，糖税标准改为十一号未满、十八号未满、十八号以上 3 种，这使原料糖类，如爪哇糖的黄双、中双、古巴糖及类似精制糖输入处于有利地位，而对于在中国砂糖输入中占第三位，年输入价值达 3300 万日元以上的日本精糖来说，是一个严重的打击，日本输出商及精糖会社为此而试图把日本内地的精糖工场移到中国。[①]

3. 南京国民政府的糖业统制实践

从中外贸易角度来看，糖品贸易一直在中外贸易中占据着重要地位，尤其是在近代中日贸易之中，其地位更加显著。20 世纪以来外糖进口数量剧增，每年均有巨额资财流失。1914 年农商总长张謇在报告指出，近年中国糖业日渐衰落，年进口糖品价值达 3000 万两，以致巨额资财流失。[②] 又据调查，1920 年外糖进口为 500 万担，"民国十九年（1930 年）糖品进口值 1.33 多亿元，居中国进口货之第二位，……现在中国人每人所消耗之糖量，为世界各国之最低者，故在未来十年之中（至民国二十九年）所需之糖量，或再加倍，亦在意料之中，是时每年糖品（进口）之价值可达 2.7 亿元之巨"[③]。1931 年 6 月 24 日，国民党中央政治会议讨论并通过实业部长孔祥熙的"制糖国营案"提案，该提案指出糖、蚕丝、茶为中国的大宗输出品，现在糖在输入洋货中仅次于棉布，排在第二位，价值突破 1 亿元。[④] 1933 年，又据财政部食糖运销管理委员会主席梁和钧称，年来外糖输入统计年可达 6000 万—7000 万元，位居进口贸易的第三位。

中外糖品贸易累年的巨额逆差，给中国政府以巨大的冲击，迫使其在政策上作出调整，以应危局。1931 年，国民政府试图借助古巴糖业势力来完成"制糖国营计划"。1 月 12 日，实业部长孔祥熙提议"兴办国营精糖事业案"，"拟从制炼精糖入手，暂将进口粗糖（原料糖）免税，以期先将制造品输入国

---

① 《支那機業家が自国糖保護運動》（中国机织业商人的国糖保护运动），《中外商業新報》，1929 年 7 月 4 日，神户大学新闻記事文库，製糖業（12—097）。

② 《支那の糖業奨励：農商務総長の訓達目的は輸入防遏》（中国糖业奖励：农商务总长抵制输入的训话），《時事新報》，1914 年 3 月 6 日，神户大学新闻記事文库，製糖業（02—056）。

③ 吴卓：《振兴中国糖业之先决问题》，《工商半月刊》第 4 卷第 1 期，"国际贸易行政专号"，1932 年，第 5 页。

④ 《注目される支那製糖国営策》（引人注目的中国制糖国营政策），《大阪朝日新聞》，1931 年 7 月 12 日—1931 年 7 月 14 日，神户大学新闻記事文库，製糖業（13—059）。

变为输入原料自造国"。选择古巴的原因有两点：其一，"侨居古巴商人罗胞强为振兴本国糖业起见，特联络古巴糖商回国投资"；其二，"古巴为美洲弱小国家，投资我国，政治上亦不至具有野心"①。5 月 9 日，国民政府实业部与古巴夏湾拿国际糖公司在南京签订了国际制糖公司有关合同。② 5 月 24 日，经政治会议、立法院审查通过，获正式承认。根据协议，实业部接受古巴资本的资助，建立国有制糖工厂，进而收买中国内地外人经营的制糖公司，计划实行食糖专卖制度。中国以发行公债的形式从古巴获得营业资金 500 万美元，在上海建立日产糖 1000 吨的大制糖工厂，500 万美元的公债年利 8 分，偿还期限为事业开始后 5 年。另外，古巴承诺贷给中国购买原料糖资本 500 万美元，也以公债形式贷入，年利 6 分，偿还期限为前 500 万元偿还完后 15 年内结清。在营业方面，由古巴人充任会计副主任及技术副主任职位。③ 政府这一糖业统制举动引起了各方面的反对，爪哇糖商认为其是一大威胁加以抵制；日本糖商认为其是一个较大打击予以阻挠；而在中国方面，因古巴糖的进入妨碍了国糖的发展，合同见诸报端之后，立即引起了上海市糖业同业公会的抵制，该公会对合约的逐条内容进行抨击，如用人权旁落、利息过高、进口原料及机器的高额回扣、质押过重等，得出的结论是"纵观是项合同，人为刀俎，我为鱼肉，有百害而无一利，且最关紧要之买卖大权拱手让人，任其把持，实属违反国营之原则"④，最后致使这项计划不了了之。⑤

1935 年 2 月，上海市商会发起"由全体会员依照现行公司法，组织上海糖业合作股份有限公司，为推销国糖机关，以厚力量而利复兴，资本 30 万

① 《实业部与古巴夏湾拿国际糖公司借款筹办国营制糖厂有关文件》，见：中国第二历史档案馆：《中华民国档案史料汇编》第 5 辑，第 1 编，财政经济（6）上，"工矿业"，南京：江苏古籍出版社，1991 年，第 858 页。

② 具体合同内容参见：《实业部呈（1931 年 5 月 9 日）》，见：中国第二历史档案馆：《中华民国档案史料汇编》第 5 辑，第 1 编，财政经济（6）上，"工矿业"，南京：江苏古籍出版社，1991 年，第 860—864 页。

③ 《支那キューバ製糖契約成立》（中国与古巴签订制糖协议），《大阪朝日新聞》，1931 年 6 月 26 日，神户大学新聞記事文庫，製糖業（13—050）。

④ 《上海市糖业同业公会呈（1937 年 7 月 8 日）》，见：中国第二历史档案馆：《中华民国档案史料汇编》，第 5 辑，第 1 编，财政经济（6）上，"工矿业"，南京：江苏古籍出版社，1991 年，第 865—867 页。

⑤ 《キューバ糖の支那進出具体化》（古巴糖品输入中国具体化），《中外商業新報》，1931 年 6 月 3 日，神户大学新聞記事文庫，製糖業（13—037）。

元，一次收足，业经开始营业"①，并呈请实业部早日实施国糖统制政策。国民政府以此为契机再次计划实施糖业统制，该计划为在中国各主要都市设立糖业合作所分店或代理店，铺设了一个全国销售网络，而外糖输入则需本所许可。② 5 月 15 日，国民政府出台统制法，实行糖业统制，糖品买卖需要得到财政部的许可，禁止商人的一切自由糖品贸易，并计划组织成立资本 300万元（政府出资 25%，中外糖商融资 75%）的半官半民的中华食糖公司（总部设在上海，在中国各大城市设立办事机构）③，并设置食糖运销管理委员会来执行中央统制政策，委员长为梁和均（广东籍，旧税关的官僚），委员有建远公司董事黄江泉（福建籍，爪哇华侨）、冯锐（广东籍，广东省建设厅农林局长）、周绍文（国定税则委员会副会长）等人。④ 然而这一举措被日本糖商认为是"建远一派"排斥日本的阴谋⑤，上海的日本糖商组织成立上海糖商协会，提出坚决抵制决议，向大使馆及上海总领事馆陈请处理方案；又联合太古、洋行及其他欧系糖商行共 12 家联名发表声明予以反对；同时，日本糖业联合会致电日本外务省请其从中阻止。⑥ 与此同时，香港太古、怡和两洋行就该公司成立问题向委员长梁和均及财政部长孔祥熙提出抗议；上海华商也群起反对，在华商糖业会议上，就食糖专卖问题，有 42 票反对，2 票弃权。⑦ 在中外糖商的抵制下，中华食糖公司胎死腹中。

---

① 《上海市商会为希望政府早日实施统制糖货计划致实业部呈（1935 年 2 月 19 日），见：中国第二历史档案馆：《中华民国档案史料汇编》，第 5 辑，第 1 编，财政经济（6）下，"工矿业"，南京：江苏古籍出版社，1991 年，第 389 页。

② 《国民政府の砂糖専売計画：本邦糖輸出の脅威》（国民政府的砂糖专卖计划：我国糖品输出的威胁），《大阪毎日新聞》，1934 年 12 月 30 日，神户大学新聞記事文庫，製糖業（14—197）。

③ 《国民政府が愈々全支糖業者を召：中華食糖公司を設立して糖業統制に乗出す》（国民政府陆续召集全国糖业商人：通过成立中华食糖公司而实施糖业统制），《台湾日日新報》，1935 年 5 月 24日，神户大学新聞記事文庫，製糖業（15—018）。

④ 〔韩〕姜抮亚：《20 世纪初的东亚市场与中国制糖业》，见：吴景平：《近代中国：经济与社会研究》，上海：复旦大学出版社，2006 年，第 447—473 页。

⑤ 建远公司为拥有 8 个糖厂和 1 亿元以上资本的爪哇华侨企业，也是爪哇最大的制糖商，建远公司董事黄江泉出任食糖运销管理委员会委员一职，并且其为国民政府实业部长陈公博的朋友，他动员各种资源努力推广爪哇糖品的销路。

⑥ 《国民政府の砂糖販売統制：日本糖の圧迫が眼目，上海の邦人糖商から陳情》（国民政府的砂糖专卖统制：重点压制日本糖，上海日本糖商陈请）；《台湾日日新報》，1935 年 5 月 18 日，神户大学新聞記事文庫，製糖業（15—015）。

⑦ 《内外の反対に支那食糖公司中止か》，《大阪朝日新聞》，1935 年 6 月 1 日，神户大学新聞記事文庫，製糖業（15—019）。

与此同时，广东省政府率先实施实施糖业统制。[①] 1934 年，广东省政府实施制糖事业直营计划，拟新设 4 个精糖、粗糖工场，极力防遏外糖输入。同年 5 月，省建设厅农林局局长冯锐发表广东省糖业统制计划。[②] 1935 年，广东省划定广州、惠阳、潮汕、徐闻、琼崖为甘蔗营造区域，先由省当局供给蔗本与农民，收获时再出资收买；蔗种或购自菲律宾，或出自省立农业试验所；机器购自美国、捷克。广东省政府订立振兴糖业计划，实施糖货统制，将一切制糖工业收归省营后，糖业稍有进步之象。[③] 然而，限于国内政争、匪乱、苛刻的税捐，以及制糖成本低廉外糖的挤兑，其成效极为有限。[④]

面对"外糖进、国糖退"的局面，中央及地方政府采取的糖业统制措施，虽然碍于时局动荡及国力不济等因素，而未能取得预期成效，不过，这些努力为抗日战争时期（1942—1944）政府在大后方实施食糖专卖政策提供了实践经验[⑤]，战时食糖统制政策的成功[⑥]在一定程度与其不无关联。[⑦]

综上所述，面对"外糖进、国糖退"的局面，无论是政府还是糖业界，均采取了一定的抗争措施。但是从上面的描述可以看出，碍于时局动荡及国力不济，政府的这些努力不仅是零敲碎打的，同时也带有投机取巧的成分，例如，借古巴糖业势力来对抗日本糖业的侵逼，而从未认真地去解决中国糖业所面临的根本性问题，如蔗农贫困致使的甘蔗含糖分偏低、制糖方法因循守旧而导致的糖质不佳、捐税苛刻而带来的成本增加等问题。这就与日本政府大力扶植本国糖业发展、积极开拓亚洲糖品市场形成了鲜明的对比。另外，

---

① 广东提出实施糖业统制之后，江西省政府亦发表大规模的建设计划，四川省政府也聘请专家赴该省考察实业，对于制糖一项，亦颇具改进决心。产糖区域各省当局之重视制糖工业，概可想见，以上各项计划，除广东一省正在积极进行，并有相当成效外，其余尚无充分的发展。朱博能：《中国之蔗糖业及其统制》，《东方杂志》第 33 卷第 3 号，1936 年 2 月 1 日，第 59 页。

② 《広東省政府が製糖事業の直営計画》（广东省政府实施制糖省营计划），《台湾日日新報》，1934 年 6 月 9 日，神户大学新聞記事文庫，製糖業（14—157）。

③ 朱博能：《中国之蔗糖业及其统制》，《东方杂志》第 33 卷第 3 号，1936 年 2 月 1 日，第 59 页。

④ 《支那の転向気運と我糖業者：輸出糖の進展に相協力せよ》，《台湾日日新報》，1935 年 2 月 7 日，神户大学新聞記事文庫，製糖業（14—216）。

⑤ 1933—1936 年广东省政府的开发方式提供了新的典范，对南京政府的财政运营产生了很大的影响，参见〔韩〕姜抮亚：《20 世纪初的东亚市场与中国制糖业》，见：吴景平：《近代中国：经济与社会研究》，上海：复旦大学出版社，2006 年，第 447—473 页。

⑥ 具体描述参见何思眯：《抗战时期的专卖事业 1941—1945》，台北："国史馆"，1997 年，第 521—522 页。

⑦ 战前有关统制经济的讨论，以及实践却为抗日战争爆发后政府及时将平时经济体制改变为战时经济体制，并全面实施统制经济奠定了基础，参见郑会欣：《战前"统制经济"学说的讨论及其实践》，《南京大学学报》（哲学人文社科版）2006 年第 1 期，第 86—99 页。

就糖业界本身而言，面对日本糖商大举抢占中国市场份额的拓殖活动，糖业界却依旧是一盘散沙的局面，既未组织起强大的攻守行业联盟，提出有针对性的反击措施，同日本糖商进行抗争；也并未积极着手从事糖业技术革新，组建新式机制糖厂，从技术手段上弥补自身的不足，以期保住国糖市场份额。此一阶段的中国糖业界保守、迟钝的态度，与日本糖商积极向外拓殖的开放、敏锐性格，形成了较大的反差，颇值得深思。

第二章　保证供需：抗日战争时期大后方酒精糖料统制

抗日战争爆发后，随着东部沿海地区相继沦陷，国际运输路线相继被封锁，汽油进口锐减，液体燃料出现严重不足的局面，直接影响到抗日战争大局及大后方的社会经济建设。国民政府为保障国防军需及大后方交通运输对液体燃料的需求，实行了"酒精代汽油"的办法，促使以生产动力酒精为主的大后方酒精工业借机而迅速崛起。这一时期酒精的生产原料仅有少数取自杂粮，而更多的是使用糖类产品，包括液体的糖蜜（漏水），固体的红糖、桔糖，因此，战时酒精工业的崛起、液体燃料的保障，多有赖于四川糖业的厚实基础和大力支持。不过，因战时物价飞涨、糖业自身发展缓慢及酒精工厂数量过多等多种因素的存在，酒精厂方进购原料一事极为困难，形成了旷日持久而又影响颇深的酒精糖料问题。该问题从1939年11月糖蜜价格暴涨起一直持续到抗日战争结束，涉及经济部、财政部、军政部、交通司、川康区食糖专卖局、资源委员会、液体燃料委员会、四联总处等多个部委。该问题横跨制糖工业及酒精工业两个行业，关系到战时国防军需及大后方交通运输对液体燃料的需求，因此，对该问题的剖析，既能有力地论证大后方糖业在抗日战争中的重要作用，也能从新的视角去分析战时经济统制、液体燃料政策的得失问题。

从相关研究成果来看，在大后方糖业史方面，近年来的研究成果颇为丰富，所探讨的问题涉及手工制糖技术改良、机器制糖工业的发展、糖业经济形成及发展、糖业与区域社会关系、糖业事件等多个研究领域。虽然相关成果均肯定糖业在战时的地位和作用，尤其是糖业对酒精工业的重要作用，但是均未涉及酒精糖料问题，颇为遗憾。① 在液体燃料问题方面，学界在有关资源委员会及大后方酒精工业的相关研究中，对酒精糖料问题略有涉及，即在分析大后方酒精工业分布格局的形成及酒精生产原料不足的成因时，肯定了制糖工业与酒精工业之间的关联，但是这些研究成果多肯定了酒精工业在战时的地位和作用，而往往忽略了制糖工业在战时的地位及作用。另外，也并未对酒精糖料问题的曲折发展过程、有关各方的处理对策，以及该问题对酒精工业的影响等方面予以细致的分析。② 在战时经济统制研究方面，近年来的成果也比较丰富，不仅有宏观方面的概括性研究，如战时国民政府经济统制的评析，统制经济与抗日战争的关系，也有微观方面的专题研究，如对矿业、贸易、盐务、粮食等方面的分析；并且学界对战时国民政府经济统制

① 从国内区域糖业史的研究成果来看，有关近代四川及大后方糖业研究的成果最多，也最为成熟，俨然成为一个研究内陆糖业史及手工行业经济史的典型范例。大略统计起来，到目前为止，有两本专著、两篇硕士学位论文、一篇博士学位论文、二十几篇学术论文。参见陈初尧、袁幼菊：《四川土法制糖工艺》，北京：轻工业出版社，1958 年；陈栋梁、李明生：《内江糖业史》，成都：四川科技出版社，1990 年；刘志英：《论近代沱江流域的制糖工业》，四川大学硕士学位论文，1992 年；胡丽美：《抗战以来四川内江的蔗糖纠纷》，四川师范大学硕士学位论文，2006 年；赵国壮：《从"自由市场"到"统制市场"：近代四川沱江流域糖业研究》，华中师范大学博士学位论文，2011 年；陈祥云：《近代四川商品农业的经营：以甘蔗市场为例》，《辅仁历史学报》（台湾）1998 年第 9 期，第 137—164 页；陈祥云：《蔗糖经济与城市发展：以四川内江为中心的研究（1860—1949）》，《国史馆学术集刊》（台湾）2002 年第 2 期，第 83—122 页；陈祥云：《蔗糖经济与地域社会：四川糖帮的研究 1929—1949》，《辅仁历史学报》（台湾）2008 年第 21 期，第 83—122 页；朱英、赵国壮：《试论四川沱江流域的糖品流动（1900—1949）》，《安徽史学》2011 年第 2 期，第 70—77 页；赵国壮：《"经济惯性"与"政策承续"：辛亥革命前后四川糖业极度繁荣的原因新释》，《四川师范大学学报》（社会科学版）2011 年第 6 期，第 24—31 页；赵国壮：《沱江流域与潮汕地区的糖业比较 1858—1938》，《或问》第 17 号（日本关西大学文学部），2009 年 12 月，第 113—134 页；赵国壮：《二十世纪三四十年代四川沱江流域蔗农农家经营模式研究》，《近代史学刊》2010 年第七辑（华中师范大学中国近代史研究所），第 115—138 页；
② 有关资源委员会的研究成果，可以参见郑友揆、程麟荪、张传洪：《旧中国的资源委员会——史实与评价（1932—1949）》，上海：上海社会科学院出版社，1991 年；薛毅：《国民政府资源委员会研究》，北京：社会科学文献出版社，2005 年；郭红娟：《资源委员会经济管理研究》，北京：中国社会科学出版社，2009 年。酒精工业的相关研究成果，可以参见陈歆文：《中国近代化学工业史（1860—1949 年）》（第十四、十五两章），北京：化学工业出版社，2006 年；刘春：《论抗战时期四川酒精业在公路运输中的作用》，《江汉论坛》2010 年第 1 期，第 77—80 页；刘春：《试论抗战时期四川糖料酒精工业的兴衰》，《四川师范大学学报》（社会科学版）2004 年第 4 期，第 100—105 页；刘萍：《抗战时期后方液体燃料工业发展评述》，收入《中国社会科学院近代史研究所青年学术论坛 2005 年卷》，北京：社会科学文献出版社，2006 年；杜乐秀、赖伟：《抗战时期国民政府对四川汽车燃料管理考略》，《民国档案》2008 年第 4 期，第 103—106 页；吴志华：《抗战时期国民政府汽油问题及其解决》，《甘肃社会科学》2003 年第 3 期，第 135—138 页；吴志华：《液体燃料管理委员会与战时液体燃料管制 1938—1945》，《抗日战争研究》2009 年第 2 期，第 77—86 页。

的评价，也由之前的以否定态度为主，而转为对各方面统制举措予以客观地评价。但是，不难发现，有关大后方特色手工行业统制的研究仍然较为滞后，比如，糖业统制、桐油统制、夏布统制等方面的研究仍付诸阙如。[①] 然而，酒精糖料问题的处置横跨糖业统制及液体燃料统制两个领域，既是糖业统制的重要组成部分，也是液体燃料统制的重要举措，颇值得对其加以细致的分析。

本章以内江市档案馆馆藏资源委员会资内办事处的相关档案资料为基础，以时间为顺序，对酒精糖料问题的形成、发展及相关处理对策加以系统的梳理和探讨，借此希望能够对大后方糖业、政府战时经济统制、液体燃料问题等方面的讨论及研究做一些有益的补充。

第一节　酒精糖料问题

酒精糖料问题并非仅指酒精厂生产原料糖品的不足，而是指酒精厂方在进购酒精糖料的过程中所产生的一系列问题，包括进购糖蜜不足以进行酒精生产、糖商与厂商之间的纷争、政府评价之难、新旧糖品价格之争、开放红糖之争及红糖进购之困等诸多方面。概括起来，前期以糖蜜问题为主（1939—1941）；后期以红糖问题为主（1942—1944）。纵观整个处理过程，大致可以分为两个阶段：1939 年 11 月至 1942 年 2 月为"平价"、"统购"阶段，主要以国营酒精厂方的努力为主；1942 年 3 月至 1944 年 7 月为"评价"、"配购"阶段，主要以川康区食糖专卖局的努力为主。酒精糖料问题的处置横跨糖业统制及液体燃料统制两个领域，既是糖业统制的重要组成部分，也是液体燃料统制的重要举措。

一、酒精糖料问题的缘起

酒精的用途较为广泛，不仅可以用作液体燃料和食用酒原料，而且在化

---

① 具体的相关论述，可以参见郑起东：《1995—2005：抗日战争时期经济研究述评》，《抗日战争研究》2008 年第 3 期，第 217—253 页；李平生：《烽火映方舟——抗战时期大后方经济》，南宁：广西师范大学出版社，1996 年；刘殿君：《评抗战时期国民政府经济统制》，《南开经济研究》1996 年第 3 期，第 61—66 页；何思眯：《抗战时期的专卖事业 1941—1945》，台北："国史馆"，1997 年；陈雷、戴建兵：《统制经济与抗日战争》，《抗日战争研究》2007 年第 2 期，第 175—195 页；吴太昌：《国民党政府的贸易偿债政策和资源委员会的矿产管制》，《近代史研究》1983 年第 3 期，第 83—102 页；郑会欣：《试析战时贸易统制实施的阶段及其特点》，《民国档案》2005 年第 3 期，第 102—112 页；董振平：《论抗日战争前期国民党政府食盐官运政策》，《山东师范大学学报》2005 年第 2 期，第 132—135 页；陈雷：《抗战时期国民政府的粮食统制》，《抗日战争研究》2010 年第 1 期，第 22—31 页。

学、医药及工业制造等方面均有较大用处。抗日战争爆发后，沿海及中南大部分地区相继沦陷，导致以铁路及航运为主的交通运输体系瘫痪，国防及大后方的运输任务主要由公路上的汽车来承担，"过去我国运输中心之铁道、航运，大率被敌军占领，今日后方军运、民运全赖公路维持"①。

中国是个贫油国家，战前国内石油自给率只占所需的0.2％②，石油的需求多依赖于进口。战时，因公路运输功能日益突出，国内汽油的需求量与日俱增，然而，随着沿海运输路线相继被封锁，汽油进口锐减，以至于汽车燃料供应严重不足，直接影响到了抗日战争大局及大后方的社会经济建设。尤其是在"南宁失守及滇缅公路封锁，国际路线相继受阻，汽油来源困难"之后，液体燃料问题极为严重。国民政府虽在玉门等地加紧石油勘探工作，然而产量很少不说，且路途遥远，远不及前线军用所需，是故明令全面实施"酒精代汽油"办法，国防及民用各单位则"纷纷采用酒精为汽车燃料"③。于是，公私酒精厂在大后方迅速建立起来。

国营酒精厂直接由经济部资源委员会、军政部及交通司等机关所创设，如资源委员会所属之资中酒精厂、四川酒精厂、泸县酒精厂、简阳酒精厂、北泉酒精厂，军政部之第一、二、三燃料厂，兵工署之第二、二十一、二十三工厂等。民营酒精厂如大成化学公司、上川化学公司等，数量较多，规模较小，多为富裕商人开办。不管是国营酒精厂出产的酒精，还是民营酒精厂出产的酒精，均不通过市场交换而直接进入消费领域，"酒精产品向由液体燃料管理委员会分配各军事及交通机关提购，并无普通商业市场"④。

从1938年大后方第一家采用糖蜜为原料的酒精厂（四川酒精厂）建成，到1942年止，后方各省之酒精厂，无论国营或民营，总计211家，其中四川85家、西康1家、贵州3家、云南3家、广西9家、广东9家、福建11家、湖南21家、江西7家、浙江5家、安徽1家、陕西28家、甘肃7家、湖北1家、河南30家。⑤就全国酒精厂的分布情况来看，四川的酒精厂最多，产量也最大，实际产量占全部产量的60％以上⑥，初步形成了以四川为酒精主要生产基地的酒精厂分布格局。

---

① 诗感：《今日我国之酒精车》，《江西公路》1941年第5卷第15期，第17页。
② 朱斯皇：《民国经济史》，上海：银行学会编印，1947年，第241页。
③ 诗感：《今日我国之酒精车》，《江西公路》1941年第5卷第15期，第17页。
④ 杨公庶：《酒精工业生产及困难情形》，《西南实业通讯》1943年第8卷第1期，第15页。
⑤ 杨公庶：《抗战以来后方之酒精工业》，《西南实业通讯》1943年第8卷第5期，第7页。
⑥ 杨公庶：《抗战以来后方之酒精工业》，《西南实业通讯》1943年第8卷第5期，第7页。

大后方酒精工业分布格局的形成与四川为产糖大省及糖品产销格局直接相关。[①] 在这一时期，制造酒精的原料主要为糖品，包括液体的糖蜜（漏水）及固体的红糖、桔糖。"军务事业浩繁，燃料酒精之需要骤增，后方酒精厂多应时而起，各厂之制造原料悉数取之于制糖之副产品。"[②] 战前四川省内并无酒精厂，战时之所以能够迅速建立起一大批酒精工厂，这与四川糖业经济密切相关。四川是近代中国的重要产糖省份之一。早在1919年，其糖品产量就已达180万公担（3.6亿斤），约占全国总产量的66.7%，且战前一直在全国保持领先地位。[③] 抗日战争爆发后，广东及福建两个重要产糖区相继沦陷，四川糖业的地位日益突出。另外，就川糖的产销格局来看，省内"产糖区域分布，最主要者，均在交通运输便利的沿江沿河各地，其中以沱江流域为主，本省蔗糖事业，集中于此，其种植面积占全省76%"[④]；糖品的主要销售区市场，在长江流域以合川、江津、重庆、涪陵、万县、宜昌、沙市、汉口等地为主；川西以成都为枢纽，川北以中江为中心；渠江与嘉陵流域以合川为转运地……[⑤]而沱江流域、重庆及长江沿岸等三个重要酒精生产基地的出现，完全与糖品产销格局相吻合，"酒精工厂在四川境内较多，规模较大者72家，大半集中于沱江流域之资、内、简一带，约30厂以上"[⑥]，因此，可以肯定川糖的产销格局直接决定了省内酒精厂的分布格局。

二、糖蜜问题

酒精糖料问题起因于糖蜜价格的飞涨，在1939年11月至1941年年底这一段时间内，酒精糖料问题表现为糖蜜问题，包括糖蜜狂涨、平价之难、糖

[①] 就此问题而言，刘萍的《抗战时期后方液体燃料工业发展评述》（收入《中国社会科学院近代史研究所青年学术论坛（2005年卷）》，北京：社会科学文献出版社，2006年）一文认为，"川省酒精厂分布不合理，大部集中于四川，且集中沱江一带，造成'竞逐一地'，畸形发展"，但是我们认为川省酒精厂的分布格局决定了该省糖品产销格局，而不能简单将其视为"畸形发展"。

[②] "食糖专卖局平武业务所"，第79页，简阳市档案馆藏，民国简阳县糖烟酒联合全宗（1942—1947），档案号8—1—7。

[③] 杨寿标、朱寿仁调查，钟崇敏撰述：《四川蔗糖产销调查》，重庆：中国农民银行经济研究处，1940年，概论。

[④] 杨寿标、朱寿仁调查，钟崇敏撰述：《四川蔗糖产销调查》，重庆：中国农民银行经济研究处，1940年，序言，第21—22页。

[⑤] 杨寿标、朱寿仁调查，钟崇敏撰述：《四川蔗糖产销调查》，重庆：中国农民银行经济研究处，1940年，第24页。

[⑥] 曹立瀛、赵士奇：《中国战时酒精工业之研究》，《资源委员会季刊》1945年第5卷第1期（酒精专号），第23页。

商抗争等方面的内容。

糖蜜本为制造白糖的副产品，在战前用途不大，部分用于糟房酿酒，价格极其低廉；战争期间，因作为制造酒精的重要原料而逐步走俏。

在 1938 年春，本四川（酒精）厂筹设之际，近地糖蜜价格，在每万斤 100 元左右。同年秋季，四川厂开工，遂涨至每万斤 200 元之谱。嗣后，逐步上涨，本年（1939 年）自夏迄秋，资内市价在每万斤在 260 元以下[①]；1939 年 10 月份，"糖蜜市价仅在 230—250 元间盘旋，迨至 11 月初不过涨至 260、270 元，但未达月半，已出 300 元关，从此逐日飞涨，不可抑止。15 日 400 元，18 日 430 元，19 日 480 元。迄日前 20 日竟至每万斤 500 元之高价。本日（21 日）乃索价至每万斤 600 元之巨，是否即此为止，殊难逆规"[②]。

糖蜜价格在一年多的时间内（1938 年春到 1939 年 11 月）上涨了 5 倍，每万斤价格由 100 元涨至 600 元，并且涨幅最大时竟然一日一价，在 1939 年 11 月的前 20 日内，糖蜜价格由每万斤 260 元上涨到 600 元。糖蜜狂涨，首先冲击到的是酒精厂方的利益，因为战时的酒精生产一开始就由政府来统制，酒精价格由政府给价，不得随意上涨，因此形成了酒精成品价格滞后于糖料价格的局面，从而损害到了酒精厂方的利益。这可以从资源委员会所属资中、四川两酒精厂的呈文中看出：

本两厂之出品，则向系受行政院液体管理委员会之统制管理，对成品价格，绝不能如原料价格之轻易随时高涨，夫成品既受低廉售价之统制，而原料则受高价缺货之压迫，是以为两厂前途计，为成品成本计，则两厂非殊及早设法，对原料施以统制管理不可。[③]

随后，酒精糖料问题一直持续不断。例如，1941 年 3 月 24 日四川省政府建设厅王静视察员前往资中，会同资内县政府及有关各方评定资内糖价：

商方以本年糖价折本要求每万斤市价应由 2000 元增加至 4000 元，以资弥补；厂方则只给 2500 元。下午 3 时继续开会，双方仍坚持原议不肯让步，乃由职商同专署王科长、资中李县长、内江黄技士提出以折中

---

① "抄资中县府告示"（1940 年 3 月），第 266—267 页，内江市档案馆藏，民国川、陕、黔酒精厂（联）全宗，档案号 7—1—290。

② "呈报资内一带最近糖蜜市价请鉴核由"，第 116—117 页，内江市档案馆藏，民国川、陕、黔酒精厂（联）全宗，档案号 7—2—444。

③ "为呈送收购原料计划请示遵由"（1940 年 3 月 6 日），第 69—73 页，内江市档案馆藏，民国川、陕、黔酒精厂（联）全宗，档案号 7—1—148。

数字为 2800 元，几经婉劝，双方均不接受。①

又如，1942 年 7 月 21 日，资源委员会酒精业务委员会函请财政部川康食糖专卖局设法平抑物价以维酒精、国防工业，函称：

　　迩来糖价上涨日甚一日，查有色糖多系制造酒精原料，如价格任其飞涨，势必影响成本，加重军公机关向国库之支拨，亦即加重国家之负担，而厂方则因原料增价，资金周转困难，势又必被迫而改减产，在此抗战紧急关头，军公运输频繁，液体燃料之需要尤为迫切……请设法予以制止。②

再如，1944 年 4 月 27 日，资中酒精厂呈文资源委员会酒精业务委员会，称：

　　大会规定本厂 1944 年度每月生产动力酒精 5.8 万加仑，惟本年 4 个月来停工待料已达 50 余天，开工、停工，作辍无定，产量大减，成本激增，盖 4 个月来业委会拨入原料统计只有糖蜜 655 000 公斤，土酒 196 400 公斤，仅能制得酒精 8.5 万余加仑，较会定产量所需不足一半。现者 4 月份行将终了，自 20 日起即又停工，厂存原料并无涓滴，在途之料亦复无几，难维开工之用，停顿至于何时，尚难逆睹。查业委会自成立至本年 3 月份止，历年合计约削减资中厂可供制造酒精 50 余万加仑之原料，分与四川、泸县各厂生产 45 万加仑之酒精。按照实际情形而论，此项原料倘拨入资中厂，则资中厂能力在 1943 年度亦可增产 50 余万加仑，然因业务会统筹之后，缺料停工达 70 天，蒸馏塔两座只用其半，效率、成本两俱吃亏，要非发达工业之正常办法，伏祈转令酒精业委会速谋改善，免使本会稍有成效之事业日渐萎缩。③

再如，资源委员会酒精业务委员会 1944 年度上期业务报告称：

　　本期内，沱江流域糖料产量虽较上年有所增加，但糖类自客岁明令开放后，运销商遂事争购外运，供不应求，致酒精原料之购取，仍感

　　① "四川省政府核定资内糖蜜价格及实施办法转令遵照由"（1941 年 5 月 30 日），第 41—45 页，内江市档案馆藏，民国资委会糖蜜委员会资内办事处全宗，档案号 14—1—170。
　　② "资委会酒精业务委员会函请川康食糖专卖局设法平抑物价用维酒精、国防工业由"（1942 年 7 月 21 日），第 38 页，内江市档案馆藏，民国资委会酒精业务委员会及办事处全宗，档案号 10—1—179。
　　③ "经济部资源委员会训令酒精业务委员会"（1944 年 5 月 23 日），第 152—153 页，内江市档案馆藏，民国资委会酒精业务委员会及办事处全宗，档案号 10—1—152。

困难。[①]

面对糖蜜价格持续猛涨的局面，酒精厂方呼吁政府对糖蜜实施统制。首先要求政府出面平抑糖蜜价格，将其限制在一定的范围之内，不准糖商任意抬高其价格，但是，由于经济形势变动不居，物价涨幅过快，制糖成本也随之猛增，因此，糖蜜价格也不断上涨，给平价一事增添了很大难度，从而形成了"平价之难"。在此阶段，政府多次评定糖蜜价格，以求限制糖价，如1940年4月24日，四川省政府应国营酒精厂的请求，规定每万市斤糖蜜价格不得超过800元[②]；5月16日，"内江谢县长为维持功令，体恤商艰起见，乃提出折中的办法，即规定糖蜜每万市斤，于额定800元外，另由买方津贴卖方加工费300元"[③]；11月23日，资中、内江两县县长及有关各方在资源委员会酒精原料统购委员会资内办事处内（内江阴家巷12号）开会讨论"糖蜜平价一案"，大会通过"市秤1万斤除原定价格100元外，特予增加运输费900元，共合为2000元"[④]。半年内数次调整糖蜜价格，可见其上涨速度之快及平抑价格一事之难。

另外，对于政府因酒精厂方之请求而实施限价、统制糖蜜办法，制糖商颇为不满，积极进行抗辩，但由于不敢公然违抗政府的行政命令，大多是把抗辩矛头指向了酒精厂方。例如，1940年5月7日，第一区制糖同业公会发布公函，对酒精厂蒙请上峯定价捆买表示强烈不满，声讨酒精"厂方不予便利接受，或接受而多方碍难，或逾期不付价金，或不全付，显然垄断揩难"[⑤]。

三、红糖问题

随着战事的持续进行，国防及大后方经济建设对酒精的需求持续增大，酒精产量也随之迅速增加。据统计，战时全四川酒精在"1940年产量约为400万加仑，1941年产量约为500万加仑，1942年产量约为800万加仑"[⑥]；

---

① "资委会酒精业务委员会1944年度上期业务报告"，内江市档案馆藏，民国资委会酒精业务委员会及办事处全宗，档案号10—1—130。

② "资中县政府公函"（1940年5月21日），第206页，内江市档案馆藏，民国川、陕、黔酒精厂（联）全宗，档案号7—1—290。

③ "为会衔呈报会议记录请予核转示遵由"（资中、四川酒精厂），第208—209页，内江市档案馆藏，民国川、陕、黔酒精厂（联）全宗，档案号7—1—290。

④ "资内糖蜜评价会议记录"（1940年11月23日），内江市档案馆藏，民国川、陕、黔酒精厂（联）全宗，档案号7—1—290。

⑤ "第一区制糖同业公会公函"，内江市档案馆藏，民国川、陕、黔酒精厂（联）全宗，档案号7—1—290。

⑥ 杨公庶：《酒精工业生产及困难情形》，《西南实业通讯》1943年第8卷第1期，第15页。

在 1943 年，总计 720 万加仑（国营各厂 240 万加仑，民营各厂约 480 万加仑）。[1] 酒精产量的迅速增加，使对糖品的消耗也与日俱增。据统计，沱江流域及重庆等地的酒精厂在 1944 年内，月需糖蜜达 2 205 000 公斤、红糖或桔糖达 5 686 000 公斤。[2] 如按照政府核定酒精生产标准（生产 1 加仑酒精需用专利桔糖 10 公斤或红糖 12 公斤或糖蜜 16 公斤）来计算的话，1940—1943 年酒精生产所需的红糖数量分别为 0.98 亿斤、1.4 亿斤、1.92 亿斤及 1.728 亿斤。而据朱吉礼的统计，1938—1943 年四川省蔗糖产量分别为 1938 年 259 416 900 斤、1939 年 165 540 000 斤、1940 年 327 330 300 斤、1941 年 220 946 500 斤、1942 年 166 863 400 斤及 1943 年 181 729 000 斤。[3] 两相比较，可以看出 1941 年前四川蔗糖产量尚能满足酒精生产需要，但酒精生产所需糖品已在糖品总产量中占据较大比例；而在 1942 年之后，即使把全部糖品假设为红糖，也不能满足酒精厂的需要。

为了解决酒精原料问题，1942 年国民政府将酒精糖料由糖蜜一种而扩展为糖蜜、红糖、桔糖 3 种，并由川康区食糖专卖局来对 3 种糖料进行"评价"、"配购"。这样一来，酒精糖料的来源看似日益丰盈，但事实并非如此，该问题仍在持续发酵。在 1942—1944 年，酒精糖料问题主要表现为红糖问题，包括新旧糖价之争、开放红糖之争、进购红糖之困等方面的内容。

1942 年 2 月 15 日，川康区食糖专卖总局成立，随后搬至内江办公。该局为了打击糖户屯糖不售、保证酒精糖料供应，采取了压低旧糖价、限制新糖上市、酒精厂方持准购证买糖等统制措施。但是，事与愿违，这些措施不仅未能有利于酒精糖料问题的解决，反而引起了新旧糖价之争。1943 年，在新糖获准上市之前，无论新糖、旧糖均出现黑市：

> 查本年新糖，4 月 15 日前当局未准专卖局分配购用（旧糖未售完以前），而一般糖商因急于需款，铤而走险，私自出售者甚多……至旧糖一项，糖商以旧糖价过低，拒绝凭证出售，黑市私相授受，或以桔糖转制此种白糖，逐渐形成团体行动，以后演变如何，尚难预断。[4]

---

① 李光勋：《四川省酒精生产近况》，《交通建设》1943 年第 1 卷第 4 期，第 17 页。

② "关于糖类评价委员会组织章程、战时食糖专卖查验暂行规程"（1942.2—1944.7），第 155—156 页，资阳市雁江区档案馆藏，民国资阳县政府全宗，档案号 2—1—695。

③ 朱吉礼：《四川蔗糖业的危机》，《四川经济季刊》1946 年第 3 卷第 1 期，第 80 页。

④ "呈报本年新糖在专卖局未分配前已发现黑市成交，关于原料收购似可促请财部会同省府派员视察迅谋解决由"，第 104—105 页，内江市档案馆藏，民国川、陕、黔酒精厂（联）全宗，档案号 7—1—342。

开放红糖之争，起因于资中酒精厂无款而未能大批量购进红糖。

查球溪镇为红糖产区，所有该区红糖业经本局（食糖专卖局）于5月3日以中业字第1999号函，填发准购证配给资中酒精厂购用，惟该厂能否一次付出大批现款，实成问题，而蔗农需款、糖待出售，又为刻不容缓之事。[①] 资中球溪镇所产红糖限由内江糖蜜统购处收购，该处执行收购只照5次评价给现金四成，余须运货时始付，因此人心惶恐。该镇代表等向本会请求转达，情势迫切，查红糖为资西乡各场大宗出产，蔗农赖以为生，且现值春旱，倘既禁商销，复不及时完价速购，过此5、6两月销期，糖必走汁少秤，损害至巨，亟应改善收购办法，以全民命。[②]

然而其实质仍是价格问题，即红糖户不满政府所评定的价格，要求加价，并借口拒售，"各证载糖商咸不肯照核价出售，藉词推诿"[③]。并且，红糖户也不满"四川省酒精厂购买糖类原料办法"对红糖糖品销售区域严格限制[④]，因为红糖在制造酒精时化糖较难，各酒精厂方多无化糖设备，加之价格较糖蜜为贵，均不乐意购用，因此，在限制区域内，红糖大量积压，有的甚至前后经时达10月之久，夏季天热则易出现溶化、流折，损失巨大，红糖户怨声载道。[⑤]

买卖红糖之困，是伴随着开放红糖之争而发生的，并为红糖之争的重要成因之一。买卖红糖之困，是指进购红糖时，酒精厂方却因红糖化糖较难增加成本而十分不情愿购买，从而造成进购红糖之困；红糖户则因酒精厂方借故不买而致使红糖流折甚重，从而产生了卖糖之难。

酒精原料糖类管制区沱江流域十县市红糖产量甚丰，人民食用一时不易销尽。酒精厂复因红糖化糖较难，价格较高，多不愿尽先购买，而先购买桔糖、糖蜜，以致存量仍多，约在1千万市斤以上，经夏溶化流

---

① "为据资中分局呈报球溪河蔗农众请求开放红糖各情，希查照转饬资中酒精厂迅照配定原料糖类数量购用，以免发生事端，并希见复由"（1943年5月28日），第21～23页，内江市档案馆藏，民国资委会酒精业务委员会及办事处全宗，档案号10—1—519。

② "准电以人心惶恐请改善收购红糖办法以全民命一案电请立予设法救济由"（1943年6月19日），第41～42页，内江市档案馆藏，民国资委会酒精业务委员会及办事处全宗，档案号10—1—519。

③ "为电复本处及资中厂收购球溪河蔗农红糖情形抄录该镇糖业会证书希查照由"（1943年6月1日），第25页，内江市档案馆藏，民国资委会酒精业务委员会及办事处全宗，档案号10—1—519。

④ "关于糖类评价委员会组织章程、战时食糖专卖查验暂行规程"（1942.2～1944.7），资阳市雁江区档案馆藏，民国资阳县政府全宗，档案号2—1—695。

⑤ 杨修武、钟蒪懋：《川康区食糖专卖概述》，见：中国人民政治协商会议四川省内江市委员会文史资料委员会：《内江文史资料选辑》1988年第4辑，第95～122页。

折甚巨，损失国家物资至为可惜，糖户复因资金凝结不堪损失，长此以往将影响今后蔗糖生产，请速取消运销区限制以利商民。[①]

从 1939 年 11 月糖蜜价格猛涨起，一直到抗日战争结束酒精地位下降为止，酒精糖料问题一直持续不断。酒精糖料问题的起因在于糖蜜价格迅速提高，酒精厂方进购糖料越加困难，而其实质则为政府在应对战时物价动荡局面时举措有失妥当，未能在酒精成品与酒精原料之间形成合理的价格浮动机制。因此，它并不仅是糖料不足问题，而是包含了在进购糖料过程中所产生的一系列问题。同时，该问题关系到国防军需及大后方交通运输的燃料保障，因此稳定糖料价格、平衡糖料供需，成为酒精工业及政府有关部委的首要急务之一。为此，他们也均作出了相当大的努力，以求此问题得以妥善解决。

第二节　"平价"、"统购"——以国营酒精厂方的努力为主

在第一阶段中，酒精糖料问题的解决，主要是以国营酒精厂方自身的努力为主。其特点是：一是"平价"，平抑糖料价格，限制其继续上涨；二是"统购"，由酒精工业设立糖料购办处，统一购进糖料，对各厂实施分配。具体措施包括成立专门的办事机构；呼吁政府实施统制；平抑糖蜜价格；劝谕农民种蔗增产；鼓励红糖改制白糖；取缔糟房使用糖蜜等。

一、成立统购机关

最初的糖料统购机关是由国营酒精厂倡导建立的。1939 年 10 月 1 日，资源委员会所属的资中、四川酒精厂在内江成立联合办事处，该处专门负责两厂调查及采购糖蜜事宜[②]，即"根据两厂采购糖蜜办法，经两厂核定之价格，由办事处统筹向售户订购，按两厂实际需要量之比例分配，其价款在两厂预拨之购料专款项下开支"[③]。

嗣后，随着战争的持续进行，军公运输频繁，所需液体燃料激增，而国际通道受阻，汽油来源断绝，酒精的需求量日增。民营酒精厂家以此项工业将有利可图，1940 年下半年于资内一带纷纷设厂；又兼之渝、泸两地酒精厂

---

① "酒精原料糖类分配问题座谈会会议记录"，第 187—190 页，内江市档案馆藏，民国川、陕、黔酒精厂（联）全宗，档案号 7—2—870。

② "为呈送收购原料计划请示遵由"（1940 年 3 月 6 日），第 69—73 页，内江市档案馆藏，民国川、陕、黔酒精厂（联）全宗，档案号 7—1—148。

③ "资委会酒精业务委员会内江办事处业务报告书"（1946 年 6 月 18 日），内江市档案馆藏，民国资委会酒精业务委员会及办事处全宗，档案号 10—1—720。

相继至资中、内江购买糖料，以致糖商利用此种时机，操纵居奇，匪独糖蜜价格蒸蒸日上，且均感原料供不应求之苦。为了维持生产起见，资中、四川两厂及复兴酒精厂倡议统制购买，以杜流弊。于是，该三厂于 1940 年 11 月 1 日在联合办事处的基础上，改组成立了资源委员会统购糖蜜委员会资内办事处。该处成立后就得到了四川省政府的协助，对资内一带所产糖蜜加以统制收购，其具体办法是：①评价，由有关方面合议，呈请省政府颁布施行；②控制漏棚，凡漏棚产量及交易均需经办事处之登记及许可；③缉私，凡商人不遵照上项规定者均予以没收。[①]

统购糖蜜委员会资内办事处最初的办事成效较为显著，自 1940 年 11 月 1 日成立，到 1941 年 12 月 30 日为止，为资源委员会各厂所代购酒精原料，合计桔糖 9 639 770 斤，糖蜜 25 679 035 斤。[②] 因此，泸县、重庆、简阳及资内一带各公私酒精厂相继请求参加。于是该处于 1941 年 1 月 31 日召开扩大干事会议，邀请军政部第一、二、三厂及泸县、北泉、四川、资中、简阳、复兴、中川、中兴、金川、大成、国防、上川等 10 余家酒精厂与会讨论加强统制及供应第一区各酒精厂原料的问题。不过，不久之后，由于财政部在川康地区实行食糖专卖，该处所订办法与政府食糖专卖法令有所抵触，故未能实行，并很快停止统制活动，该处所购原料，除供原有 3 厂使用外，其余仅供给简阳、泸县、合川、北泉、大成、金川 6 厂而已。

在此情况下，1942 年年初，资源委员会设立酒精业务委员会资内办事处，并于同年 4 月，命令该处接收统购糖蜜委员会资内办事处的一切事宜；1944 年 11 月，该处奉令改组为内江办事处、资中办事处两个办事机构。[③]

二、呼吁政府实施统制

自糖蜜价格急剧上涨之日起，酒精厂方立即呼吁政府对其实施统制。1939 年 11 月 21 日（该日糖蜜涨至每万斤 600 元之巨），资中、四川酒精厂驻内联合办事处李永捷主任奉命呈报调查糖蜜上涨原因，其结论是：

> 考厥原因，不外下陈数者：一以求过于供，一以奸商囤积居奇，一以甘蔗歉收。究上三者主因，尤以奸商囤积为最大。

---

① "资委会酒精业务委员会内江办事处业务报告书"（1946 年 6 月 18 日），内江市档案馆藏，民国资委会酒精业务委员会及办事处全宗，档案号 10—1—720。

② 李德宣：《四川内江金融市况与蔗糖产销情形》，《中央银行经济汇报》第 6 卷第 6 期，中央银行经济研究所，1942 年 9 月 16 日，第 71 页。

③ "资委会酒精业务委员会内江办事处业务报告书"（1946 年 6 月 18 日），内江市档案馆藏，民国资委会酒精业务委员会及办事处全宗，档案号 10—1—720。

他提出的解决办法是：

> 为今之计，唯一对策只有仰赖政府仿照其他统制办法，加以统筹支配，庶几可望供应符合，奸商敛迹。更可依仗政府协助，使蔗量增加，并推广白糖，亦为根治之一法。①

次日（1939年11月22日），资中、四川两酒精厂呈文资源委员会，说明近日以来资中、内江一带糖蜜市价狂涨的原因，拟具四项治标治本办法，并为紧急救济起见，拟请先行糖蜜统制办法。其四项办法为：

> （1）请部转呈行政院暨军事委员会令四川省政府转行产糖各县，严禁囤积糖蜜，糖蜜价格按黄糖市价法定比例计算，购户须经证明确系酒精厂或酿酒商方得购买，不得由商人自由买卖，并严定罚则，以资取缔。（2）所有川省各地漏棚所产糖蜜，由中央会同四川省政府组织统制机关，按法定价格全部收买；各漏棚应将所产糖蜜数量按实申报，各购户应先申请登记，候核分配；该统制机关应随时查核各购户实际需要量暨缓急情形为分配标准；但在糖蜜存量不足分配时，应尽先供给制造酒精之用。（3）请部咨请四川省政府奖励甘蔗种植，并令产糖各县切实推广白糖制造，以增糖蜜产量，所需技术人员训练之经费，必要时得由中央机关予以补助。（4）请川省农业改进所甘蔗试验场于最近期间设法推广白糖制造，所得糖蜜，全部供应制造酒精之需。②

从两酒精厂提出的办法来看，治标为第一、二、四3项，具体内容包括取消糖蜜自由买卖，仅供给酒精厂所需；成立统制机关，对糖蜜实施统制；推广白糖制造（漏水为制造白糖的副产品）；治本者为第三项，即奖励甘蔗种植，以期增加糖蜜产量。

时值1940年3月5日，资中、四川酒精厂的酒精糖料问题继续恶化。两厂驻内联合办事处主任宋君愚呈文资中酒精厂厂长，一方面说明自1939年10月成立到目前为止，该处购进糖蜜事宜未能成功原因较为复杂，有自身财力不足、糖蜜价格不稳、同行高价抢购及糖户囤积操纵等因素：

> 推其原因，固在过去数月期间，两厂或限于经济不裕，一时不能立拨巨款，因而坐失良机；或苦于货价高低不定，未敢常川动手进购；而有时市上缺少现货，军政部酒精厂又复大价搜购，则为又一因也。兹者

---

① "呈报资内一带最近糖蜜市价请鉴核由"，第116—117页，内江市档案馆藏，民国川、陕、黔酒精厂（联）全宗，档案号7—2—444。

② "资中、四川酒精厂为解决糖蜜购买困难呈资委会"（1939年11月22日），第279页，内江市档案馆藏，民国川、陕、黔酒精厂（联）全宗，档案号7—1—290。

资内一带糖房、漏棚，以四川各厂林立，采购原料为限，于是群相提高售价，以获大利，甚至大量囤积居奇，待价而沽。此种现象，固又随时随地与日俱增也。如是糖蜜价格益形高涨，而办事处之采购，当益形困难矣。①

另一方面，宋君愚根据 10 日的工作观察，拟订该处收购原料计划以作挽救。治标办法首倡组织糖蜜原料管理委员会实施统制；治本办法则是奖励农民多种糖蔗。②

三、平抑糖蜜价格

面对酒精糖料价格飞涨的局面，酒精厂商尽管立即呼吁政府对糖蜜价格实施统制，然而其急切需要的则是稳定糖料价格，以利进购事宜。1940 年 3 月 27 日，资中酒精厂厂长张季熙、四川酒精厂厂长汤元吉、复兴酒精厂经理周大瑶、军政府酒精厂主任李相峰、四厂联合办事处主任宋君愚进行会商，提出"平抑糖蜜价格治标治本各办法"，该办法包括请求政府事项 7 项，联合自行办理事项 5 项。请求政府事项为：

1. 请求资委会转呈经济部转咨四川省政府规定糖蜜价格，不得超过每万斤 800 元；2. 请求政府授权营业税局，限止糖蜜之买卖，予酒精厂以便利，商人不得私相授受；3. 请求政府统筹，按照资内现有各厂实际需要，（以地域）比例分配，并限制在沱江流域一带设立新厂，盖四厂需要之原料，已不敷分配，应请禁止其他各厂在资内一带收购，每年资中厂需用糖蜜 1800 万斤，四川厂 1200 万斤，复兴 1200 万斤，军政部 1500 万斤，以糖帮秤为准；4. 请求液管会规定三厂出品视糖蜜之价格比例，增加统收；5. 请求政府切实规划并辅助白糖产量之增加；6. 请求政府严厉惩处糖蜜屯户之居奇操纵；7. 由三厂各义请求军政部，对于购买原料取一致行动，以免影响国防工业，妨害后方交通。

联合自行办理事项为：

1. 由四厂派代表到资内县府请求切实奉行省府命令，并磋商有效办法；2. 派员请营业税局每 5 日一次供绘四厂糖蜜交易情形；3. 采购糖蜜办事处原则，由四厂联合办理，详细办法请厂长于 3 日内拟定……；

---

① "为呈送收购原料计划请示遵由"（1940 年 3 月 6 日），第 69—73 页，内江市档案馆藏，民国川、陕、黔酒精厂（联）全宗，档案号 7—1—148。

② "为呈送收购原料计划请示遵由"（1940 年 3 月 6 日），第 69—73 页，内江市档案馆藏，民国川、陕、黔酒精厂（联）全宗，档案号 7—1—148。

4. 暂定四厂于四月底前，如每万斤价格超过 800 元则以不购为原则；5. 对于糖蜜收购情形，各厂每 5 日以书面通知，相互咨询。①

从四厂"平抑糖蜜价格治标治本各办法"的内容来看，糖蜜限价是核心内容。在请求政府事项中第一条是规定糖蜜价格每万斤不得超过 800 元，并在此基础上，要求取消糖蜜自由贸易，限制新厂设立与严惩囤积居奇。联合自行办理事项的主题是行业自律，但是行业自律的目的仍在于限价，其自律的底线是各厂进购糖料的价格每万斤不得超过 800 元的限价。另外，这次行动有了突破性进展，即把复兴酒精公司及军政部所属酒精厂纳入行业自律范围，这就有利于国营酒精厂统一行动，使其在统一购置糖料及向政府施压方面均增加筹码。

1940 年 4 月 24 日，四川省政府应国营酒精厂的请求，在综合分析近来糖蜜涨价原因（产量因旱减少；糖价上涨；各厂争购；屯户居奇；糟房购用酿酒）的基础上，提出"五项糖蜜价格解决办法"：

一、糖蜜每万市斤不得超过 800 元，由酒精同业公会原料统购委员会收运；二、所有糖蜜只准卖与酒精同业公会原料统购委员会，不准卖与任何人，如违，经政府查出，对买卖双方处以原货价值相当之罚金外，该糖蜜由政府没收之，以官价转售酒精同业公会原料统购委员会；三、本年新糖制出时，旧糖蜜尚囤积尚未出售，查出由该管县府没收之；四、上项罚金及没收之货款，以五成奖给密报人及在事出力人员，以五成拨作地方公益之用；五、糖房酿酒所需糖蜜数量，经财政部川康区税务分所证明，得迳向酒精同业公会原料统购委员会仍照原价付款。②

从省府"奎养建一电"提出的五项办法的内容来看，省府则完全站在酒精行业的立场上，不仅赞同了酒精厂方提出的每万公斤糖蜜 800 元的限价价格，而且明令禁止糖蜜自由流通，糖蜜只能售予酒精同业公会原料统购委员会，由该会统购分配。同时，对旧糖蜜及糟房用糖等事宜也作出了有利于酒精厂方的规定，即新糖制出时未售之旧糖蜜则予以没收，糟房用糖只能向酒精同业公会原料统购委员会购买，而不能直接向糖户进购。另外，高额奖励密报者，打击囤积糖蜜的糖户。

---

① "为呈报四厂会商结果恳予鉴核施行一案"（1940 年 4 月 1 日），第 246 页，内江市档案馆藏，民国川、陕、黔酒精厂（联）全宗，档案号 7—1—290。

② "资中县政府公函"（1940 年 5 月 21 日），第 206 页，内江市档案馆藏，民国川、陕、黔酒精厂（联）全宗，档案号 7—1—290。

四、化解制糖商的不满

对于政府因酒精工业之请求而实施限价、统制糖蜜一案，制糖商颇为不满，但由于不敢公然违抗政府的行政命令，便把矛头对准了酒精厂。

1940 年 5 月 7 日，第一区制糖同业公会发布公函，对酒精厂朦请上峯定价捆买表示强烈不满，其疑问各点为：

1. 买卖自由，为人民之权利，酒精厂亦系工商事业，属于民法公司之一，买卖均应同听自由，乃藉后方交通需要，朦请上峯定价捆买，已属妨害糖业人之权利，兹糖业人尊崇上峯命令，遵照定价承卖，厂方不予便利接受，或接受而多方碍难，或逾期不付价金，或不全付，显然垄断揹难，有无侵害卖方利权，是否违法；2. 酒精厂非政府机关，酒精厂之联合办事处，当然与政府机关不同，而委任之采购员，所为之买卖行为当与商场交易相同，糖蜜既经定价，完全捆买，并无议订核定之可言，卖方向采购员报告数量认卖，买方即应接受认买，□□买卖契约即算成立，来函谓未据采购员报请核定，买卖行为不能成立，试问该员名为采购，自有……何人核定，省府既无此明令，商场更无此办法，纵使贵处内部有此规定办法，既为驻内办事处，同一地方，何难立时报请，纵未报请，已经本会函达，何难立时查明，或认买，或不认买，尽可明白答复，此推诿，成何事体，是为买无诚意，多方揹难，违反法令，侵害利权之明证；3. 酒精厂既恐……愿请准捆买，当然早有计划，备有大批款项，收购内江全县糖蜜，倘为捆买，糖业人犹有□□希望，纵有需款之时，尽可息贷，尚得取偿于后卖之高价，今即捆买，又当荒月，糖业人诸多必要开支，贵处握款揹发，苟非移图他用，抑或未经备款，即是居心捆陷糖业人，显然违法侵害。[①]

从制糖公会的三点疑问可以看出，制糖商为了避免公然违背政府法令，而背上了破坏抗日战争和建立新中国大局的罪名，因此并未直接反对政府限价、统购的命令，而是对酒精厂商垄断揹买、联合办事处推诿订约，以及拖延付款等方面提出质疑。并且，这些质疑抓住了联合办事处无资本购置大批量糖蜜的事实，进行猛烈抨击，可谓击中痛处。与此同时，糖商因 800 元每万斤的限价过低，而拒绝出售糖蜜。"按糖蜜价格在本年五月上半月以前政府已明令平价规定每万斤 800 元，此项平价本出于两厂之请求，既经规定，即

---

① "第一区制糖同业公会公函"，第 110 页，内江市档案馆藏，民国川、陕、黔酒精厂（联）全宗，档案号 7—1—290。

应以该价为市价，且当时糖商以平价过低，概观望不售，根本即无交易"①，形成了一种相持不下的情形。

1940 年 5 月 12 日，资中、四川酒精厂驻内联合办事处办事员陈茂修报告（陈茂修 8 日至简阳，9 日、10 日均在各方调查），"糖蜜价格，客岁年底，实值法币 300 余元，及至本年二月，已涨至 1700 元，现在市面正静，鲜有零星少数，价在 1100—1200 元，为要整数进购，或依照政府公布 800 元之价格收买，似不可能也"②。

面对这样的困境，酒精工业方面一方面作出让步，积极寻求较为合理的糖蜜价格；另一方面函请县府在除价格让步之外，其他应积极执行省府的明令。

5 月 16 日，资中、内江两县县长有鉴于"惟目前百物昂贵，各糖商均不愿依照政府规定价格"，而召集两县商会主席、糖业公会主席及各厂负责人，在资中酒精厂内开会讨论。

> 糖商代表金以百物高涨，生活奇昂，开支各项莫不因之增高，提出增价要求。内江谢县长为维持功令，体恤商艰起见，乃提出折衷办法，即规定糖蜜每万市斤，于额定 800 元外，另由买方津贴卖方加工费 300 元，庶政府命令既可见诸实施，而各厂工作亦能继续不辍。此项提议，经双方代表详加研讨后，金认尚属合理，可以接受，而久悬不决之糖蜜平价案，遂因此获得实际之解决。③

5 月 17 日，资中、四川酒精厂致函资中、内江两县县长，对 5 月 16 日会议上的糖蜜加价一案表示赞同，不过仍强调"前经省府颁布平抑糖蜜办法四项（1940 年 4 月 24 日），除第一条'规定价格'在此次会议中另有决定外，其余各项仍希依照政府原颁办法严厉执行"④。

四川府建设厅成宪孟技正召集有关机关，在复兴酒精公司召开"资内糖蜜平价讨论会议"；出席会议的有第二区专署代表王仕云、资中县县长李显威、内江县县长谢明霄、建设厅技正成宪孟、资中酒精厂厂长张季熙、四川

---

① "为呈复资中酒精厂呈复自购糖蜜原因关系本处职责各节翔实情形仰乞鉴核由"，第 4 页，内江市档案馆藏，民国川、陕、黔酒精厂（联）全宗，档案号 7—2—145。
② "为抄呈陈茂修申报调查资阳、简阳原料清晰请予鉴核由"，第 9 页，内江市档案馆藏，民国川、陕、黔酒精厂（联）全宗，档案号 7—2—572。
③ "为会衔呈报会议记录请予核转示遵由"（资中、四川酒精厂），第 208—209 页，内江市档案馆藏，民国川、陕、黔酒精厂（联）全宗，档案号 7—1—290。
④ "为检送会议记录及证明书式样请烦查照办理严厉执行由"，第 212 页，内江市档案馆藏，民国川、陕、黔酒精厂（联）全宗，档案号 7—1—290。

酒精厂厂长汤元吉、复兴酒精公司经理周大瑶等人；会议以决议的形式通过了六项执行办法，包括对糖蜜限价的时间、登记办法、糖蜜统购事宜、糟房用糖蜜及商人不法行为惩处等内容。

    一、原定糖蜜价格（每万市斤1100元）在民国三十年新糖蜜未上市以前为有效期间；二、糖蜜登记由资内两县府令两县糖业公会将糖蜜产量统计表送交各县府一份及第一区酒精工业同业公会原料统购委员会资内办事处一份，如对产量发生异议，由县府会同厂方复查；三，资内两县糖蜜只能售予统购处，由统购处分配第一区内现有酒精厂应用；四，糟房所需要糖蜜数量，由税务分所饬糟房登记转送第一区酒精工业同业公会原料统购委员会资内办事处分别给证采购；五，其余均照省府以前命令办理；六，如商人有违抗政府命令，囤积居奇与操纵行为者，依非常时期农矿工商管理条例办理。[①]

从内容上看，此六项执行办法是对如何实施每万斤糖蜜限价1100元平价案（1940年5月16日川府规定）进行了细致的解释和说明。随着每万市斤糖蜜价格由800元提高到1100元，酒精厂商与制糖商之间的纷争似乎暂时告一段落。

五、建言增加糖蜜生产

从酒精糖类问题形成之始，作为治本之法的"增加糖蜜生产"就已被酒精厂方提出。增加糖蜜产量虽是解决酒精糖类问题的根本之途径之一，但是由于增加糖蜜产量一事涉及蔗农生产习惯、蔗农资金的调配、制糖技术的改进等多个方面，因此并非易事。

1940年5月7日，经济部资源委员会（主任委员翁文灏，副主任委员钱昌照）为1940年增加漏水生产以裕酒精原料一事，命令资中酒精厂迅即会同四川酒精厂、中央工业试验所、四川省农业改进所、四川省农业合作委员会及中国银行，妥速洽商办理。[②]

之后，四川省农业改进所甘蔗试验场[③]草拟了一份建议书——"1940年

---

① "资内两县糖蜜平价讨论会议记录"（1940年6月14日），第120—125页，内江市档案馆藏，民国川、陕、黔酒精厂（联）全宗，档案号7—1—290。

② "财政部资源委员会训令"（1940年5月7日），第189—195页，内江市档案馆藏，民国川、陕、黔酒精厂（联）全宗，档案号7—1—290。

③ 1936年5月，四川省政府和国立四川大学农学院一起在内江圣水寺内，共同创建了四川省农改所甘蔗试验场，第一任场长为陈让卿。试验场以改良蔗种及制糖技术，促进川省蔗糖经济发展为宗旨。成立以后，它在改进糖业技术方面作出了重大贡献。

度增加漏水（糖蜜）生产以裕酒精原料"。该建议书包括五个大项：引言、球溪镇红糖之集中、球溪镇红糖改制白糖之希望、改制白糖之办法原则及实施办法；该建议书的初衷是在短时间内迅速增加漏水产量，因此并未提出扩大甘蔗种植面积、改进制糖技术等用时较久的办法，而是在红糖区推行红糖改制白糖的办法，以期快速增加漏水产量。

1940 年度增加漏水（糖蜜）生产以裕酒精原料建议书

（四川省农业改进所甘蔗试验场）

一、引言。漏水（糖蜜）本为制白糖副产品……停制红糖，改制白糖……本年择红糖集中区，宣传制白糖，组织蔗农，发放贷款，指导技术……

二、球溪镇红糖之集中。查全川红糖，年约百万担（旧担），沱江流域占 70 万担，其中资中、资阳两县占 40 万担，余如内江、简阳、富顺、金堂共约 30 万担。而资中、资阳两县红糖，实以球溪镇为中心，环镇 50 里以内，年产红糖 30 余万担。此 30 余万担红糖，可改为 30 余万担糖清，照普通漏水占 30％计算，即可有 9 万担以上之漏水。再加原有制白糖副产之漏水，共约 10 万担，即可供给日出酒精 1000 加仑之厂全年用，共可出约 40 万加仑酒精……

三、球溪镇红糖改制白糖之希望。……其制白糖之利益自较大，故本地人皆知制白糖之利，其现未改制者，一因该地以红糖著称于世，蔗农多信仰其红糖；二因红糖随制随售，资金容易周转，白糖则须待两个月后，始售得现金，且时值旧历年关，纳租、还债、购置及生活费等皆迫不及待，为农民最需款之时，红糖实应其需要。此项农村经济情形至关重要，实问题中心之所在也。

四、改制白糖之办法原则。……因此，若能使农民制白糖，可如制红糖之能速售现金，则本问题迎刃而解矣。此中唯一办法，则为"预付农民糖清价"，因此，遂得实施办法之原则须：甲，蔗农须有组织，其组织向金融机关贷款，预付糖清价，使农民得现金济急，其制白糖之设备费及甘蔗种植资金，亦由其组织向金融机关贷款；乙，为应甲项需要，球溪镇须有设立强大金融机关及组织农民之机关……

五、实施办法：甲，组织蔗糖互助社……；乙，由经济部中央工业试验所、四川省农业改进所、四川省农村合作委员会、中国银行、资中资阳县政府派遣得力人员，于球溪镇合组蔗糖互助社，指导处，负责组织、贷款、技术指导、加工运销等业务；丙，本地漏棚亦可借商业贷款，购买糖清；丁，由四联总处指定中国银行于球溪镇设立支行或办事处，办理贷款、放款、储押、汇兑等业务。①

糖蜜（漏水）是白糖的副产品，红糖改制白糖，不失为一个快速增加糖蜜产量的捷径。同时，从建议书的内容来看，甘蔗试验场的确做了一定的调查，它推选资中球溪镇为改制的试点，因为以球溪镇为中心的区域，年产红糖30万余担，约占整个沱江流域红糖产量（70万担）的一半；同时，试验场也提出了一套改制的策略及方法，即首先宣传改制白糖的益处，其次组织蔗农成立合作社，再次请求金融机关发放制糖贷款，最后在制糖技术上予以指导。另外，该建议书也明确指出了改制白糖的困境，即红糖区蔗农需款甚急，不解决蔗农的资金问题，是无法劝说蔗农改制较为复杂且费时的白糖的，而实施农贷，则须组织合作社，需要政府与有关机关通力合作。②

此项建议书得到了酒精厂方的重视。1940年6月4日，酒精厂方召集有关各方，在资中、四川酒精厂驻内联合办事处内召开了实施增加糖蜜生产会议。出席此次会议的有中央工业试验所代表张力田、中国银行内江支行代表王慕曾、四川省政府合作事业管理处代表郭逸樵、资中酒精厂厂长张季熙、四川酒精厂厂长汤元吉等人。会议的中心议题是"应如何实施增加红糖生产计划"，会议通过了三项决议：

甲，由酒精厂呈请经济部咨四川省府令资阳、内江县府布告劝谕蔗农改制白糖；乙，由中央工业试验处、四川省甘蔗试验场球溪镇分场先在该镇利用离心机，实行新法制造白糖，使蔗农共睹白糖获利较制红糖为优，藉资倡导，逐渐推广，则翌年产量可望大增；丙，由川省合作事业管理处劝道蔗农加入合作社熬制白糖，所需资金，由中国银行依农贷办法贷与合作社。③

六、再次平抑糖蜜价格

自1940年5月16日平价会议后，糖商尽管仍不满意每万市斤1100元的政府限价，但是仍然"忍痛"予以遵守。5—9月，平价会议的决议得到了较为顺利的贯彻。但是，酒精厂统购人员故意曲解政府糖蜜限价政策，将市斤

---

① "财政部资源委员会训令"（1940年5月7日），第189—195页，内江市档案馆藏，民国川、陕、黔酒精厂（联）全宗，档案号7—1—290。

② "财政部资源委员会训令"（1940年5月7日），第189—195页，内江市档案馆藏，民国川、陕、黔酒精厂（联）全宗，档案号7—1—290。

③ "实施增加糖蜜生产会议记录"（1940年6月4日），第177页，内江市档案馆藏，民国川、陕、黔酒精厂（联）全宗，档案号7—1—290。

与老秤混淆，意图压低进价。商会对此非常不满，立即表明暂停糖蜜登记一事。随之，糖料问题再起波澜。

1946年9月26日，资中县商会主席张岷泉函称：

> 日来，本会正登记糖蜜间，忽据糖业经纪报告，酒精厂此次派员来县已购买大量糖蜜，价为老秤每万斤合国币1100元，因糖商要求照议案规定之市斤价格售卖，渠则以无款拒绝等语复。查老秤与市斤比较，每万斤依照议案所定价格折合应为1300之价，方为平允，似此私相勒买，糖商大为不服……今公司违背议案，置省府命令于不顾，自为无再为登记之协助，请暂停登记，并请制裁以平公愤。①

1946年10月，因酒价高涨，资内糟房高价收购糖蜜，以致黑市糖蜜价格已涨到每万斤1700—1800元。现糖蜜价格，每万市斤竟高至1700—1800元，超过规定价格1100元至三分之二有奇，且犹续涨不已。资内统购办事处，既以无由进货，三厂生产亦有联将停顿之虞。② 为此，资中、四川两酒精厂及复兴酒精公司电请四川省政府令饬第二区行政督察专员公署转令资内县政府，切实执行先前颁行之平抑糖蜜价格执行办法。而"如仍任奸商囤积居奇，或酒商高价收购，再不明令公布严厉实行，糖蜜一项势将不能购进，同业等不久将有被迫停工之虞，运输交通何堪设想。特请在贵管辖区域之内，绝对限制糖蜜价格，不得随时自行增涨，违抗命令，致阻碍运输交通"③。

有鉴于此，1946年11月23日，资中、内江两县县长及有关各方在资源委员会酒精原料统购委员会资内办事处内（内江阴家巷12号）开会讨论"糖蜜平价一案"；出席会议的人员有内江县县长仲健辉、省府视察员余拱辰（大会主席）、资中商会主席张岷泉、资中县县长李显威、资中糖业公会代表彭积光、复兴酒精厂经理周大瑶、内江财务委员会主任委员曾佐廷、内江三民主义青年团主任郭嘉□、内江商会主席季协邦、内江糖业公会主席季汉文、内江谦和糖行经理张子谦、四川酒精厂厂长汤元吉、资中酒精厂厂长张季熙、资中酒精厂业务课长宋君愚、酒精原料统筹委员会资内办事处主任顾凌霄等人。大会一致通过"市秤1万斤除原定价格1100元外，特予增加运输费900

---

① "资中县县政府公函"（1940年9月6日），第155—156页，内江市档案馆藏，民国川、陕、黔酒精厂（联）全宗，档案号7—1—290。

② "会衔电请四川省政府，令饬第二区行政督察专员公署转令资内县政府切实执行先后颁行之统购糖蜜办法"，第144页，内江市档案馆藏，民国川、陕、黔酒精厂（联）全宗，档案号7—1—290。

③ "缮送致二区专署、资内县府请制止糖蜜涨价函请会即递转由"，第129页，内江市档案馆藏，民国川、陕、黔酒精厂（联）全宗，档案号7—1—290。

元，共合为 2000 元"；"资中内江两县之糖蜜自政府从新布告之日起，凡未经酒精原料统购委员会资内办事处登记许可者，如经发现或密报，查实后实行全部没收案"；"明年新糖蜜上市时，如仍有旧糖蜜发现，拟请依照本年 5 月 8 日省府命令没收充公案"；"没收充公之糖蜜变价后，提请以五成给密报人，五成作地方公益案"；"此次增加之运输费拟请迄至明年新货登场之日为止，至新漏水之价格拟请在明年 3 月间，另行评价案"；"拟请函知本县营业税局凡未经酒精原料统筹委员会资内办事处登记许可出卖之糖蜜，一概不准完纳税款案。"①

从决议内容来看，在解决糖料问题上，此次会议提出的解决办法除加高糖蜜价格为每万斤 2000 元外，其他方面并未有较大的变化，因此，可以肯定，这次平抑糖蜜价格也仅能维持一个较短的时间，酒精糖料问题仍会持续下去。

七、呈请管控酒精工业

酒精工业的行业自律要求，从 1939 年 10 月资中、四川两厂驻内办事处成立时已明显表现出来，不过这一时期自律的内容仅限于部分国营酒精厂统购糖料的事宜上，而并未涉及酒精厂准设条件、行业规范等方面的内容。

1940 年，汽油进口日见枯竭，酒精生产日益受到重视，大量社会游资注入这一获利丰厚的行业，该年内国营及商业酒精厂纷纷争相设立，这就加剧了酒精厂方购料的难度。②

经济部应酒精厂方请求与时势之需要，依照"非常时期农矿工商管理条例"规定，于 1940 年 11 月与液体燃料管理委员会会商拟订了"酒精制造业管理规则"（共 15 条），1941 年 2 月 20 日在四川省内公布实施。从其内容来看，该规则主要是从准入条件、行业规范、奖优汰劣等方面来管控酒精工业。

首先，该规则对酒精厂准设条件做了规范，如第三条规定"凡经营酒精制造业设厂标准应依左列各款之规定，非经呈准不得开工制造：一、设厂地点应择原料产地、市场附近或运输便利之区，每月产销数量不满 6000 加仑（1200 听）者，其地点以税务机关所在地或当地原有其他统税货品工厂之区

---

① "资内糖蜜评价会议记录"（1940 年 11 月 23 日），内江市档案馆藏，民国川、陕、黔酒精厂（联）全宗，档案号 7—1—290。

② 这方面的具体分析，可以参见刘春：《试论抗战时期四川糖料酒精工业的兴衰》，《四川师范大学学报》（社会科学版）2004 年第 4 期，第 100—105 页；刘萍：《抗战时期后方液体燃料工业发展评述》，见：中国社会科学院近代史研究所：《中国社会科学院近代史研究所青年学术论坛（2005 年卷）》，北京：社会科学文献出版社，2006 年。

为限；二、所需原料当地或其他邻近区域足以供给不致影响原有各厂之生产者；三、资本足资周转及经费完善，制造费用低廉者；四、制造方法精良，预定出品质优良者"。这就有意识地提高了酒精厂的设厂门槛，力图避免社会游资见利而疯狂注资酒精工业造成恶性竞争的现象。

其次，从购料、生产、销售等几个方面，对各酒精厂实施严格的管控，以求规范营业行为，如第七条规定"酒精制造业应就左列各款逐月填表两份，呈由液体燃料管理委员会审核，以一份转送经济部备查：一、所用原料种类数量及价值；二、所用燃料种类数量及价值；三、实支利息、薪工、保险、折旧、捐税等数额；四、制品浓度、数量及制造成本；五、购进原料种类、数量及价值；六、销售出品数量及价值；七、下月份制造计划"。

最后，奖励实力雄厚者，淘汰资力不济者，如第十条规定对受奖励之酒精厂，"由液体燃料管理委员会酌择左列方法之一种或数种：给予优先扩充权；给予优先承办停业酒精厂之权；贷予扩充需要之周转金"。而第十二条则规定"酒精制造业有左列情形之一者，由液体管理委员会限期改善：一、每月产量不及原有设备生产能力二分之一，连续满两个月者；二、设备陈旧，不加改善，制造成本过高者；三、管理松懈，制品品质日形退化者"①。

归纳起来，该规定首先在四川省及重庆市两地实施，"凡新设之厂必须先行呈请登记，经调查审核认为可行者，方准设立；已经成立之厂，亦限期登记完毕，审核标准完全着重于设备、机器、制造方法、生产成本以及原料供给等问题；已呈准登记者，政府得随时查察，其有设备陈旧、成本过高、管理松懈、品质退化及每月产量不及原有设备生产能力二分之一连续达两个月者，均应予以警告，限期改善，或限期停业"。该规定公布后，（大后方）"已呈准之厂68家，不准设立者25家，即系依照此项管理规则办理者"。1941年10月，政府鉴于原料恐慌越加严重，而新厂设立者纷至沓来，"遂又商订限制登记办法，以事补救，于同月28日通告施行，11月又以资中、自贡一带仍有数十厂未曾依限制呈请登记，遂又商订取缔办法，以策进行"②。

从上述分析来看，该规定及随后的措施，的确对1940年、1941两年内酒精厂过热现象起到了一定的抑制作用。

---

① "奉令抄发酒精业管理规则令仰遵照由"，第34—37页，内江市档案馆藏，民国川、陕、黔酒精厂（联）全宗，档案号7—2—444。

② "欧阳仑撰后方之酒精工业"（1941年2月26日），见：中国第二历史档案馆：《中华民国史档案资料汇编》第5辑第2编，财政经济（六），南京：江苏古籍出版社，1997年，第133页。

八、第三次平抑糖蜜价格

1941 年 3 月，随着新制糖蜜逐步上市，1940 年 6 月 14 日川府出台的六项平抑糖蜜价格执行办法的第一条"原定糖蜜价格（每万市斤 1100 元）在民国三十年新糖蜜未上市以前为有效期间"[①] 的规定失效，但是该项规定并未对到此时而售出的旧糖做何价出售的问题作出解释，因此，不少糖户屯有旧糖，而期待着按新糖蜜价出售。

为此，1941 年 3 月 1 日，资内办事处致函资中、内江经纪公会，晓明大义，并"希贵会迅即通知各经纪，务须切实遵照省颁糖蜜评价办法，不得经手未经本处登记许可及超过评价之交易，致破坏政府评价法令，妨害酒精工业"[②]。3 月 4 日，该处致函内江县政府，一方面报告糖蜜私相授受情况，另一方面"希贵县予以协助，按照省颁糖蜜交易办法第二项'资内两县之糖蜜交易自政府发新布告之日起，凡未经酒精原料统购委员会资内办事处登记许可之糖蜜交易及新糖蜜上市时尚存有旧糖蜜者，应予没收充公'之规定，迅予派员将各该漏棚所存糖蜜没收充公，依法处罚卖方，并将其没收充公之糖蜜照评价每万市斤 2000 元，转售与本处分配各酒精厂应用，以儆效尤，而维国防工业"[③]。3 月 8 日，该处在内江日报上发布通告："查糖蜜（俗称漏水）一项为酒精工业主要原料，向系前方军运、后方交通至重且巨……希各棚户迅将旧糖蜜即日全部售与本处，以维护国防工业，加强酒精生产，切勿唯利是图"[④]。

在资内办事处的一再呼吁下，四川省府派建设厅视察员王静前往资中办理平价糖蜜事宜。1941 年 3 月 24 日，王视察员会同资中、内江两县县长，召集有关各方，在资中县府内召开平价会议。"商方以本年糖价折本要求每万斤市价应由 2000 元增加至 4000 元，以资弥补；厂方则只给 2500 元"，经过讨价还价，确定了一个每万斤糖蜜 2800 元的折中价格，并形成了一个"1941 年 4 月起至 1942 年 3 月止确定糖蜜价格及实施办法"。该办法规定糖蜜价格

① "资内两县糖蜜平价讨论会议记录"（1940 年 6 月 14 日），第 120—125 页，内江市档案馆藏，民国川、陕、黔酒精厂（联）全宗，档案号 7—1—290。

② "资内办事处致函资中内江经纪公会"（1941 年 3 月 1 日），第 36—37 页，内江市档案馆藏，民国资委会糖蜜委员会资内办事全宗，档案号 14—1—16。

③ "资内办事处致函内江政"（1941 年 3 月 4 日），第 37—39 页，内江市档案馆藏，民国资委会糖蜜委员会资内办事全宗，档案号 14—1—16。

④ "资委会酒精原料统购委员会资内办事处通告"（1941 年 3 月 8 日），第 34—35 页，内江市档案馆藏，民国资委会糖蜜委员会资内办事全宗，档案号 14—1—16。

在 1941 年 4 月至 1942 年 3 月一年期间每万斤糖蜜价格为 2800 元，一切糖蜜交易都须经资源委员会统购糖蜜委员会资内办事处登记许可方可进行，如有变价、私相授受等行为均处以严惩。[①]

且不说每万斤糖蜜 2800 元的价格是否真的符合当时的市价，但就从一年的不变价规定来看，这是肯定不合时宜的，它完全忽视了此时国内物价的变动情况。另外，不难看出，政府依旧站在酒精厂方的一边，或者说，为了保证液体燃料供应而一味地维护酒精工业的利益，这种做法肯定会招来糖商的不满，而致使酒精糖料问题持续恶化。

1941 年 5 月 12 日，资内糖业商人代表张俊良、王华吾、张学长、卿厚久、刘质彬、邓维翰等人直接上呈经济部，"请钧部饬省府明令规定提高漏糖价格最低额每万市斤 3500 元，并限制厂方嗣后贱卖，如买后立即付款不得藉故迁延，以恤商艰而维民命"，其理由有三："1. 查现在百物高涨，漏糖成本每万市斤在 3000 元以上……；2. 资内酒精厂漏糖统购处每于买货后，延不付款，资本既周转不灵，而货款之子金转瞬复积成一项债款，此无形中之损失；3. ……资内各酒精厂非国营事业，乃横施其大资本吸收小资本之伎俩，以贱价收买原料而获数十倍之不当利得。即以复兴厂，而其资金五六十万元，营业不过年余，所获纯利当在百万以上，而商等之受其剥削可推而知矣。"[②]

1941 年 5 月 24 日，第一区酒精工业同业公会就资内糖商代表要求提高糖蜜价格一事通知资中酒精厂，要求该厂"资内糖业商人呈请提高价格及限制厂方嗣后贱价收买所称各节究系如何"办理予以答复。5 月 30 日，资中酒精厂把该项通知转达给资源委员会统购糖蜜委员会干事会，要求其给予解释。[③]

1941 年 6 月 4 日，资源委员会统购糖蜜委员会干事会周就资中酒精厂转达通知一事做了答复，"查据资内糖商代表所称各节，殊有未合之处"：首先，他不同意提高糖蜜价格，而认为"照现在政府评定价格，每万斤 2800 元而论，（糖商）最低得利均在千元以上"；其次，他认为购买余款未付的原因在于，糖商未在规定时间内办完相关手续，而非该会有意拖延，"该处购买糖蜜，亦皆依法办理，先行付款，抑或有价款未全付者，皆因卖方未得□内规

---

① "四川省政府核定资内糖蜜价格及实施办法转令遵照由"（1941 年 5 月 30 日），第 41—45 页，内江市档案馆藏，民国资委会糖蜜委员会资内办事处全宗，档案号 14—1—170。

② "资源委员会资中酒精厂公函"（1941 年 5 月 31 日），第 48—50 页，内江市档案馆藏，民国资委会糖蜜委员会资内办事处全宗，档案号 14—1—170。

③ "资源委员会资中酒精厂公函"（1941 年 5 月 31 日），第 48—50 页，内江市档案馆藏，民国资委会糖蜜委员会资内办事处全宗，档案号 14—1—170。

定手续完清之故，亦非有意迟延"；再次，他认为糖商指责复兴酒精厂获暴利一事是不明底蕴，"关于复兴厂，开始筹设于1939年1月，彼时资本虽50万元，其购买力实等于现在之400、500万元。在1940年底结算时，获利在数字上虽及百万元，但其购买力实不如1939年上半年10万元，故除缴纳所得税，发给股东红息，而外所余公积金约20万元，尚不能购储半月之原料，遂致有周转不灵，大有停止被迫停顿之势，此乃人人得见之事实，无可掩饰者也"；最后，他呼吁政府严厉禁止此种风头，"各厂购买原料均为双方同意，并照政府评价而定，自无贱价压迫之事，该商等不明底蕴，措辞荒诞，欲壑难填，显有摧残国防工业之势请求上峯严厉禁止，以维工业"①。

从其答复的内容来看，资源委员会统购糖蜜委员会干事会对于糖商代表提出的各点进行了一一驳斥。但是，这种针锋相对的态度，肯定不利于酒精糖料问题的解决。据四川酒精厂1941年8月8日第879号呈报，近来"货源日少，黑市价格继续上腾，目前已有无从购进之趋势"。糖商在抗争无果的情况下，借助黑市来向酒精厂方施压，酒精糖料问题仍在激化。②不过，该呈报中"凡沱江流域出产之糖蜜，必要时得由统购糖蜜委员会资内办事处依照官价直接向漏棚或其他糖蜜屯户收购，统筹分配各厂应用，该漏棚或屯户不得借词拒绝，该当地县政府并应尽量予以协助"一节，经资源委员会转呈四川省政府以后，9月23日省府建一字第12160号公函予以照准。③

综上所述，在酒精糖料问题的处置上，国营酒精厂方在"统购"方面较有成效，而在"平价"方面则很不理想，酒精糖料问题仍在持续发酵，出现这种情况，一方面在于酒精厂方的自利行为，其一味地想压低糖蜜价格，把糖蜜价格维持在一个较低的水准上，这显然是不合情理的；另一方面，在客观上，此一阶段的物价已经开始疯狂上涨，迫使糖蜜价格水涨船高，从而使酒精糖料问题持续发酵，而政府也始终未能在酒精成品与酒精原料之间形成一个合理波动的价格机制。

---

① "以奉经济部转据资内糖商代表张俊良等呈见复等由"（1941年6月14日），第51—54页，内江市档案馆藏，民国资委会糖蜜委员会资内办事处全宗，档案号14—1—170。

② "资源委员会训令"（1941年12月30日），第77—79页，内江市档案馆藏，民国资委会糖蜜委员会资内办事处全宗，档案号14—1—170。

③ "资源委员会训令糖蜜统购委员会"（资（川）工字第12002号），《资源委员会公报》1941年第1卷第5期，第48页。

第三节　"评价"、"配购"——以川康区食糖专卖局的努力为主

相对于第一阶段而言，第二阶段主要以政府的统制为主，统制特点是"评价"、"配购"。1942 年 2 月至 1944 年 7 月，国民政府在川康区实施食糖专卖政策，由经济部川康区食糖专卖局对川糖的"产制运销"实行了"民产、民制、官购、官（商）运、商销"的专卖管理。据食糖专卖政策的规定，蔗糖价格在 1942 年以后则转由食糖专卖局来核定、给价；各酒精厂所需糖类原料在食糖专卖后，也由专卖局按照其产能进行配购。

一、从管制糖蜜到管制糖蜜、红糖、桔糖

1942 年 3 月 9 日，川康区食糖专卖总局代电有关各方，言明专卖总局在管制酒精糖料问题上的权限。

> 查糖蜜（漏水）为国防动力原料，统由本局登记收购，商民不准私自运销；各地公私酒精厂商以糖蜜为原料者，应即转饬向内江本局申请登记，以便统筹分配，该处（专卖局资中办事处）应将辖区内糖蜜于 3 月 15 日前，确实登记，详细列表，候令配销，非凭内局令证，任何商民不得收购运销；嗣后该区糖蜜每日产量，并应随时登记列报。[①]

不过，一开始，食糖专卖总局的糖料统购配销管理并不顺利，而是首先受到酒精厂的责难。1942 年 4 月 9 日，资中酒精厂电恳向财部磋商减省专卖手续办法，以挽救危机，电称：

> 川康区食糖专卖局资中办事处主任陈济生迭次越级训令本厂担任承销商登记每月需用糖类数量，本厂业经列表汇报，现又声称须先交保证金方准购用……冒认本厂为贩卖糖类商人，对于统购代购各种糖类拒收专卖利益，已购者无法运回，在途长多被留难，原料不能接续，势将因脱料而停工。查专卖苛扰，办法亟需改良，此际，民怨沸腾，交易归于停顿，野无蔗种，蔗糖势将急剧减产，酒精原料次岁何所取材，恳向财部磋商减省手续办法，减免繁琐，藉以鼓励蔗农，勿视植蔗为畏途，挽此危机，川省糖业与酒精业前途之兴替，系此一举。[②]

---

① "为转饬购糖蜜各厂商应向内江总局申请登记令仰遵照由"（财部川康区食糖专卖局资中县银山镇业务所公函 1942 年 4 月 9 日），第 97 页，内江市档案馆藏，民国川、陕、黔酒精厂（联）全宗，档案号 7—1—290。

② "电恳向财部磋商减省专卖手续办法挽此危机由"（1942 年 4 月 10 日），第 93 页，内江市档案馆藏，民国川、陕、黔酒精厂（联）全宗，档案号 7—1—290。

尽管资中酒精厂不满食糖专卖局资中办事处对该厂进购糖料一事的苛扰，但是酒精厂方仍需要川康食糖专卖局出面来平抑糖价。

迩来（1942年7月21日）糖价上涨日甚一日，桔糖、红糖自3.3万—3.4万涨至5万元以上，糖蜜自0.9万元涨至2万元左右，且当有续涨之势。查有色糖多系制造酒精原料，如价格任其飞涨，势必影响成本，加重军公机关向国库之支拨，亦即加重国家之负担，而厂方则因原料增价，资金周转困难，势又必被迫而改减产，在此抗战紧急关头，军公运输频繁，液体燃料之需要尤为迫切……请设法予以制止，并为本会保留桔糖1600万公斤以备分配。[①]

对于近来糖价飞涨一事，食糖专卖局于1942年8月11日公开做了表态，说明供需失衡在于糖类产量减少及酒精工业发展迅速，并表明自己在管制漏水[②]及保留1600万公斤桔糖备用等事情的无奈，不过也指出财政部正在着手整顿酒精行业。

……查近年以来，川省蔗田面积逐渐减少，糖类产量较战前统计数字相差甚巨，以之供给民间食用尚虞不足，而战时国防动力原料需用糖类数量有增无减。现酒精工厂遍设全川，无论国营、商办均感原料不足，竞相购储，大有藉名囤积情事，以致漏水价格飞涨，其他糖类价格亦因之发生波动，不仅影响民食，抑且增添国库负担。惟因漏水免征专卖利益，不属本局受制范围，无法予以有效抑制，此本局深引以为憾者也。现经济部对未呈准登记之酒精工厂已着手取缔，□取缔之厂家，多系正在筹备，并未开工，故原料供需问题困难未尝稍减，目前挽救之策，应由贵会呈请经济部一面按照原料产量确实核定应行设立之酒精工厂数目，一面对于各厂所需酒精原料作有计划之统购与分配，以资调剂供求而杜竞购之弊。事关国防动力原料之供应，贵会如有统筹计划，本局无不乐于赞助，所嘱代为保留桔糖1600万公斤一节，以本局并未实行收购，歉

---

① "资委会酒精业务委员会函请川康食糖专卖局设法平抑物价用维酒精、国防工业由"（1942年7月21日），第38页，内江市档案馆藏，民国资委会酒精业务委员会及办事处全宗，档案号10—1—179。

② 1942年4月20日，行政院应专卖局转达酒精厂方之请求，通过"制造酒精原料之糖蜜免征专卖利益"议案，以减轻酒精厂方的负担。参见"资源委员会训令酒精业务委员会"［资（卅一）工字第6122号］，《资源委员会公报》1942年第2卷第6期，第27页。

难照办。①

1942 年 11 月，经济部部长翁文灏发出通知，说明如何处置酒精原料糖类产品供应不足的问题，随后，行政院通过了"川康区各酒精厂所需糖蜜、桔糖、红糖分配办法"及"各酒精厂所需原料糖类临时配给办法"两项提案，规定漏水、桔糖、红糖为制造酒精的原料，不准作其他之用途。② 从管制糖蜜（漏水）一种糖品的买卖到管制糖蜜、桔糖、红糖 3 种糖品的销售，政府已经在较大范围内干预糖品的自由交易。

川康各酒精厂所需糖蜜、桔糖、红糖分配办法
（1942 年 11 月 14 日经济部令）

1. 酒精厂请购糖蜜、桔糖、红糖以政府机关自设日用及呈经济部发给工厂登记者为限。

2. 糖蜜、桔糖、红糖每月可能供给数量由川康区食糖专卖局呈报财政部转送经济部并由经济部分转各有关机关。

3. 酒精厂请购糖蜜、桔糖、红糖，应按月开具需用数量呈由，液体燃料管理委员会加具请领，厂家上月出品数量汇转经济部，其自设用之酒精厂所需数量由主办机关函送经济部。

4. 经济部按月汇齐各厂请购数量，依照每月可能供给数量，会同财政部、军政部、液体燃料管理委员会审查分配。

5. 每月分配各酒精厂购买糖蜜、桔糖、红糖数量由经济部开列分配表，送财政部、川康区食糖专卖局签发准购证，准购证自发证之日起，以一个半月为有效期间。

6. 各酒精厂请购糖蜜、桔糖、红糖第一次以两个月所需数量为限，第二次以一个月所需数量为限。

7. 第二次请购须向液体燃料管理委员会报明第一个月所购糖蜜、桔糖、红糖及所制酒精数量，第三次请购时须报明第二个月所购原料及制品数量，以后类推。

8. 各酒精厂所购糖蜜、桔糖、红糖数量及使用情形，川康食糖专卖局得派员查考。

9. 川康食糖专卖局对各制糖厂商所产糖蜜、桔糖、红糖应照经济部

---

① "食糖专卖局公函：准函嘱平抑糖价用维酒精、国防工业等由复请查照由"（1942 年 8 月 11 日），第 58—60 页，内江市档案馆藏，民国资委会酒精业务委员会及办事处全宗，档案号 10—1—179。

② 内江地区档案馆：《民国时期内江蔗糖档案资料选编》（下），1984 年，第 534 页。

分配表所开数量优先配购，并依战时食糖专卖条例第二十八条之规定，指定厂商交付日期及交付场所，糖蜜不得作制酒之用。

10. 川康区食糖专卖局应严格管制各制糖厂商所产糖蜜、桔糖、红糖之用途，令各制糖厂商依战时食糖专卖暂行条例第十六条第五款之规定，于营业簿内将出售糖蜜、桔糖、红糖情形加以记载。

11. 制糖厂商依照战时食糖专卖暂行条例第十八条之规定编定所制成品种类及数量报告时，应将糖蜜、桔糖、红糖之出售情形一并报明，由该管同业公会核呈川康区食糖专卖机关审核登记。

12. 制糖厂商不依指定日期及交付场所交付糖蜜、桔糖、红糖或私自运销者，应照战时食糖专卖暂行条例第四十一条或四十二条之规定处罚。

13. 由经济、军政、财政三部会呈行政院命令禁止用糖蜜制酒，并由三部会衔布告周知。

14. 本办法由经济、军政、财政三部会呈行政院核准施行。[①]

各酒精厂所需原料糖类临时配给办法

1. 本办法依照川康各酒精厂所需糖蜜、桔糖、红糖分配办法草案之规定兼顾实际情形临时订定。

2. 各该分局辖区所产酒精原料糖类，先配给各该辖区内之军政部酒精厂及已经呈准登记之公私酒精厂购买，其不用糖类为原料及未呈准经济部登记或已经呈准登记并未开工之酒精厂，暂免予配给。

3. 各该局处辖区内所产酒精原料糖类，配给各该辖区内各酒精厂够用，如尚有余额，以及未设酒精厂之局处辖区内所产酒精原料糖类，应通知相邻局处，配给其辖区酒精厂购用。

4. 各该局处依印制四联准购证于准购通知两联加盖各该局处关防，侯各制糖商产制酒精原料糖类积有成数，酌量各厂实际需要，将准购数量分别填入，即以最迅速方法通知各酒精厂，限期具领前往指定制糖商购买。

5. 各酒精厂领得准购证后半个月内，以通知联、运交证内所列制商，分别按照核定价格照数付现购买。

6. 酒精厂如逾期不领准购证或领去不在限期内购买者，准购证应吊

---

① "简阳酒精厂"，第15—17页，简阳市档案馆藏，民国简阳县糖烟酒联合全宗（1942—1947），档案号8—6—187。

销作废。酒精厂将准购糖类依限购齐后，必须将准购证、报查联及码单付与申请书，送各该分局处所定者，依法记账。

7. 各该局处所依照战时食糖专卖暂行条例第二十八之规定，得指定制糖交付酒精原料糖类，被指定之厂商不得推诿。

8. 制商应遵照战时食糖专卖暂行条例第十九条之规定，制成之成品不得掺混杂质或溶解。

9. 除糖蜜完全留供制造酒精不得配作别用外，其余桔糖、红糖非有余额及呈经准许，不得配作别用。

10. 本办法自 1943 年 1 月份起实行。[①]

从这两种办法的内容来看，前者是政府从规范厂商身份、呈报月需糖品数量、公开月酒精产量等方面对买方（酒精厂）的购用糖品活动加以管制；后者则主要是从购买时间及价格等交易细节方面从严规范酒精厂的糖品购买活动。这两种办法透露出的重要信息是管制酒精糖料种类范围扩大，即从管制糖蜜（漏水）1 种糖品的买卖到管制糖蜜、桔糖、红糖 3 种糖品的销售，可以说，政府已在较大范围内干预糖品的自由交易。

酒精糖料的种类由 1 种而扩充到 3 种，酒精糖料的来源看似日益丰盈，但是，事实并非如此，1943 年 1 月 15 日，据资内办事处主任顾凌霄给酒精业务委员会常委赵雍熙的呈报来看，最近糖料问题仍在持续恶化，糖类黑市价格远高于食糖专卖局的核价，糖料进购异常困难。

> 查目前内江各项糖类价格，均有黑市，每万公斤白糖 24 万元之谱（专卖局核价 177 600 元），桔糖 75 000 元左右（核价为 69 600 元），红糖 86 000 元左右（核价 83 600 元），糖蜜 52 000 元左右（核价 36 600 元）。近一月来，交易甚稀，因黑市交易买卖双方均感不便，万一专卖出而干涉，或竟照国家动员法惩办，则更麻烦，本处亦为政府机关，立场不同，尤不能照黑市收购，以违政令。虽与糖专局洽商多次，该局亦认为糖价有调整必要，以曾经报部未奉核示为词，是以本处收购糖类发生困难。现资川两厂，尚各存桔糖约 20 余万公斤，虽暂堪应付，然存量不充，此项僵局，设不及时打开，将不免受其影响。目下资内两地，所存桔糖，估计约 200 万公斤左右，糖蜜约百余万市斤。客载因种蔗面积减少，又逢天旱，收成不足，本年新糖数量，较去年最低估计，又须减少三成，

---

① "简阳酒精厂"，第 36—37 页，简阳市档案馆藏，民国简阳县糖烟酒联合全宗（1942—1947），档案号 8—6—187。

递料本年度原料供应将更严重。①

然而，财政部仍强调买卖双方严格按照限价政策交易酒精糖料，"本年1月间核定之各项糖类价格系指新糖上市后之最高价格，目前川康区存糖尚足供应，新糖自应暂缓上市，俟存糖销尽再行定期贯彻，新糖价格今后各级商人对糖类交易仍应一概依照1942年11月底止价格成交，不得故违"。不过，糖市并未因政府的强硬态度而趋于平稳，反而日趋混乱。"据处（资内办事处）中函报，最近内江糖市至为混乱，如仍按照1942年11月底之价格交易，势将无法收购，不免影响酒精原料之供给。"②

在糖市动荡的情况下，1943年3月4日，有关各方召开"分配糖类问题会议"，商讨酒精厂糖类原料的分配问题，力图从酒精厂方的角度来突破困境。会议共形成了10个决议：

（1）糖类原料应就产糖区域之公私各厂尽先分配，其他区域酌减之，距离过远者不予分配；（2）酒精原料，目前极为缺乏，各厂生产效率亟应提高，按照最近规定每加仑需用原料数量设法减低，以资节约，请液委会及经济部注意；（3）各酒精厂不按月呈报产量者不予分配；（4）公私各酒精厂（军政部各厂除外），分配糖类原料数量，按1942年12月及本年1、2月报告或指定分配之酒精数量年均数字折合分配之（各厂登记时曾报糖类及干酒两种原料同时并用者，按半数分配之）；（5）各酒精厂之产量，在去年秋冬之间，因滇缅路抢运关系，曾由液委会协助增产，至生产能力比原登记时所报之产量不符者，应由各厂按照过去4个月之产量报请经济部备案，以资更正，不呈报者，下月份起不予分配；（6）各酒精厂领购糖类原料后，不能生产足额者，除因特殊情况报经本分配会议认可者外，下月分配时，照其不足之数扣除之；（7）中国、国防、泰昌、久大、力合、合作、新民、广元8厂，未经依照规定呈请分配糖类原料，此次会议暂不分配，各该厂如在本月15日以前补请者，于本月下旬再开会一次斟酌配之；（8）各厂截至本年2月底止，所有存糖及已购之糖类原料，无论已否运到厂内，应于半月内报液委会转送经济部及财政部，以资查考（分配以后所购原料除外），无存糖者亦应呈报，不呈报或呈报不实者，经察觉后，下月不再分配；（9）以后开会在每月

---

① "为呈报最近原料市况及收购糖类困难由祈鉴核示遵由"（1943年1月15日），第71—73页，内江市档案馆藏，民国资委会酒精业务委员会及办事处全宗，档案号10—1—179。

② "顾凌霄呈文（于重庆）"（1943年2月13日），第82页，内江市档案馆藏，民国资委会酒精业务委员会及办事处全宗，档案号10—1—179。

之上旬举行；（10）1943 年 3、4 月份各酒精厂分配糖蜜每月共 213 000 公斤，桔糖或红糖每月共 3 481 000 公斤。①

从决议内容来看，其是以约束酒精工业购料行为为主的，比如，分配的优先权、提高生产效率、不按月呈报产量不予分配等。②

二、平衡新旧糖价之争

1943 年 3 月 4 日分配会议规定，自 3 月份起，照定额按月发给准购证，采购应用。不过，3 月份的准购证延至 4 月初，始由食糖专卖局陆续核发。在发证以前，产区旧糖均经该局封存，无法启运。

而在 1943 年 3 月 26 日，据液体燃料管理委员会代电称"经济部召集有关机关开会商讨，经决议由专卖局先尽旧糖供应，旧糖用尽时，无论新糖价格核准与否，应以新糖供给"，但是此项决议仍有不清楚的地方，即"至各酒精厂购用该项新糖，其困难症结所在，实为价格问题，该项新糖究应按新价抑仍按旧价交易"，液体燃料管理委员会仍较为困惑。③ 并且，3 月 30 日，液体燃料管理委员会又听闻"资内一带有不遵规定，将新旧糖蜜私自交易者，其数量闻已有 200 万市斤之多"，生怕此事属实，影响糖料分配，而要求食糖专卖局迅发糖类准购证，"现已 3 月底，糖类准购证迄未发下，本会各厂以缺料之故，4 月份产量殊难乐观，实深焦虑，因特电请查照转请川康区食糖专卖局迅予解决，以利生产"④。

1943 年 4 月 8 日，食糖专卖局召开食糖供应会议，"对于旧糖按照旧价每万公斤为 69 800 元分配，唯存量极少，只敷各厂旬日之用；新糖按照新价每万公斤为 118 000 元，财部规定 4 月半后始准上市，在此青黄不接时间，酒精制造原料极形缺乏，各厂停顿堪虞"的情形，"诉求财部准将供给酒精制造之新糖准予提前发售，尽量分配，以应制造急需"⑤。

---

① "为分配糖类问题决议，各厂应将二月底存料数量报查电请查照办事由"（1943 年 3 月 10 日），第 84—85 页，内江市档案馆藏，民国资委会酒精业务委员会及办事处全宗，档案号 10—1—60。

② "为分配糖类问题决议，各厂应将二月底存料数量报查电请查照办事由"（1943 年 3 月 10 日），第 84—85 页，内江市档案馆藏，民国资委会酒精业务委员会及办事处全宗，档案号 10—1—60。

③ "液体燃料管理委员会代电"（1943 年 3 月 26 日），第 121 页，内江市档案馆藏，民国资委会酒精业务委员会及办事处全宗，档案号 10—1—179。

④ "为闻糖蜜已有私自交易者电请查照并予电转专卖局办理糖料准购证迄未发下并请转催由"（1943 年 3 月 30 日），第 112 页，内江市档案馆藏，民国资委会酒精业务委员会及办事处全宗，档案号 10—1—179。

⑤ "资中酒精厂呈报奉派代表参加食糖专卖局食糖供应会议议决情形请鉴核由"（1943 年 4 月 15 日），第 85—86 页，内江市档案馆藏，民国川、陕、黔酒精厂（联）全宗，档案号 7—1—342。

然而，情况正如食糖专卖局所预料的那样，在新糖获准上市之前，无论新糖、旧糖均出现黑市：

> 查本年新糖，4月15日前当局未准专卖局分配购用（旧糖未售完以前），而一般糖商因急于需款，铤而走险，私自出售者甚多，资内各私营酒精厂，如复兴分厂，国防厂及各糟房，不顾法令，纷纷从黑市购进（糖料）。……至旧糖一项，糖商以旧糖价过低，拒绝凭证出售，黑市私相授受，或以桔糖转制此种白糖，逐渐形成团体行动，以后演变如何，尚难预断。①

此外，虽然食糖专卖局于1943年4月17日前后陆续核发3月份的准购证，但是酒精业务委员会却因资金困难而无法按需进购糖料。

> 糖类核价调整后，购运当较容易，惟经探询财政部专卖司，按本年蔗价计算，所定核价与酒精成本相差无几，如欲维持原定产量，必须增筹流动金4000万元，始勉敷用。前与液委员会洽商，该会曾允借1000万元，惟以月产25万加仑为条件，与现实相差甚巨，尚在商洽中，在目前资金困难情形之下，似只有暂按经济能力所及生产。②

1943年5月，食糖专卖局对糖类价格进行第五次核价，计每万公斤上白（白糖）288 000元，中白273 800元，下白245 000元，糖蜜69 600元，红糖132 800元。此次核价已远高于本年1月份黑市糖价，不过，糖专局的第五次核价仅限于新糖而言，而旧糖仍照第四次核价进行收购。新旧糖类价格的落差，使持糖专局填发的糖料准购证的资内办事处人员又吃了闭门羹，"本会（酒精业务委员会）各酒精厂前准各糖专分局填给之准购证，一部分系经注明旧糖字样，当即派员会同厂方前往证载糖厂洽购，均拒绝出售"③。

另据陈茂修1943年5月10日呈报凭食糖专卖局发资中酒精厂准购证前赴银山镇区内洽购并调查各漏棚、醋房的实际情形来看，首先各漏棚户因糖

---

① "呈报本年新糖在专卖局未分配前已发现黑市成交，关于原料收购似可促请财部会同省府派员视察迅谋解决由"，第104—105页，内江市档案馆藏，民国川、陕、黔酒精厂（联）全宗，档案号7—1—342。

② "据业务委员会呈为资金支绌购料困难拟暂按经济能力所及生产等情特仰知照由"，第58—59页，内江市档案馆藏，民国川、陕、黔酒精厂（联）全宗，档案号7—1—342。

③ "资内办事处代电陈糖专局第5次核价数目报请鉴核由"（1943年5月7日），第146—147页，内江市档案馆藏，民国资委会酒精业务委员会及办事处全宗，档案号10—1—179。

价过低不愿出手，其次糟房因原料状况不佳，而多采用糖蜜制酒。[1]

银山镇漏棚、醋房情况调查报告（陈茂修）

窃职奉派凭糖专局填发资厂新桔糖、漏水准购证前赴银山镇区内洽购，并调查各漏棚糟房实际情形等，因遵即前往证载各漏棚逐户提购，并到史家乡各糟房考察最近情形，兹谨分陈于后。

（甲）提购新桔糖及漏水经过情形

（一）各漏棚户因价低不愿出手，几经交涉，除一部分避不见面外，有在准购证上注明请求缓提或尚未制出者，有仅签名而不愿盖章者，并闻目前桔糖、漏水出卖与否，均须由糖代表决定，如糖代表认为可卖，漏户等决一致遵从，但价格须适宜方无问题。

（二）此次曾与银山镇糖代表马过知接洽，请其协助，殊伊气势汹汹，出言荒谬，据称"我们卖糖在其自愿，任何人亦不能强买，即如本乡专卖局业务所亦莫可如何，现在我们制糖同业只有消极办法，如不达到愿望，决不出卖，而现存桔糖决改制白糖出售"等语，经职详细将政府评价目的及本处凭证提购情形予以说明，结果答称桔水每万市斤非40 000元不卖，桔糖将来出卖时再行议价。

（三）漏棚因银根紧迫关系，急欲出售者尚不乏，其所以不卖者实因待价及一部分同业阻扰。

（四）本处前备公函当面交该地糖专局业务所，请其派员协助，该所主任答称，无人可派，至糖商不卖彼等亦无办法。

（乙）调查糟房情形

（一）糟房均以原料缺乏物价猛涨，成本增高，周转欠灵，有日趋下落之势，所有产出之酒，除缴前次本处购进分配资厂外，现几无存货。

（二）现因高粱不多，糟房原料多采用糖蜜制酒，以上各节统乞。[2]

在进购糖料不能的情况下，资内办事处一方面为供应厂方需要起见，而未照法令，自行购进一部分糖类以维生产，"本处现因糖专局所发之准购证不能收购，一时又无适当解决办法，为供应厂方需要起见，乃自行购进一部分

---

[1] "为呈报凭本局发资厂准购证前赴银山银区内合购并调查各漏棚、醋房实际情形由"（1943年5月10日），第105—108页，内江市档案馆藏，民国资委会糖蜜委员会资内办事处全宗，档案号14—1—6。

[2] "为呈报凭本局发资厂准购证前赴银山银区内合购并调查各漏棚、醋房实际情形由"（1943年5月10日），第105—108页，内江市档案馆藏，民国资委会糖蜜委员会资内办事处全宗，档案号14—1—6。

糖料分配资川两厂济用，藉维生产"①；另一方面，顾凌霄主任先后电请资源委员会酒精业务委员会"转呈层峰严禁糟房私购糖蜜以维国防工业"。

　　酒精业务委员会钧鉴，窃查糖蜜原为酒精原料，仅限于国营酒精厂购用，并迭经明令严禁糟房收买有案，近闻糟房借糖蜜掺杂于高粱渣滓之中制造土酒，能增加土酒产量为词，蒙请税务局转呈财政部予以奖励收购，虽尚未奉批令，而糟房私购、私运较前尤烈。本年糖蜜产量本甚稀少，如不重申禁令严予制止，深恐食糖专卖局所分配核发本会各厂之糖蜜准购证，将形成有证无糖之趋势，影响于国营酒精厂之生产至大且巨，为此，电请鉴核，凡予转呈层峰，出示严禁，并准转电请税务局禁止糟房以糖蜜酿酒，以维国防工业。②

液体燃料管理委员会及资源委员会酒精业务委员会的态度均很明确，电请财政部转饬川康食糖专卖局查照，禁止资内糟房私购糖蜜，并取缔资内一带糖蜜私自交易。③ 1943 年 7 月 3 日，川康区食糖专卖局提出了一揽子解决办法，第一条即为"自 5 月 1 日起，所有各酒精厂购置酒精原料糖款，应不分新旧一律依照第 6 次核价付款，不必另给子金"④。至此，新旧糖料的价格趋于一致，新旧糖价之争也随之化解。

三、调处开放红糖之争

　　1943 年 5 月 17 日，食糖专卖局球溪镇业务所球字第 113 号呈称："本月 16 日下午，蔗农聚众计有 300 余人，武力要求立即开放红糖并提高红糖价格至每千糖可易 4 石米之标准。其势汹汹，颇为严重，幸经妥言详加解释，并允转请上峯，迅即采取妥善办法，始未发生事端。"⑤ 在此情况下，5 月 28

　　① "资内办事处代电"（1943 年 5 月 14 日），第 153 页，内江市档案馆藏，民国资委会酒精业务委员会及办事处全宗，档案号 10—1—179。

　　② "为电请转呈层峰严禁糟房私购糖蜜以维国防工业由"（1943 年 5 月 1 日），第 17—19 页，内江市档案馆藏，民国资委会糖蜜委员会资内办事处全宗，档案号 14—1—198。

　　③ "准液委员会电复关于取缔资内糟房私购糖蜜一案已准财部电复，电仰知照由"（1943 年 5 月 20 日），第 24—26 页，内江市档案馆藏，民国资委会糖蜜委员会资内办事处全宗，档案号 14—1—198。

　　④ "食糖专卖局代电以准资中县政府代电关于收购球溪河红糖一案电复查照由"（1943 年 7 月 3 日），第 55—56 页，内江市档案馆藏，民国资委会酒精业务委员会及办事处全宗，档案号 10—1—519。

　　⑤ "为据资中分局呈报球溪河蔗农聚众请求开放红糖各情，希查照转饬资中酒精厂迅照配定原料糖类数量购用，以免发生事端，并希见复由"（1943 年 5 月 28 日），第 21—23 页，内江市档案馆藏，民国资委会酒精业务委员会及办事处全宗，档案号 10—1—519。

日，食糖专卖局"除指令资中分局就近速催资中酒精厂依照准购证配定数量迅速购用，以免发生事端外，相应电请贵处查照，迅赐转饬该厂赶速照购"①。然而，据1943年6月1日资源委员会酒精业务委员会资内办事处代电来看，速购一事进行得并不顺利，"查贵资中分局分配资中酒精厂收购球溪河蔗农红糖一案，业经本处派员持证前往收购，而各证载糖商咸不肯照核价出售，藉词推诿"②。

红糖之争的实质仍是价格问题，即红糖户不满政府所评定的价格，要求加价。为此，1943年6月19日，资中县临时参议会提出解决办法两项：

(1) 收购红糖务须立即付清价款，并照收购白糖办法只照存量比例收购二成，除给价外，再照中央银行牌告利率给付8个月子金以示体恤而资提倡生产；(2) 余存红糖请许照章完纳专卖利益后，仍准承销商取售，恢复贸易自由，以便货畅其流，勿使虚耗物资，否则险象环生，无以供给国防工业原料，更使地方元气不易恢复也。③

不过，购料情况依旧不顺畅，6月25日，内江糖蜜统购处代电资中县政府，电称：

……曾有本处派员携款凭证前往收购，该地糖商咸以核价过低，不愿出售。迭经函请糖专局设法解决，迄无结果。至价款一项按酒精原料分配会议决议仅付完全四成，本处为顾全事实计，或可酌予变更办法，所有贵县参议会请求第一项办法原则上似可同意，其第二项系属糖专局职权，本处未便过问。④

开放红糖之争，既包括了提高红糖价格之诉求，也包括开放红糖销区之内容。1943年7月3日，川康区食糖专卖局提出了一揽子解决办法：

(1) 自5月1日起，所有各酒精厂购置酒精原料糖款，应不分新旧一律依照第6次核价付款，不必另给子金；(2) 自6月1日起，红糖准许糖商自由交易，惟资中、资阳、简阳、内江、富顺、隆昌、威远、荣

① "为据资中分局呈报球溪河蔗农聚众请求开放红糖各情，希查照转饬资中酒精厂迅照配定原料糖类数量购用，以免发生事端，并希见复由"（1943年5月28日），第21—23页，内江市档案馆藏，民国资委会酒精业务委员会及办事处全宗，档案号10—1—519。

② "为电复本处及资中厂收购球溪河蔗农红糖情形抄录该镇糖业会证书希查照由"（1943年6月1日），第25页，内江市档案馆藏，民国资委会酒精业务委员会及办事处全宗，档案号10—1—519。

③ "准电以人心惶恐请改善收购红糖办法以全民命一案电请立予设法救济由"（1943年6月19日），第41—42页，内江市档案馆藏，民国资委会酒精业务委员会及办事处全宗，档案号10—1—519。

④ "为糖专局分配球溪镇红糖由本会资中酒精厂收购一案复请查照办法"（1943年6月25日），第44页，内江市档案馆藏，民国资委会酒精业务委员会及办事处全宗，档案号10—1—519。

县、自贡市、纳溪、泸县等 11 县所产红糖，东面不得运出隆昌，西面不得运出荣县，南面不得运出泸县、纳溪，北面不得运出简阳；（3）球溪镇糖商拒售红糖一节，已由本局资中分局函请资中县政府协助强制执行；（4）酒精原料糖类准购证已改由本局直接填发，不受地区限制，业于 6 月 22 日以内糖购酒字第 6556 号代电检附准购证，请各酒精厂查照持证洽购；（5）预付款成数，请斟酌实地情形逐创变通办理。①

嗣后，川康区食糖专卖局考虑到前定川康各酒精厂所需糖蜜、桔糖、红糖分配办法（1942 年 11 月）实行以来，困难甚多，转呈经济部予以解决。随后，经济部邀请军政部及该部各有关机关代表几度开会讨论，均认为既然原定分配办法已有困难，理应加以补救，于是商定将该项分配办法予以废止，而另定四川省酒精厂购买糖类原料办法。② 同年 7 月 20 日，行政院正式备案通过"四川省酒精厂购买糖类原料办法"（共 8 条）。

四川省酒精厂购买糖类原料办法（1943 年 7 月 20 日院令备案）

一、酒精厂所需糖类原料之运销区域，以沱江流域之简阳、资阳、资中、内江、富顺、泸县六县及自流井、威远、荣县、纳溪等辖境为范围。在上列各地所产糖类原料，东面不得运出隆昌，西面不得运出荣县，南面不得运出泸县、纳溪，北面不得运出简阳。仅重庆兵工署第二厂够用糖类原料时，不在此限。

二、前条区域以外各地所产糖类原料，准予运销，其运销范围由川康食糖专卖局规定之。

三、凡在第一条规定运销区域内之酒精厂，除内江化学工业社、辅仁化学工业社、成永酒精厂、自强火酒厂、同昌酒精厂及华中酒精厂等在使用糖类设备未完成以前，仍照旧够用干酒外，其余各厂所需原料，以使用糖类为原则，每月需要数量分配如附表，但在一个月内购买数量不得超过表列数量之三倍，列数量如有更动时，由经济部会同有关机关商定之。

四、糖蜜由军政部及资源委员会各厂尽先购用，如照分配数量购用不足额时，按通常折合比率改购桔糖或红糖使用。

---

① "食糖专卖局代电以准资中县政府代电关于收购球溪河红糖一案电复查照由"（1943 年 7 月 3 日），第 55—56 页，内江市档案馆藏，民国资委会酒精业务委员会及办事处全宗，档案号 10—1—519。

② "财政部川康区食糖专卖局通知"（1943 年 8 月 28 日），第 8—9 页，内江市档案馆藏，民国川、陕、黔酒精厂（联）全宗，档案号 7—1—290。

五、各酒精厂实际购买糖类原料数量，由川康区食糖专卖局按月列表分送经济部及液体燃料管理委员会查考。

六、第一条规定运销区域内之糖类原料，除酒精厂外，食糖专卖承销商亦得自由购买，但同一专卖分局管辖区内之承销商不得相互转售。

七、本办法施行前，本年三、四、五各月份分配酒精厂之糖类原料，应仍依照原分配案赶速办理竣事。

八、本办法由财政、军政、经济三部会呈行政院备案后施行。①

该办法依据 7 月 3 日一揽子解决办法而定，从其内容来看，自 1943 年 6 月 1 日起，简阳、资阳、资中、内江、富顺、泸县及自流井、威远、荣县、纳溪等地所产红糖，东面不得运出隆昌，西面不得运出荣县，南面不得运出泸县、纳溪，北面不得运出简阳，其余各地所产红糖则依法均准予恢复自由交易。不过，桔糖、漏水仍照"川康区各酒精厂所需糖蜜、桔糖、红糖分配办法"的规定予以管制。

之后，为求切合实际、便利交易进行起见，食糖专卖局同意"前次规定之各酒精厂之准购区域，自应重新调整"，同时，又命令分支局填发 3、4、5 各月之准购证，但是，由于"距离远近，固有关系，而酒精厂与制糖商之交易沿其旧有之宾主关系，依照惯例而成交，此次因执行管制，给证采购，所指定制商售予指定之酒精厂，不能利用原有之惯例，致成交困难"。有鉴于此，食糖专卖局提出补救上项不足的五点办法：

（1）三、四、五月份由各分局发给各酒精厂之准购证，除已由各厂购得原料者，照表于 3 日内查明填报，以便于本局发给下月份准购证时扣除外，所有由分局填发之准购证一律废止，另由本局直接填发；（2）各酒精厂持证向川康区糖商自由洽购，不受地区限制；（3）每次成交后，酒精厂应持证交所在地本局各分支机关查核，如在准购数量之内，应即在准购上注明本次成交日期、种类、数量，由各分局按月汇报；（4）糖蜜除依法免收专卖利益外，为防止其他用途计，一律须经糖蜜所在地本局各分支机关填发运照，始准移运；（5）凡准购证上列有糖蜜者，如购买不足额时，得按三与二之比例，以红糖或桔糖补足之，但准购证仅注明准购红糖或桔糖者，不得购买糖蜜代替之。②

① "财政部川康区食糖专卖局通知"（1943 年 8 月 28 日），第 8—9 页，内江市档案馆藏，民国川、陕、黔酒精厂（联）全宗，档案号 7—1—290。
② "奉电重新规定填发准购证办法及糖蜜须填发运照始准移运由"（1943 年 7 月 4 日），第 31 页，内江市档案馆藏，民国川、陕、黔酒精厂（联）全宗，档案号 7—1—290。

其中，第二条规定"各酒精厂持证向川康区糖商自由洽购，不受地区限制"。至此，新旧糖价趋于一致，糖品买卖也恢复自由贸易，糖商可以按第6次核价的统一价格出售新旧糖品，酒精厂方可以持证向川康区糖商自由洽购，开放红糖之争也就此而告一段落。

四、缓解买卖红糖之困

红糖是川糖的重要糖类品种之一，因红糖制造手续较白糖、桔糖简单，为部分制糖者所喜制，且产量颇丰，约占川糖年产量的 1/3 以上。从酒精糖料来看，红糖的地位虽仅次于糖蜜，不过因其化糖较难，是故酒精厂商多不愿进购，并且，食糖专卖局将红糖列入酒精糖料，对其进行区域销售限制，致使其销路不畅。同时，红糖较白糖、桔糖在热天更容易溶化，因此时值6、7月份，红糖颇不易久存，而成售糖之难与进购之困。

1943 年 6 月 22 日，有关各方在财政部会议室，召开了四川省酒精厂购用糖类原料会议，对此事进行磋商。出席此次会议的人员有赵煦雍（资源委员会）、杨公庶（第一区酒精工业同业公会）、周英培（交通部）、季履科（军政部）、邢必信（四联总处）、朱契（财政部）、梁培湘（财政部）、左其鹏（经济部）、郑达生（液体燃料管理委员会）、彭侍锟（液体燃料管理委员会）、程大成（财政部）、张柏香（财政部）。会议报告讨论了三个事项：

（1）内江县长易元明致函邓汉祥先生，陈述红糖自 6 月 1 日起实施新订办法后糖商之反响，并转请完全开放或饬酒精厂立即收购，以便商民；（2）资中球溪河为红糖产区，食糖专卖局在该地之业务所于月前因封存红糖事宜，致被农民捣毁；（3）川康食糖专卖局内江分局局长黄清南来渝报称，各酒精厂均不愿购红糖原料，现惟实施新订办法，但因运销区域之限制，食糖专卖承销商亦不愿购买，当前天气炎热流折损耗甚大，似应妥筹办法以免物资损失。[①]

三个报告事项均事关进购红糖的问题，此次会议也决定"由四联总处原料购办委员会尽量收购并尽先购红糖"[②]。

1943 年 8 月 7 日，川康食糖专卖局在内江召开酒精原料座谈会，再一次讨论了购进红糖之事。出席会议的人员有王文卿（内江中央信托局）、施有光

---

① "四川省酒精厂购用糖类原料会议记录"，第 108—110 页，内江市档案馆藏，民国川、陕、黔酒精厂（联）全宗，档案号 7—2—870。

② "四川省酒精厂购用糖类原料会议记录"，第 108—110 页，内江市档案馆藏，民国川、陕、黔酒精厂（联）全宗，档案号 7—2—870。

（四川酒精厂）、顾凌霄（酒精业务委员会资内办事处）、钟震寰（中央工业试验所工作站）、陈翰珍（四川农业改进所甘蔗改良场）、吴卓（中国炼糖公司）、范培基（内江食糖运销业公会）、张正敬（内江食糖运销业公会）、刘建纯（华农糖厂）、葛天豪（内江中国农民银行）、姚震江（川康区食糖专卖局）、王正笏（川康区食糖专卖局）等人。[①]

会议首先说明了红糖买卖之困难，"沱江流域酒精原料糖类管制，十县市境内红糖因其化糖较难，酒精厂不愿顾尽先购买，存量尚存 1 千万市斤以上，经夏流折甚巨"，讨论了内江食糖运销业公会为此而递交的提案，并以决议的形式，"建议政府提前以合理价格统筹收购分配"。其次，大会针对"各酒精厂购买糖料常因品质有问题与糖商发生争执"一事进行了讨论，并通过了食糖专卖局的酒精糖料最低品质提案。该提案规定酒精糖料的最低标准为"红糖、桔糖全糖分以转化糖计算不得少于 80%，糖蜜钟度（OBrix）不得低于 80 度，全糖分以转化糖计算不得少于 55%，滥糖比照桔、红糖标准，原水、桔水全糖分以转化糖计算不得少于 60%"。最后，此次会议又通过了"酒精原料糖料统购分配原则"共 9 项，其第 7 项专门规定了进购红糖一事："各酒精厂所需酒精原料糖类数量，由军政部、财政部、液体燃料管理委员会、资源委员会会商配定，交食糖专卖局按月配给，并尽先配给红糖，俟红糖配罄后再行配给桔糖、糖蜜。"[②]

酒精原料糖类统购分配原则

一、指定沱江流域资中、资阳、简阳、内江、富顺五县主要产区为酒精原料糖类区域。

二、自实施之日起，所有境内存储暨以后制成红糖、桔糖及糖蜜一律由川康区食糖专卖局收购，食糖销售商不得购运。

三、在实施区域内，前食糖销售商持有之红糖应于实施之日起一个半月内收购完竣，按当地零售价格付款。

四、收购糖类交付地点由食糖专卖局当地分支机关酌定之。

五、收购所需款项请由四联总处一次拨借 5 亿元。

六、区内所产红糖、桔糖除酌留 200 万市斤供药用，由食堂专卖局统筹配销外，其余一律配给各酒精厂购用。

---

① "财政部川康区食糖专卖局公函"（1943 年 10 月 9 日），第 3 页，内江市档案馆藏，民国川、陕、黔酒精厂（联）全宗，档案号 7—1—290。

② "酒精原料糖类统购分配原则"，第 191 页，内江市档案馆藏，民国川、陕、黔酒精厂（联）全宗，档案号 7—2—870。

七、各酒精厂所需酒精原料糖类数量，由军政部、财政部、液体燃料管理委员会、资源委员会会商配定，交食糖专卖局按月配给，并尽先配给红糖，俟红糖配罄后再行配给桔糖、糖蜜。

八、各酒精厂生产情况由经济部及液体燃料管理委员会随时考察，如其生产不足定额时，应随时通知食糖专卖局，于下月配购时扣除与不足额相当之糖类原料数量。

九、食糖专卖局得随时派员考察用糖各酒精厂原料使用情形，必要时并得派员驻厂。①

随着新旧糖价之争、开放红糖之争趋于缓和，进购红糖所面临的价格障碍及区域限制问题也随即得到化解，并且，1943 年 6 月 22 日及 8 月 7 日两次会议均对该问题提出了有针对性的解决方案，随着该方案的逐步推行，进购红糖之困难也在朝着有利于解决的方向发展。

另外，在此阶段，资源委员会酒精业务委员会也与四联总处进行合作，利用国家金融机关的雄厚资金来购置糖料。对于资力不足的资源委员会酒精业务委员会而言，快速大批地购买酒精糖料一直是一件力不从心的事，也是引发酒精糖料问题的一个重要起因。

1943 年 8 月 15 日，资源委员会酒精业务委员会函请四联总处秘书处，按照"战时各行局代购原料办法"，请其为资源委员会川境各酒精厂购买酒精糖料。9 月 17 日，四联总处一方面要求资源委员会直接与该处原料购办委员会洽商；另一方面，为便利实施起见，与酒精业务委员订定了"四联总处原料购办委员与资源委员会酒精业务委员会合作购办酒精糖类办法大纲"（共 6 条）。②

四联总处原料购办委员会与资源委员会酒精业务委员会
合作购办酒精糖类办法大纲

一、四联总处原料购办委员会依照自购计划，在内江、资中、简阳各县购办之酒精糖类，由酒精业务委员将内江、资中、简阳三县酒精厂之仓库租给应用，并由原料购办委员会派员监管。

二、四联总处原料购办委员会购办酒精糖类，得商由资委会酒精业务委员会派员会同购办。

----

① "酒精原料糖料统购分配原则"，第 191 页，内江市档案馆藏，民国川、陕、黔酒精厂（联）全宗，档案号 7—2—870。

② "本会进行拨用信局购存原料情形抄送各文件请查照由"，内江市档案馆藏，民国川、陕、黔酒精厂（联）全宗，档案号 7—1—240。

三、四联总处原料购办委员会购办之酒精糖类，得商由酒精业务委员会，申请转售该会所属各厂应用，其领用时，以现款或照液体燃料管理委员会规定价格以酒精成品作价交付。

四、四联总处原料购办委员会购存各厂之酒精糖类，得自由提取配给其他各酒精厂。

五、四联总处原料购办委员会转售酒精业务委员会之酒精糖类，所有运输途中损耗照实损额计入成本，由仓库提交厂方时，即照进仓时数量计算。

六、四联总处原料购办委员会转售酒精业务委员会之酒精糖类之价格，按照原料购办委员规定之计算方法办理。①

从办法大纲的内容来看，合作购糖一事由四联总处原料购办委员会与酒精业务委员会会同办理；具体承办的金融机关有中国银行、中国农民银行及中央信托局等三家；该三家所购之糖料存入内江、资中、简阳三县酒精厂；各酒精厂使用这些糖料时先要申请，然后以现款或酒精成品作价交付。在制定合作购糖办法大纲的同时，双方也洽定了"合作购办酒精糖类办法施行细则草案"。该草案包括购料程序、提用糖料办法及料款处理办法等三大部分（10 个小项）。施行细则草案按照合作购买酒精糖料的程序，从糖料购进、提用及料款处理三个方面将办法大纲的精神落到实处。②

1944 年 5 月 27 日，四联总处原料物资购办委员会在 1943 年 8 月 15 日公布的合作购糖施行细则草案的基础上，修正核拟"合作购办酒精糖类办法施行细则（共 10 条）"，对合作购糖一事又做了较为细致的规定，以利于双方操纵，从而达到共赢的目的。③

金融机构与工矿商业合作购办原料的办法，是战时政府利用国有金融机构的资金来扶持工矿商业发展的重要举措之一。就合作购办酒精糖料而言，虽然其不能从根本上解决酒精糖料的问题，但是这一方式确实在一定程度上有利于缓解该问题造成的原料紧张局面。比如，1943 年 9 月份，资源委员会酒精业务委员会与四联总处原料购办委员会订定合作购料办法大纲，而到 11 月份，"中信局业已依照代购原料办法在内江购得桔糖 321 000 公斤，分存四

① "四联总处原料购办委员会与资源委员会酒精业务委员会合作购办酒精糖类办法大纲"，内江市档案馆藏，民国川、陕、黔酒精厂（联）全宗，档案号 7—1—240。

② "合作购办酒精糖类办法施行细则草案"，第 43—45 页，内江市档案馆藏，民国川、陕、黔酒精厂（联）全宗，档案号 7—1—240。

③ "为抄奉四联总处修正合作购办酒精糖类办法施行细则转请查照由"，第 38—42 页，内江市档案馆藏，民国川、陕、黔酒精厂（联）全宗，档案号 7—1—240。

川、资中两厂仓库"①。虽然没有相关的统计数字来说明四联总处原料购办委员会为酒精厂方购进了多少糖料，对缓解酒精糖料问题起到了多大的作用，但是可以肯定的是，合作购办糖料对酒精厂方来说是一个有利之举。

纵观第二阶段川康食糖专卖局在酒精糖料问题上的作为，值得肯定的一面与不足的一面都非常明显。该专卖局采取了一系列解决酒精糖料问题的举措，比如，将酒精糖料的种类由糖蜜1种扩大为糖蜜、红糖、桔糖3种，免征糖蜜专卖利益，平衡新旧糖价之落差，调处开放红糖之争端，缓和进购红糖之困难，这些作为既扩大了酒精糖料的来源，减轻了酒精厂方的负担，也在一定程度上有利于酒精厂方进购糖料，从而保障酒精生产。但是，由于其始终站在酒精厂方的立场上处理酒精糖料问题，因此在"评价"及"配购"两端的均不理想，始终处于一个较为被动的应对状态，糖料问题始终也未得到妥善的解决。

小　　结

酒精糖料问题除了具有旷日持久、涉及多家部委，关系国防军需及大后方交通运输等多个特殊性外，它也从一个侧面反映了酒精工业及制糖工业在战时的发展状况。

一、酒精糖料统制与制糖工业

战时，糖品因属酒精生产原料而由一般的日常生活用品变为国防军需的战略物资之一，其地位的变化使其成为政府经济统制的重点对象之一。为了保证酒精糖料供应，政府实施了糖业统制政策，干预制糖工业的发展。就糖业统制的内容来看，无论是统制产能及融资，还是管控价格及食糖专卖②，均与酒精糖料问题有着莫大的关联。改进糖业生产技术及融通糖业资金，是政府运用技术及资金手段来干预糖业产能，从而保障市场上糖品的供应。实施"蔗糖评价制度"，调处蔗糖（蔗农与糖商）纠纷，不仅是维护蔗乡社会秩序稳定之重要举措，也是保障糖业生产的必要之举。食糖专卖政策是政府"全面干预"糖业的产制运销各个环节的统制之策，该政策在保证税入宗旨的

---

① "本会进行拨用信局购存原料情形抄送各文件请查照由"，第6—8页，内江市档案馆藏，民国川、陕、黔酒精厂（联）全宗，档案号7—1—240。

② 战时糖业统制的具体论述，参见赵国壮：《从"自由市场"到"统制市场"：近代四川沱江流域糖业研究》，华中师范大学博士学位论文，2011年。

同时，也由食糖专卖机关统一对酒精厂所需糖料进行配购、定价，川康区食糖专卖总局局长曹仲植公开声明，食糖专卖政策是国家、糖商及蔗农三方共赢之策：在国家方面，食糖专卖增加了国库收入，并保证了酒精原料的生产；在糖商方面，政府运用行政力量拓展糖品的销路，利于糖商的运销；在蔗农方面，政府加大农贷力度，并给予种蔗指导，从而有助于蔗田的增产。[①]

不过，尽管战时糖业统制与酒精糖料问题有着莫大的关联，但是战时糖业统制措施并非全是为了解决酒精糖料问题。因为在 1940 年之前，酒精糖料问题并不严重，糖蜜数量足够酒精厂使用，并且大后方糖品生产在该年内又迎来了一个新的历史高峰。因此，可以认为，此一阶段，酒精糖料问题并未引起政府有关部委的高度重视，该问题也仅局限于酒精工业内部，其最主要的原因在于各酒精厂的恶性竞争。"原料供不应求，各厂乃争相竞购，原料价格益形提高，投机者见有利可图，乃利用金融优势，囤积居奇，操纵市场，更使酒精工厂陷于窘境。"[②] 之后，因滇缅公路被封而导致汽油进口更加困难，酒精的地位越发重要，政府开始重视酒精糖料问题，不仅扩大了酒精糖料的种类，也同意四联总处与酒精业务委员合作购买糖料。然而，较为遗憾的是，食糖专卖政策的最大目的是保证税收，在很大程度上是阻碍了糖业的发展，并进而影响到酒精生产，"专卖机构以专卖收益为重，一味压低糖价，结果，蔗农得不偿失，被迫将蔗田相率改种杂粮，以致产量日渐减少……1942 年所产糖原料之总量，再加红糖，最多亦只能维持全部（酒精）工厂 3 个月之用，今酒精既为国防所切需，而供制酒精之主要原料却远不能配合此种之需要，何况蔗业前途，日趋衰落，来日之危机，实在堪忧"[③]。

因此，我们要动态地看待酒精糖料统制与战时制糖工业的关系。一方面，二者有着密切的联系，酒精糖料问题持续存在，不断发酵，引起了政府相关部委的高度重视，这肯定有利于政府政策及资金向制糖工业倾斜，从而推动后方糖业的发展；另一方面，我们不能过高地看待酒精糖料统制对战时大后方糖业发展的推动作用，因为从上面的分析来看，政府在解决酒精糖料问题时一直站在酒精厂方一边，一味地维护酒精厂方的利益，这种作为有很明显的利益诉求，即保障液体燃料的供应。

① "关于糖类评价委员会组织章程、战时食糖专卖查验暂行规程"（1942.2—1944.7），第 77 页，资阳市雁江区档案馆藏，民国资阳县政府档全宗，档案号 2—1—695。
② 章伯锋、庄建平：《抗日战争》第 5 卷《国民政府与大后方经济》，成都：四川大学出版社，1997 年，第 405 页。
③ 郭太炎：《四川省近年蔗糖产销概况（下）》，《中农月刊》第 7 卷第 2 期，重庆：中国农民银行经济研究所，1946 年 2 月 28 日，第 56—57 页。

二、酒精糖料统制与酒精工业

从滇缅公路的修筑到飞越驼峰的物资运输，再到玉门油矿的开发及酒精代汽油办法的实施，政府在应对战时液体燃料不足问题时，不论是积极进取，还是被动应对，其所付出的努力还是值得肯定的。[①] 据统计，"1940 年（酒精）产量约为 400 万加仑，1941 年产量约为 500 万加仑，1942 年产量约为 800 万加仑"[②]；1943 年总计 720 万加仑。[③] 而就同时期的汽油生产及进口而言，自 1939—1945 年只生产了 1458 万加仑，进口汽油在最紧缺的 1942—1944 年仅为 157 万加仑。[④] 两相比较，酒精在液体燃料生产中的地位不言而喻，"以被敌封锁之内地，材料、机械、财力空前缺乏，而国内工业界对酒精制造技术多夙所未谙，竟能于短期内完成供应交通燃料之任务，实已超乎原始意料之外"[⑤]。

不过，在分析大后方的酒精工业时，部分学者从酒精生产原料糖品不足这一角度来分析大后方酒精工厂布局不合理，并指出液体燃料统制政策的不完善及其收效不明显。[⑥] 对此，首先我们还要澄清，酒精生产原料糖品不足的问题并不等于酒精糖料问题，它仅是酒精糖料问题的一个重要组成部分。其次，从本书的分析可以看出，酒精糖料问题较为复杂，不能简单地把这一问题的成因归咎于酒精厂"竞逐一地"的不合理布局及糖品产量的逐年下降。而应动态、分阶段地看待酒精厂生产原料不足的问题。1939 年 11 月至 1940 年年底，仅糖蜜产量就足够各酒精厂生产所需，而出现酒精厂购料困难的实质原因却在于糖蜜价格过高，酒精厂方不愿出高价购买，一味地寻求"平价"

---

① 〔美〕威廉·凯宁著，戈叔亚译：《飞越驼峰》，沈阳：辽宁出版社，2005 年；肖雄：《抗战时期日本对华的交通封锁及国民政府的反封锁对策》，《抗日战争研究》2011 年第 1 期，第 72—79 页；刘春：《论抗战时期四川酒精业在公路运输中的作用》，《江汉论坛》2010 年第 1 期，第 77—80 页。

② 杨公庶：《酒精工业生产及困难情形》，《西南实业通讯》第 8 卷第 1 期，1943 年 7 月 31 日，第 15 页。

③ 李光勋：《四川省酒精生产近况》，《交通建设》第 1 卷第 4 期，1943 年 4 月，第 17 页。

④ 周春：《中国抗日战争时期物价史》，成都：四川大学出版社，1998 年，第 67 页；孔令泰：《国民党政府时期的石油进口初探》，《历史档案》1983 年第 1 期，第 111—130 页。

⑤ 杨公庶：《抗战以来后方之酒精工业》，《西南实业通讯》第 8 卷第 5 期，1943 年 11 月 30 日，第 9 页。

⑥ 刘萍：《抗战时期后方液体燃料工业发展评述》，收入《中国社会科学院近代史研究所青年学术论坛（2005 年卷）》，北京：社会科学文献出版社，2006 年；郑友揆、程麟荪、张传洪：《旧中国的资源委员会——史实与评价（1932—1949）》，上海：上海社会科学院出版社，1991 年；吴志华：《液体燃料管理委员会与战时液体燃料管制（1938—1945）》，《抗日战争研究》2009 年第 2 期，第 77—86 页。

方法，反而不利于该问题的解决。自 1941 年以后，酒精生产原料不足，不仅有酒精厂增设过快、糖品产量逐年下降、专卖局分配方法的不合理等方面的因素，更应归因于经济大环境的持续紧张而致使百物成本高企，以及政府未能在酒精成品与酒精糖料之间形成合理的价格浮动机制。

因此，我们同样有必要用动态的眼光来看待酒精糖料统制与酒精工业之间的关系。酒精糖料问题对于酒精工业而言是一把双刃剑：一方面，生产原料的长期不足，制约了酒精厂的生产能力，闲置大批资源；另一方面，该问题长期存在，成为酒精厂方争取政府支持的重要砝码，整个战争期间，政府始终站在酒精厂方的一边，一直观照、维护酒精厂方的利益，酒精工业也借机快速发展。

综上所述，酒精糖料问题较为复杂，不仅其自身包含了诸多问题，而且还涉及多个利益群体。尽管该问题在战时一直持续着，并未得到彻底的解决，不过有关各方对该问题的处置仍在一定程度上保证了战时酒精生产对原料的需求。并且，这些处置举措横跨糖业统制及液体燃料统制两个领域，既是糖业统制的重要组成部分，也是液体燃料统制的重要环节。

第三章 调控价格:"蔗糖评价制度"的实施

抗日战争爆发后,随着战事的溃败及对外交通的受阻,战略物资汽油日益匮乏,政府不得已全面推行酒精替代汽油的政策,因此作为酒精原料的糖品从一般性的商品一跃成为关系着抗日战争大局及巩固大后方的军需统制物品。然而,自1939年起,因糖价急剧上涨,蔗农因"卖青山"而受损过巨,故纷纷起来请愿,要求政府加价予以救济,而糖商(制糖商、贩运商)则坚守约定俗成的"青山价"而不同意加价,随即在蔗糖业内产生了"蔗糖纠纷"。在这一形势下,政府为保证市场上糖品的供需平衡、稳定地方社会起见,不得不从中调处双方的争执,主要是调控买卖糖品的价格。因此,自1939年起,沱江流域各县开始实行"蔗糖评价制度",即于每年11月间甘蔗将收获时,由各地县政府召集蔗农、糖房、漏棚及地方机关代表开会议定当年甘蔗及糖清之价格,通令全县业糖者共同遵守。

第一节 抗日战争时期"蔗糖纠纷"的产生

在四川省各产糖区域,均存有不同程度的预卖习俗。这一习俗在平时物价较为平稳时并未引起较大的纠纷,而在战时,因物价上涨过快,糖价也随之暴涨,于是一年之内糖价上涨几倍,以至于"青山价"与现价之间悬殊过巨,蔗农皆感吃亏过重,纷纷要求予以加价,因此出现了一系列的蔗糖纠纷。

一、1939年以后蔗糖价格急剧上涨

1939年前,四川省糖品价格未有大的变化,供需也较为平稳。之后,随着战时物价的上涨,制糖成本也急剧增加,见表3-1。

表 3-1 每万公斤甘蔗制成糖清成本　　　　单位:元

项目	1939 年	1940 年	1941 年	备考
甘蔗	137.14	440.00	1600.00	
燃料	35.71	72.00	212.65	
人工工资	28.57	202.77	266.26	
牛工工资	6.86	66.66	89.50	
伙食杂支	32.86	154.89	445.69	根据评价价格
家具折旧	10.00	21.34	26.85	
租金	3.45	5.71	10.74	
固定资本利息	0.86	3.42	8.60	
合计	255.45	966.79	2660.29	

资料来源:转自内江地区档案馆:《民国时期内江蔗糖档案资料选编》上,内部资料,1984 年,第 462 页

如表 3-1 所示,在 1939 年,每万公斤甘蔗制成糖清的成本为 255.45 元,1940 年每万公斤甘蔗制成糖清的成本已增加到 966.89 元,约为 1938 年的 4 倍,而 1941 年每万公斤甘蔗制成糖清的成本已剧增为 2660.29 元,相当于 1939 年的 10 倍。

随着制糖成本的剧增,糖品价格也一路飙升,见表 3-2。

表 3-2 最近 12 年内江糖类市价　　　　单位:公担/元

时间		冰糖	白糖	桔糖	红糖	漏水
1929 年			19.30	6.40	7.30	
1930 年			23.80	6.40	9.00	
1931 年			23.80	10.30	15.40	
1932 年			23.80	14.40	9.00	
1933 年			27.10	10.30	11.50	
1934 年			22.80	9.30	13.50	
1935 年	1 月		23.60	11.00	10.10	
	2 月		23.60	11.00	9.70	
	3 月		25.90	11.40	8.80	
	4 月		19.60	11.70	10.00	
	5 月		19.60	11.70	10.00	

续表

时间		冰糖	白糖	桔糖	红糖	漏水
1935 年	6 月		27.30	11.20	10.6	
	7 月		27.30	11.20	11.40	
	8 月		27.30	10.10	11.40	
	9 月					
	10 月		28.10	11.40	12.80	
	11 月		25.70		12.80	
	12 月		24.30		10.00	
1936 年	1 月		23.10		9.60	
	2 月		23.40		9.00	
	3 月		25.10	10.70	10.30	
	4 月		27.00	11.10	12.30	
	5 月		30.00	11.40	13.10	
	6 月		32.00	12.10	14.00	
	7 月		32.50	13.10	15.00	
	8 月		33.50	14.80	12.30	
	9 月		27.80	14.10	11.70	
	10 月		30.00	14.80	11.70	
	11 月		30.80	15.40	14.40	
	12 月		30.80		10.10	
1937 年	1 月		30.90	15.00	14.00	
	2 月		30.90	15.00	14.80	
	3 月		33.50	15.70	16.00	
	4 月		33.70	17.10	16.40	
	5 月		33.50	15.00	16.10	
	6 月		32.80	15.70	14.80	
	7 月		33.40	17.50	15.40	
	8 月		32.50	18.20	12.30	
	9 月		34.20	18.50	13.10	

续表

时间		冰糖	白糖	桔糖	红糖	漏水
1937 年	10 月		35.40		12.30	
	11 月		35.30	20.70		
	12 月		29.80	21.40		
1938 年	1 月	39.00	30.00	16.00	9.80	2.43
	2 月	42.00	32.40	16.00	10.40	2.43
	3 月	44.00	33.20	16.40	11.20	2.43
	4 月	46.50	35.00	16.40	12.40	2.14
	5 月	48.00	34.80	18.30	13.40	2.20
	6 月	50.00	37.00	18.00	13.60	2.00
	7 月	52.00	41.00	18.80	13.80	1.70
	8 月	54.00	50.60	19.00	14.00	1.70
	9 月	55.00	50.00	20.00	18.80	1.85
	10 月	54.00	40.20	21.00	19.00	2.43
	11 月	56.00	40.80	20.20	21.00	2.85
	12 月	58.00	41.00	21.00	18.00	3.28
1939 年	1 月	62.00	44.00	18.00	12.80	3.43
	2 月	64.00	48.60	16.50	15.00	3.71
	3 月	66.00	50.00	18.50	19.50	3.28
	4 月	67.00	48.00	18.60	20.40	3.75
	5 月	70.00	52.00	24.00	24.40	3.85
	6 月	82.00	54.00	22.80	25.60	4.14
	7 月	88.00	55.00	22.25	25.80	4.14
	8 月	90.00	57.00	24.00	26.00	4.28
	9 月	92.00	67.00	24.20	32.00	4.57
	10 月	110.00	74.00	27.00	33.20	6.28
	11 月	150.00	94.00	32.00	48.80	7.43
	12 月	170.00	120.00	42.00	60.00	8.00
1940 年	1 月	200.00	152.00	54.00	62.00	9.71

续表

时间		冰糖	白糖	桔糖	红糖	漏水
1940 年	2 月	260.00	144.00	55.00	56.00	10.28
	3 月	250.00	168.00	60.00	61.80	10.57
	4 月	240.00	204.00	58.00	76.00	11.43
	5 月	240.00	190.00	70.00	86.00	15.00
	6 月	220.00	182.00	85.00	83.00	18.57
	7 月	230.00	170.00	68.00	81.00	25.71
	8 月	230.00	174.00	52.00	79.00	28.57
	9 月	280.00	185.00	59.00	80.00	22.90
	10 月	330.00	220.00	59.00	92.00	24.57
	11 月	360.00	250.00	74.00	110.00	32.85
	12 月	380.00	264.00	90.00	127.00	35.43
1941 年	1 月	400.00	262.00	100.00	115.00	35.70
	2 月	410.00	266.00	106.00	108.00	37.10
	3 月	410.00	270.00	110.00	116.00	37.10

资料来源：转自杨寿标、朱寿仁调查，钟崇敏撰述：《四川蔗糖产销调查》，重庆：中国农民银行经济研究处，1940 年，第 88 页

从表 3-2 看，1929—1941 年 3 月份的 12 年中，各种糖类产品价格均急剧增加。在 1929 年，内江每公担（200 斤）白糖的价格为 19.30 元、桔糖 6.40元、红糖 7.30 元，而到 1941 年 3 月已分别涨到 270 元、110 元及 116 元，分别约涨了 14 倍、17 倍、16 倍。每公担冰糖，在 1938 年为 39 元，到 1941 年3 月份已涨到 410 元，约上涨了 9 倍；每公担漏水，在 1938 年为 2.43 元，到1941 年 3 月份已涨到 37.10 元，约上涨了 14 倍。另外，从上涨趋势来看，这一阶段的糖价有两个特点：一是糖价的急剧上涨是从 1939 年开始的；二是自 1939 年以后，一年内糖价差别巨大，如在 1939 年 1 月，每公担白糖的价格为 44 元，而到 12 月份则涨到 120 元。

就糖价上涨而言，业糖者均可获利，但是在获利时不仅有厚薄之分，而且还存有严重的不均衡现象。"近年来糖价不断上涨，各类糖商均获厚利，其中以行商获利最巨，漏棚较大，糖房与蔗农最少，因糖房与蔗农所生产者系原料品，产品完成，即须出卖，不能待价而沽。糖房虽可制造一部分红糖，但以资本短少，亦不能囤积居奇。漏棚所产者为成品，可以堆存，资本较强，

获利较多。行商资本最足，所谓多财善贾。"[1] 出现这种不均衡的现象，主要在于糖品交易过程中预买预卖习俗的存在。

这种预卖风气是"牢不可拔"的，不仅蔗农需要通过卖预货来支付地租及维持家庭生计，而且糖房也必须参与预买和预卖活动，如果不预买青山，恐怕买不到甘蔗；如果不预卖糖清，就无资本来预买青山和预办熬糖所需之柴米油盐，更甚者，漏棚也必须参与预买预卖，如果不提前预买了糖房的糖清，唯恐无漏糖之原料[2]；如果不预卖漏水于酒精厂，就无资本维持运营。据四川省甘蔗试验场对内江东兴镇 127 家蔗农的经济调查，"计卖青山者，占90％以上"[3]。在上河地区"蔗农将他们所产甘蔗应得的糖量，预卖糖房或糖商，（人数）约占全部蔗农 74.8％"[4]。

1939 年以后，糖价急剧上涨，导致预卖价与现价之间的差距越来越大，预卖者已甚感不满，开始要求加价，预买者则固守预买原价，拒绝加价，从而产生了一系列的蔗糖纠纷。

二、蔗糖纠纷

蔗糖纠纷为沱江流域蔗糖区特有之社会经济问题，就其本质而言，"与封建农业社会之佃业纠纷及资本主义社会工业社会中之劳资纠纷，同为在一定类型之社会经济制度下，所必然发生之社会经济现象"[5]。就其根源来看，蔗糖纠纷源于该地域的土地分配情况、租佃制度等土地占有关系的不平等。无地、少地的蔗农为种植甘蔗，必须佃耕土地，而预缴租成例的存在，致使蔗农在无本的情况下又必须提前缴纳租金，因此他们不得不借助"预卖"的形式通融资金，用以支付预租及生活开支。

每年预卖货时间大多在 3、4 月份，早者在头年冬季，而甘蔗成熟期一般在农历十月至十一月份，因此，卖预货的时间与现货交易的时间相差至少 6 个月，多者达一年。在物价较平稳的时期，预卖价与现价相差不多，但是在

---

① 杨寿标、朱寿仁调查，钟崇敏撰述：《四川蔗糖产销调查》，重庆：中国农民银行经济研究处，1940 年，第 70 页。

② 官述康：《资中、内江、富顺、简阳、资阳的"糖业生活"》，《少年世界》1920 年第 1 卷第 5 期。

③ "甘蔗试验场工作报告"（1936.12—1937.11），第 132 页，内江市档案馆藏，四川省农改所甘蔗试验场全宗，档案号 15—1—17。

④ 彭泽益：《中国近代手工业史资料（1840—1949）》第 4 卷，北京：生活·读书·新知三联书店，1957 年，第 731 页。

⑤ 朱吉礼：《内江之甘蔗糖清评价》，见：四川省经济银行研究所：《四川经济季刊》第 2 卷第 3 期，四川省银行经济研究所，1945 年 7 月 1 日，第 136 页。

糖价急剧增长时期，二者之间相差巨大。例如，1939 年 1 月 12 日，资阳县农民代表郑开鸿、张荣辉给第二区行政督察专员的呈文言："现各糖房行将止搞，糖价狂涨不已，每千斤 120 余元，去岁贱卖预糖之家以预约原定价额 40—50 元比较，损失几达两倍之多，中下农民遭此剥削不堪其苦，水深火热急难缓待。"[1]

在物价急剧上涨的情况下，不论是"卖青山"的蔗农，还是"卖预糖"的蔗农，均感吃亏过重，纷纷要求政府管制糖价，予以救济。而糖商则固守约定俗成之预买价格不同意加价，故蔗农纷纷起来反抗，遂酿成蔗糖纠纷之风潮。

沱江流域蔗糖纠纷持续的时间较长，从 1939 年加价纠纷起，一直持续到1949 年。在这 10 年中，蔗糖纠纷又可以分为两个阶段：第一阶段为 1939—1945 年，蔗糖纠纷的双方是蔗农与糖房（包括漏棚和部分糖商），双方争执的焦点是蔗糖加价问题；第二阶段是 1945 年以后，蔗糖纠纷逐渐演化为官民纠纷，因为在蔗农要求加价的过程中，作为调处者的政府，不仅处置不力，而且存有偏袒糖房（包括漏棚及部分糖商）的私心，所以蔗农在加价要求得不到满足后，冲击（捣毁）了食糖专卖处所及地方县政府，酿成了重大的地方治理危机。

第二节　蔗糖评价制度的实施

蔗糖纠纷是不平等的土地占有关系及苛刻的租佃关系在战时物价上涨等特定历史条件下的集中展现。蔗糖纠纷的不断扩大及持续恶化，不仅酿成了严重的行业生产危机，而且也威胁到了酒精生产原料的供应、蔗乡社会秩序的维护，进而影响到大后方社会经济建设及抗日战争和新中国成立的大局。因此，在这一局势下，国民政府实施了管制糖品价格的"蔗糖评价制度"，希望用计划给价手段来减小市场上糖品价格不稳定而对糖业经济的冲击。

一、什么是蔗糖评价制度

蔗糖评价制度要解决四个问题：价格问题、付价问题、利息问题、蔗秤问题，其中价格问题为蔗糖纠纷之最核心，也是评价制度实施的最主要任

---

[1]　内江地区档案馆：《民国时期内江蔗糖档案资料选编》上，内部资料，1984 年，第 200 页。

务。[①] 蔗糖评价制度的实施分三个阶段：第一阶段为 1939—1941 年，为蔗糖评价之初创时期，一切组织及办法均系草创；第二阶段为 1942—1943 年，为食糖专卖时期，蔗糖评价为食糖评价之一部分，其组织已尽严密，办法亦较为完备善；第三阶段为 1944—1946 年，组织有变更，办法完全依照第二阶段进行。

就其组织来看，首先，第一、三阶段的评价均以县政府为主持机关。1939 年最初成立时，由县府召集县党部、商会、农会、合作指导室及蔗糖业代表组织评价委员会；1940 年县政府奉省政府的命令组织评价委员会，包括蔗农、糖业代表各 10 人，县党部、青年团、地方法院、征收局、营业税局、甘蔗试验场、农会、总工会、商会、教育会、制糖业公会、县合作联社、救济院、财务委员会、农业推广所 15 个机关各 1 人。其次，第二阶段，在食糖专卖局的干预下，这一阶段的组织较前一阶段严密。内江评价委员会由专卖局聘定县长易元明，县党部书记长张得刚，青年团主任郭嘉仪，制糖公会理事长李汉文，财委会主任、委员佐处，兵役监委员会主任、委员雷禹三，买糖公会理事长温建勋，商会理事长李协邦，蔗农代表池北溟、张德同，华农糖厂经理甘冥阶，中国炼糖厂经理吴卓，中央工业试验所内江工作站主任张力田，四川省甘蔗试验场场长周可湧为委员，与当然委员专卖局局长曹仲植等 15 人组织而成。

就其历史而言，大致如下：1939 年，四川雨水失调，甘蔗收成仅及 5 成，蔗价狂涨，收获后时价已达每万旧秤 150—200 元，而 1938 年"卖青山"作家每万旧秤仅 40 元，相差达 5 倍，于是蔗农拒绝砍蔗，纷纷向县府请求救济，县府乃有甘蔗糖清评价之举。评价最先实施者为威远，该县于 1939 年 10 月 27 日，由县府召集县党部、商会、农会、合作指导室及糖业蔗农之代表，共同组织甘蔗糖清评价委员会，评定甘蔗连皮价格每万公斤 100 —110 元，视甘蔗品质之优劣与蔗田距离糖房之远近而伸缩之。内江县府随亦仿照威远办法召集评价会，评定甘蔗价格为每万旧斤 96 元，并以 70 公斤作旧秤 100 斤为原则，是年 12 月，内江县府又召集糖房、漏棚、糖房兼漏棚三方，评定糖清价格为每万老秤 134 元，并另定预卖甘蔗糖清处理办法。办法公布后，蔗农群起反对，蔗农代表严治、王湘等人，呈请省府行政当局，要求重

① 朱吉礼：《内江之甘蔗糖清评价》，见：四川省银行经济研究所：《四川经济季刊》第 2 卷第 3 期，1945 年 7 月 1 日，第 144 页。

定价格，至 1940 年年初尚未能解决。[①]

1940 年 4 月，四川省府派视察员王静、技士丁翰忠赴内江会同县府及有关机关、法团开会调解，仍无结果；5 月 5 日，县府奉省府命令组织评价会重行评价，亦无结果；嗣后，省府仍有准照资中评价标准，比较增加之命令，然县府并未公布实施；10 月 14 日，内江县政会议决定 1939 年蔗价每万旧秤由糖房补蔗农 30 元，由蔗农糖房双方凭账结算；11 月 13 日，省府训令县府谓"内江县府 10 月 14 日所定每万旧斤补助 30 元之标准，事前未经呈准，着由县府命令取消，制糖业应出 70 万元办理地方公益事业，以有益于蔗农方面为主"。至此，1939 年评价问题告一段落。[②]

1940 年 9 月 27 日，省府及专员公署鉴于 1939 年蔗糖纠纷之发生在于预卖产品，故规定具体办法："自 1940 年起，甘蔗糖清一律禁止预卖预买。预贷之款月利不得超过一分四厘；甘蔗不得售予非贷款之糖房，糖清不得售予非贷款之漏棚；漏棚糖房不得贷款予合作社社员，合作社不得贷款予非社员之蔗农；每年旧历 4 月 15 日，由县长召集有关机关、法团开蔗糖评价会议，按生产加工之成本与糖之市价（新糖上市至翌年评价时）评定价格，呈报专员公署核转省府鉴核备查；自县府公布日起，如有涨落双方不得异议；蔗与糖均以公斤计算；贷款不得超过出产品，如不足抵偿，应于评价一月后结清。"至此，"卖青山"、"预卖糖"之陋规，在行政上正式予以取缔，而蔗糖评价在行政上亦有正式规定之组织。[③]

二、甘蔗生产成本的审核

对甘蔗生产成本的核算是蔗糖评价的前提，政府只有在审核甘蔗生产成本的基础上，才能给定该年甘蔗、糖清的价格。每年，在蔗糖评价会议召开前，政府会召集有关各方参加该年度甘蔗生产成本座谈会，商定该年甘蔗的生产成本。甘蔗的生产成本一般按万公斤来计算，主要从人工、伙食、畜工、种子、肥料、地租等几个方面来核算。下面以 1942 年、1944 两年的甘蔗生产成本座谈会的会谈记录为例，对甘蔗生产成本的核算问题加以简要的说明。

---

① 朱吉礼：《内江之甘蔗糖清评价》，见：四川省银行经济研究所：《四川经济季刊》第 2 卷第 3 期，1945 年 7 月 1 日，第 138 页。

② 朱吉礼：《内江之甘蔗糖清评价》，见：四川省银行经济研究所：《四川经济季刊》第 2 卷第 3 期，1945 年 7 月 1 日，第 138 页。

③ 朱吉礼：《内江之甘蔗糖清评价》，见：四川省银行经济研究所：《四川经济季刊》第 2 卷第 3 期，1945 年 7 月 1 日，第 138 页。

1.1942年资阳办事处调查本年度甘蔗生产成本（每万公斤）座谈会记录

　　时间：三十一年九月八日午前十时。

　　地点：本处会议室。

　　出席人：主任赵之人，第一股长杨振焱，第二股长张屏藩，业务员胡苑鹤；蔗农代表黄章、朱远发、张建之、李郁成、吴湘如、林廷耀；糖农代表胡天爵、林寿臣、蒋煊、赵仕第、郭守中；主席赵之人，记录胡苑鹤。

　　报告事项：主席报告开会理由：（略）

　　讨论事项：

　　（1）每万公斤甘蔗成本共需各项费用应如何按实核算案。决议：依照表颁各项分别讨论。

　　甲、人工：共需132工，每工工资4元计，共528元。

　　乙、伙食：共需132日，每日每工12元计，共1584元。

　　丙、畜工：共需57日，每牛每日饲料20元计，共1140元。

　　丁、种子：共需1600市斤，每千市斤300元计，共480元。

　　戊、肥料：共需水粪200担，每担6元计，共1200元；油枯250市斤，每百市斤220元计，（共）550元。两项肥料总计共1750元。

　　己、地租：平均约需土3亩5分，每亩以肥瘠互搭计，约纳地租400元计，共1400元。

　　庚、其他：全年约纳地方保甲经费、优待费及糜费等计50元。

　　上列各项每万公斤甘蔗生产成本总计其为6932元。[①]

　　……

　　从上面的甘蔗生产成本座谈会记录来看，1942年，资阳甘蔗生产成本核算会议是由川康区食糖专卖局资阳办事处主任赵之人主持的，蔗农及糖房代表均出席会议。每万斤甘蔗生产成本是从蔗农种植甘蔗所需人工、伙食、畜工、种子、肥料，以及其所支付的地租等几个方面来计算的，经过商讨，该年资阳每万公斤甘蔗生产成本为6932元。

　　2.1944年每万公斤甘蔗生产成本估计（10月1日）

　　本估计须事先声明者：（一）、以内江之物价为标准；（二）、本年上半年之米价与下半年之米价相差一倍有余，故伙食一项系以上下季平均米价计算；（三）、本估计所列利息系以年息60％，月息五分计算；

----

①　内江地区档案馆：《民国时期内江蔗糖档案资料选编》上，内部资料，1984年，第116—117页。

（四）、本估计之物价已往者系以当时之价格计算，未来者以估系之价格计算，工资则与伙食上下两季平均计算；（五）、本估计因物价之波动不一，工资伙食之前后悬殊，是否精未敢肯定，尤当特别申明者。

甲、牛工工资伙食：14 860 元。自翻土放种至窖种犁板土止，共计人口 89 个，每人每日伙食 100 元，工资 60 元，共为 14 240 元。牛工 4 个，每个工资 120 元，草料以二日计，需 280 元，共为 760 元，合计为 15 000 元。

乙、肥料：2660 元。上大小行时，共用菜枯 100 市斤，为 1400 元；人畜粪尿 30 挑，每挑 40 元，计为 1200 元；柴灰 2 挑，每挑 30 元，计为 60 元，合计 2660 元。

丙、蔗种投资利息：1859 元。每万土平均需蔗种 1300 斤，每斤以 1.3 元计，共为 1690 元。内有自留种一半购种一半，周年以 60% 利息计，为 1014 元，加 845 元（即半数之折价），共为 1859 元。

丙（丁）、押租金及利息：4224 元。照内江习惯租土，即付租金押金，本年每万土约押金 2000 元，租金为 2000 斤，蔗价照三十二年评价（每万斤 9450 元）计，为 1890 元，周年利息 60% 计，押金、租金及利息为 1890 元，加 2334 元，等 4224 元。

戊、农具折旧：400.00 元。

己、捐税：100.00 元。

庚、全部经营费利息：7208 元。因经营费已先行投资，如工资、伙食、肥料，农具折旧费，故须计入利息，然先后投资 18 020 元，惟时间不等，平均八月计算，投资利息按月息 60% 计息，故全部经营费为 7208 元。

以上合计每万旧斤（折合七千公斤）甘蔗生产成本为 31 311 元，合每万公斤 44 730 元。[①]

因物价的急剧上涨，所以在该年甘蔗生产成本核算过程中，把涨价及利息等因素也都考虑进去。另外，该年甘蔗生产成本核算除了考虑植蔗所需的人工、伙食、畜工、种子、肥料等因素外，也把种子投资及农具折旧等因素考虑进去，这也就进一步保证了甘蔗生产成本核算的公允、公平，该年内江每万公斤甘蔗的生产成本为 44 730 元。

与 1942 年每万公斤甘蔗生产成本相比较，1944 年的甘蔗生产成本增加

---

① 内江地区档案馆：《民国时期内江蔗糖档案资料选编》上，内部资料，1984 年，第 117—118 页。

了 7 倍多。并且,甘蔗生产成本一直处于迅猛增长的趋势,在 1945 年,每万公斤甘蔗生产成本达 219 000 元(表 3-3);在 1946 年,每万公斤甘蔗生产成本达 543 153 元;在 1947 年,每万公斤甘蔗生产成本更是多达 2 594 112 元。[①]

表 3-3 1945 年每万公斤甘蔗生产成本调查

项 目	成本金(元)	备考
人牛工工资伙食	43 700	壹万土
肥料	25 500	
蔗种价格	7000	
土地租金	3000	
农具折旧	3000	
捐税	1000	
投资利息	37 280	
每万旧斤甘蔗生产成本	153 500	
以每万旧斤按 7 成折合每万公斤计算	219 000	

资料来源:转自内江地区档案馆:《民国时期内江蔗糖档案资料选编》上,内部资料,1984 年,第 118 页

三、蔗糖评价会议

蔗糖评价会议是蔗糖评价制度实施的主要步骤。蔗糖评价会议召开的时间大约在农历十一月份前后,此时正值甘蔗成熟、糖房开搞之际。评价会议一般由地方政府(1942—1944 年由食糖专卖局)主持,召集有关各方参加,在蔗糖评价会议上,蔗农、糖房(包括漏棚)分别报告各自该年的生产成本,政府根据生产成本、合法利润及时下物价,评定该年度的甘蔗、糖清价格,业糖者则依据这一定价而进行糖品交易。

1. 1940 年内江县甘蔗评价大会

1940 年度内江甘蔗评价会议如期召开,大会根据省立农业推广所甘蔗试验场陈让卿场长的意见,制定了评价办法,这些得到了与会各机关法团首长及本邑士绅等人的同意,大会会议决定这些办法供蔗农、糖房、漏棚三方照案择一进行。具体办法如下:

(1)甘蔗如由蔗农交易行为卖给糖房,其价应按每万公斤合洋 410

---

① 内江地区档案馆:《民国时期内江蔗糖档案资料选编》上,内部资料,1984 年,第 120—124 页。

元至 440 元之标准交易，其按旧秤计算者仍照本县习惯，以每旧秤折合公斤 70 斤计算之。

（2）甘蔗如非由蔗农按交易行为售予糖房，即纯资中搭搞成例办理，但利息应尊重契约，不采资中一分四厘之规定。

（3）前二项均不采择时，即采三位一体制，蔗农以甘蔗为资本，仍照 410 元至 440 元之标准以十分之六取回自用，以十分之四做资本。糖房以生产工具等为资本。漏棚供给流动资金。全盘盈亏，在营业终结时，蔗农糖房漏棚三方平均公摊负担其所有资本，子金照 5％计算，但需补偿漏棚活动资金损失 10％，即依法定最高利率计算外，再加 10％补偿漏棚活动资金津贴。

以上三项办法，如糖房已砍蔗起搞熬糖出售者，不得再采用第二第三两办法办理，蔗糖漏三方应于即日起，5 日内，双方以自由意志磋商，决定采一进行，仍立报乡公所转呈本府备案，其契约格式由陈场长起草，交后日（22 日）下午开会讨论决定施行，由县府命令公布，分场各区乡遵照。①

2. 1941 年内江县蔗糖评价会议

内江县 1941 年度蔗糖评价会议于该年 12 月 2 日上午 9 时召开，开会地点为县党部大礼堂。大会由内江县县长易元明任主席。出席人员如下：

省政府代表单仲云，第二区行政督察专员田伯施，社会部农工督察专员王永钧，地方法院院长万宗周，宪兵第十二团团副曾家琳，农改所甘蔗试验场场长周可涌，保安第五团团长向□，财政部内江田赋管理处副处长贺修敩，县党部书记长张得刚，县党部监委门子芳，青年团主任郭嘉仪，内江县长易元明，县府建设科长朱联福，县府军法官郑仲瑶，县府技士黄鼎，民政科员康子犹，县府社会科长谢自强，县府秘书陈秉一，县府指导员曾兆姜，督察局长王国平，士绅张子歉、余沛华、罗鹤龄、雷禹三、刘恒扬，动委会书记长段成枢，商会主席李协绑，农推所代表李实，总工会常务理事潘子毓，兵役协会副主任委员李子奇，内江日报社社长张德府，县农会代理干事长王启宇，制糖业公会主席李汉文，教育会干事长魏子章，县联社代表张国光，第二区区长徐霖有，第三区区长曾达道，第一区区长杨以忠，第四区区长朱明道，城西镇镇长熊永清，南城镇镇长胡文彬，下东镇镇长郭如伦，城东镇镇长吴秉维，上东

---

① 内江地区档案馆：《民国时期内江蔗糖档案资料选编》上，内部资料，1984 年，第 126 页。

镇镇长李世荣,城北镇镇长邓光昌,四区漏棚代表曾紫宇,三区漏棚代表张四维,四区蔗农代表余栋梁,一区漏棚代表王仲绥,三区糖房代表李元璋,一区糖房代表陵荣卿,一区蔗农代表王瞻鲁,五区蔗农代表林其昌,五区漏棚代表刘君甫,四区蔗农代表苏靖韩,一区蔗农代表邓利川,五区蔗农代表黄自强。[①]

从与会代表的构成来看,这次蔗糖评价会议不仅有省代表及行政专员亲临指导,而且还几乎囊括了内江县各机关法团首长及各区区长。这不仅说明地方政府对蔗糖评价问题高度重视,也反映了蔗糖经济在内江社会经济中的重要地位。

在这次评价会议上,作为会议主席的内江县县长易元明,不仅表明了政府对此事高度重视的心态,而且保证本着"至平"及"至证"的态度来评价。下面为易元明的报告:

> 今天是1941年蔗糖评价会议正式开会的一天,昨晚曾召集预备会议,一次商讨已有相当结果。今天的会议以内江糖业关系军需税源甚大,故一面电请专座莅临,一面电请省府派车视察员到县主持督导,并请周场长赐供参考资料,又请各士绅及驻军来宾参加。关于蔗糖漏三方有种种麻烦,本人累须出巡均注意及之,故此项开会非常注意研究。昨晚预备会议席上情形颇好,今日又有专座、车视察莅临指导,本人决"至公""至平""至诚"来做此即本人对会议之态度,此外还有三个原则,即为:(一)研究必须精详;(二)三方利益均关照周到;(三)绝对遵守议案。请在此三原则之下完今日评价会议之最大使命,但一经决议,即照案彻底执行,头可断而议案不容有丝毫更改。[②]

在易元明做完报告之后,第二区行政督察专员田伯施致词,阐明其在蔗糖评价问题上的立场:糖业经济与抗日战争的关系非常重大,希望蔗糖漏三方彼此顾全共同利益及国家民族存亡,共体时艰,从容商讨;希望各士绅法团首长善为疏通解决,还要给蔗农优一点的对待,但蔗农方面亦不可有过分想望;议案一经表决以后,要绝对遵守,省府亦派有车视察临场参加,将来议案即是法律行为。

此次会议分别讨论了评定蔗价案、评定糖清价格案、蔗价付给期限案、利息标准案、蔗糖业借贷资金以利生产案等提案。会议决议如下:

(1)评定蔗价案。决议:以公斤为准,取销敷秤,每万公斤价格

---

① 内江地区档案馆:《民国时期内江蔗糖档案资料选编》上,内部资料,1984年,第127—128页。

② 内江地区档案馆:《民国时期内江蔗糖档案资料选编》上,内部资料,1984年,第129页。

1500 元至 1600 元整。照糖房运糖至沱江码头途程计算，在 30 里以内者，1600 元整；在 30 里以外 50 里以内，此为 1550 元整；在 50 里以外者为 1500 元整。

（2）评定糖清价格案。（略）

（3）蔗价付给期限案。决议：所有蔗价分三次付清，即砍蔗时用全部蔗价三分之一，旧历腊月三十日以前用三分之一，下余三分之一一律在旧历三十一年二月内全数用足。

（4）利息标准案。决议：蔗农预用糖房之款，其利息自用钱之日起，迄评价之日止。凡有契约行为者，仍照契约履行，不得更改；有口头契约行为者，须凭中证人照口头交涉原议履行。

（5）蔗糖业借贷资金以利生产案。决议：甲，遵照本区专员指示，电请省府转场四川省银行迅予贷款，并请中央贷款救济。乙，由县府向本县各银行接洽抵押贷款。丙，请川康兴业公司及四联总处借款二千万元以济急需，并推举糖业代表李子奇及机关团士绅代表罗鹤龄、余沛华会同田专员指派人员赴渝向各方尽量请求迅予贷款。丁，请民食供应处供应制糖工人食米分期付款。[1]

从会议决议来看，该年甘蔗的评价为每万公斤 1500—1600 元，并且有一定的弹性，即按照糖房运糖至码头的远近而上下浮动。

3. 1942 年内江县的蔗糖评价

1942 年，据国民政府命令，川康区实施食糖专卖政策，川康区食糖专卖总局由重庆迁到内江。据食糖专卖政策的规定，该年度蔗糖评价则转由食糖专卖局来主持、核定。因此，该年度的甘蔗评价会议由川康区食糖专卖局内江办事处主持召开，评价会议的决议为："沱江流域 30 华里以内者，每万公斤芦蔗价格 5240 元，30 华里以外者 5040 元，爪哇、印度、洋红各蔗每万公斤折合芦蔗 13 000 公斤，其价款概照往年分期付给，先期付款所有利息超过 6 分以上者只照 6 分计算，6 分以下及无利息者仍照原约履行。"[2]

据川康区食糖专卖局总局的命令，内江县食糖专卖办事处也随即召开 1942 年度蔗糖评价座谈会，商讨蔗糖价格评定问题，会议决议如下：

（1）每万公斤甘蔗或每千公斤糖清价格依照部定最高为 8200 元，最低为 8000 元，为救济蔗农起见，另加津贴 1800 元，合计最高为 1 万元，

---

[1] 内江地区档案馆：《民国时期内江蔗糖档案资料选编》上，内部资料，1984 年，第 130 页。

[2] 内江地区档案馆：《民国时期内江蔗糖档案资料选编》上，内部资料，1984 年，第 133 页。

最低为 9800 元。就各乡糖质优劣区分如下:甲、西北乡糖清每千公斤或甘蔗每万公斤(包烧缴津贴在内)定价为 9900 元至 1 万元,10 里以内送棚者为 9900 元,10 里以外送棚者为 1 万元。包搞作价 9900 元者,蔗农实得 5900 元,糖房烧缴、搞租定为 4000 元;作价 1 万元者,蔗农实得 6000 元,糖房烧缴、搞租定为 4000 元。乙、东乡糖清每千公斤或甘蔗每万公斤(包烧缴津贴在内)定价为 9800 元至 9900 元,10 里以内送棚者为 9800 元,10 里以外送棚者为 9900 元。包搞作价 900 元者,蔗农实得 5900 元,糖房烧缴、搞租定为 4000 元;作价 9800 元者蔗农实得 5800 元,糖房烧缴、搞租定为 4000 元。丙、包括蔗皮、泡粪等概归糖房。若系搭搞者,糖清每千公斤糖房只收消磨费 1600 元(牙祭及油亮由糖房负担)、烧缴、人牛工概由蔗农自备、蔗皮归蔗农,泡粪、牛路渣(每日以老秤 200 斤为限)归糖房。搭搞、包搞两办法均取双方同意,但熬糖清 500 公斤以下之小班口,以包搞为原则。(2)漏棚与糖房及糖房与蔗农作价立约时,须邀请此次出席蔗农代表一人作中证人。(3)付款期间分为三期:契约成立后,付三分之一;本年农历腊月二十日付三分之一;其余限三十二年农历二月底付清。各方均须遵守,不得另生枝节。(4)蔗农顶用糖房之款,自用钱之日起,至开搞之日止,其最高利率不得超过四分。(5)农商两方清算账目均按本办法办理之。①

从上面甘蔗评价会议的内容来看,政府在制定评价办法时,也根据实际情况而进行了一定的调整,不过制度设计与具体实施还是有一定的距离。首先,一县辖区往往较为广阔,各区因土质的不同,甘蔗及糖清的品质也殊不一律,又加之路途远近有别,如果硬将全县评定同一价格,殊不合理,所以,后来政府评价时多设一伸缩数目,由买卖双方按照甘蔗之好坏及路途之远近相互自行议定。例如,1940 年度内江评价甘蔗每万公斤 410—440 元,每万公斤糖清为 8800—9000 元。此种用意本为至善,但对于伸缩标准并无明文规定,于是买卖双方自行议定时,纠纷时起。后来,有鉴于此,政府在评价时,按照各地的交通情形,代为拟订标准,如距糖房若干里以外,应减低价格若干,等等,以防纠纷再发生。其次,关于糖品品质方面,在未实行科学标准(以含糖分多寡,为计算价格之标准)以前,殊难有合理之规定,但对于洋红甘蔗及爪哇蔗的价格,应另外评定,因其含糖分较高,生产成本也较大,价格应在一般芦蔗之上。但是,就之前各县的评定办法来看,蔗价均按照芦蔗

---

① 内江地区档案馆:《民国时期内江蔗糖档案资料选编》上,内部资料,1984 年,第 135 页。

评定，即洋红甘蔗及爪哇蔗也只能售芦蔗之价，种植者深感不合算，致使种植此二种甘蔗者，均愿零售供啖食用，不愿出售制糖，且种植不广。而以上两种甘蔗均为优良甘蔗，是蔗种改良活动所首倡之蔗种，如果因为政府定价无差别之原因，"一般蔗农将不愿种植优良甘蔗而已，种者亦将改种芦蔗，所谓蔗种之改良者，终将无法实现，关系四川糖业前途，至重且大也"①。

第三节 蔗糖纠纷调处中的"官民互动"
——以 1945 年、1946 年内江蔗糖评价纠纷及调处为例

蔗糖评价制度是政府调处蔗糖纠纷的重要手段之一，它在一定程度上化解了因预卖预买习俗带来的糖价争执，维护了蔗农的利益，着实为解决蔗糖纠纷起到了较为积极的作用。但是它不仅未能彻底地解决这一时期的蔗糖纠纷，而且还由于政府在调处纠纷过程中的处置不当，致使在蔗糖评价制度实施过程中把单纯的行业内部纠纷外化为官民矛盾。1945 年、1946 两年的蔗糖纠纷并非单纯的行业内部的纷争，它们本身包含了行业内部的纠纷及官民的矛盾，同时，在这两年蔗糖纠纷的调处过程中，充分反映了在政府统制糖业经济的大背景下，业糖者与政府之间的互动，因此，它们较具代表性。

一、1945 年内江蔗糖纠纷及调处

1. 蔗糖纠纷产生的原因

该年蔗糖纠纷起源于政府评价不公。内江与资中土地相接，但是该年政府所评定的两地甘蔗、糖清价格却相差悬殊，即资中甘蔗、糖清所评定的价格远高于内江所定价格，因此，内江蔗农认为该年内江蔗糖评价是不公平的，应予以重评、加价。"1945 年（11 月 5 日），内江甘蔗评价每万公斤为 19 万元，糖清为 380 万元；资中甘蔗评价每万公斤 31.95 万元，糖清 535 万元"，且"威远蔗糖价原照内江为 19 万元，继经省府令饬照资中评价，亦增为 24 万元"。三者相比较，内江蔗农认为其损失异常惨重，"内江较资中每万公斤蔗价低 12.95 万元，全县以产蔗 3 亿公斤计，则蔗农之损失在 38.85 亿元以

---

① 系 1942 年 2 月 15 日，李尔康、张力田《四川糖业之改进方策》一文中所述，刊载于《经济部中央工业试验所研究专报》第 116 号，第 4—5 页；收录内江地区档案馆：《民国时期内江蔗糖档案资料选编》上，内部资料，1984 年，第 141—142 页。

上",即使比照威远,也是损失巨大,"照威远亦损失在 15 亿元"[①]。土地毗邻,甘蔗及糖清价格相差如此悬殊,内江蔗农随之屡次呈请四川省政府,要求按照资中例予以加价,但是内江县则坚持蔗糖评价会议所定价格,拒绝予以重评、加价,随即形成了蔗糖纠纷。

2. 蔗农请愿

蔗农在重评、加价要求被内江县政府拒绝后,并未就此罢休,而是随即越级向四川省政府请愿。同时,这次蔗农请愿并非简单的上诉要求,而是有较强的策略性,具体表现在以下几个方面。

(1)各乡镇选出代表,组织起来一同请愿。东兴乡选出蔗农代表刘芳、刘忠、朱协邦、邱玉林、陈全盛、刘学之[②];中兴区选出蔗农代表伍德欣、曾新周、刘孝可、林开源[③];郭家乡选出蔗农代表李兴赞、李习之;富溪乡选出蔗农代表黎民轩、邱籍辉;便民乡选出蔗农代表邱□□、王子民;来凤乡选出蔗农代表令国川。[④] 随后,各乡镇蔗农代表聚集在一起,组织了内江县蔗农请愿代表团,代表为张匀石、伍德钦、张云艇、李懋泽、王麟书、张余文、张维翰、黄书文等人。[⑤]

(2)求援于农会。各乡镇蔗农不仅选出代表组成代表团参加请愿活动,而且还充分利用其与农会的关系,争取农会的同情。史家、史东、富溪三乡农会会长萧汉高、冷成祥、康文俊[⑥]纷纷就所属乡镇情况上呈省府要求尽快给予处理。另外,也求助于内江旅蓉同乡会,例如,1946 年正月二十一日,内江富溪乡农会理事长冷成祥以"为具报甘蔗成本以凭维持结束事情由"呈

---

① 系内江蔗农代表团给四川省政府的呈文,"省府、专署对蔗农纠纷的批示训令及蔗农代表对甘蔗评价的呈文"(1945—1947),第 103 页,内江市档案馆藏,四川省第二区行政督察专员公署全宗,档案号 1—3—300。

② "省府、专署对蔗农纠纷的批示训令及蔗农代表对甘蔗评价的呈文"(1945—1947),第 8 页,内江市档案馆藏,四川省第二区行政督察专员公署全宗,档案号 1—3—300。

③ "省府、专署对蔗农纠纷的批示训令及蔗农代表对甘蔗评价的呈文"(1945—1947),第 10 页,内江市档案馆藏,四川省第二区行政督察专员公署全宗,档案号 1—3—300。

④ "省府、专署对蔗农纠纷的批示训令及蔗农代表对甘蔗评价的呈文"(1945—1947),第 19 页,内江市档案馆藏,四川省第二区行政督察专员公署全宗,档案号 1—3—300。

⑤ "省府、专署对蔗农纠纷的批示训令及蔗农代表对甘蔗评价的呈文"(1945—1947),第 66 页,内江市档案馆藏,四川省第二区行政督察专员公署全宗,档案号 1—3—300。

⑥ "省府、专署对蔗农纠纷的批示训令及蔗农代表对甘蔗评价的呈文"(1945—1947),第 36 页,内江市档案馆藏,四川省第二区行政督察专员公署全宗,档案号 1—3—300。

报内江旅蓉同乡会①，把该年的甘蔗成本——列出，争取同乡会的同情。

（3）求助于内江旅蓉同乡会。请愿团充分利用乡谊之情，争得内江旅蓉同乡会的同情，请其从中斡旋。内江旅蓉同乡会在接到内江县蔗农代表及农会的信函后，即呈请省府尽快派员予以查明解决："（同乡会）查资内两地，既为犬牙交错之所，所有劳工、资本之付出，均相匹敌，地方政府对此农民生命钱之蔗糖评价绝不能厚此薄彼，徒滋纠纷；而一按我县参会所提各项补救办法，不无左袒糖商利益而忽视蔗农意见，是则该代表等，此次不平则鸣之举，纯属势所当然，本会为维护我县蔗农种蔗成本并藉以扶持农村经济于万一起见，用特具呈电请钧府迅赐派大员驰赴内江，督饬县府召集有关双方代表暨各界人士，重议公平合理之蔗糖评价。"②另外，同乡会（内江旅蓉同乡会理监事：陈瑞林、曾南大、李如璋、彭挽、谢仿昭、萧翼之、喻钟珉、杨汗青、柴有恒、唐此斌、张培德）1946年元月15日还根据乡人报告及手头资料，提出自己的看法及处理意见。其看法为：内江评价显然以运销商及一部分制糖商之利益为基点，资中则以蔗农利益为基点；内江所定蔗糖价格不变，整个农村经济势将崩溃；再就地方自治而论，亦当以繁荣农村为第一要义，而繁荣农村又当以保护农民利益为前提，内江所定蔗糖价格显为剥夺农民利益，实与社会政策有悖。其处理意见为：内江蔗糖价格应另议公平合理之价格；议价时应以农民利益为第一要义；重行议价会议时，出席人数应请扩大，尽量增邀公正士绅及参议员参加；评定价格应顾及成本加上合法利润；资内不应两政，力求一致；吁请内江各机关、法团、士绅诸公重视此项问题，关系整个乡人利益，就近多多提供具体意见，以谋求难题之解决。③

（4）揭露县政府及参议会之处理不公，并陈述亏折情况，提出其严重后果。请愿团痛陈县政府及县参议会在处理此事方面的不公平，"上诉延未解决，虽钧府令委专员查明处理，内江县参议会编议委处始终不秉公办理，劝过不改，以致专员碍难处理，况损失太大，焉能徇情妨害所能了事，而蔗农之物权买卖争执价格，岂有将蔗送一半与糖商赚钱之理由乎，在佃耕、自耕

① "省府、专署对蔗农纠纷的批示训令及蔗农代表对甘蔗评价的呈文"（1945—1947），第9页，内江市档案馆藏，四川省第二区行政督察专员公署全宗，档案号1—3—300。
② "省府、专署对蔗农纠纷的批示训令及蔗农代表对甘蔗评价的呈文"（1945—1947），第16页，内江市档案馆藏，四川省第二区行政督察专员公署全宗，档案号1—3—300。
③ "省府、专署对蔗农纠纷的批示训令及蔗农代表对甘蔗评价的呈文"（1945—1947），第23—24页，内江市档案馆藏，四川省第二区行政督察专员公署全宗，档案号1—3—300。

农同卖糖清者，为何忍受评价无理之剥削"①。同时，也指出这种不公将会带来严重的后果，即上年亏折太大，蔗农不敢再多种，必影响甘蔗产量。"现在种蔗时期，蔗种由 40 万元，开盘涨为 57 万元之老糖帮秤交，而内江蔗价仅评为 19 万元之公斤，一般蔗农折本，不贪种蔗。资中蔗农往内江买种子，因资中评价较内江高 10 余万元，以此看来内江下季出产必仍减色，因种一万公斤甘蔗需种子 12 万元，试问工缴、土租、子金加起来下季甘蔗成本更高，单言种子费一项，比上年多加 7 万元。"②

3. 内江县政府的态度及处理

在蔗农不断高涨的请愿声中，内江县政府迫于上峰催逼，在一拖再拖之后，也采取了一些辩解措施，例如，把纠纷案处理一事推给县参议会来处理，而参议会则认为"1945 年度蔗糖价格经政府召集有关机法首长及蔗糖漏三方代表，评定在案，今事过境迁，若予变更，纠纷必大，仍予保持原案为宜"，但为了以示补救，拟订了四项办法："1）预用蔗价不算利息；2）糖房应付蔗款限于本年（1945 年）阴历年底交清，如逾期不清，糖房应负担其损失（即照市息二倍计算之），但蔗未砍完者以实际收数计算；3）蔗农常用款项，无论多寡一律免息；4）漏棚应付糖批价款，亦限于本年阴历年底交清。"③ 县政府根据参议会决议办法，分别呈报专员及省府，并声称"蔗糖漏各业遵照交易，毫未发生异议，且临近产糖，各县如富顺、威远、资阳、简阳等县蔗糖评价均照本县办理"④。同时，内江县政府又对资中蔗糖评价过高的缘由加以解释："资中因蔗农预用蔗款系照市息计算，息金即在评定价内扣除……况资糖质较优，历年评价均高于本县，两相比较，实无甚差异。"⑤ 换句话说，就是内江县政府认为其辖区内并无纠纷一事，"兹奉前因当即派员分赴各乡镇查考，据称关于 1945 年蔗糖交易手续，早经结束，刻间并无纠纷等情呈复到

① "省府、专署对蔗农纠纷的批示训令及蔗农代表对甘蔗评价的呈文"（1945—1947），第 9 页，内江市档案馆藏，四川省第二区行政督察专员公署全宗，档案号 1—3—300。

② "省府、专署对蔗农纠纷的批示训令及蔗农代表对甘蔗评价的呈文"（1945—1947），第 9 页，内江市档案馆藏，四川省第二区行政督察专员公署全宗，档案号 1—3—300。

③ "省府、专署对蔗农纠纷的批示训令及蔗农代表对甘蔗评价的呈文"（1945—1947），第 82—85 页，内江市档案馆藏，四川省第二区行政督察专员公署全宗，档案号 1—3—300。

④ "省府、专署对蔗农纠纷的批示训令及蔗农代表对甘蔗评价的呈文"（1945—1947），第 82—85 页，内江市档案馆藏，四川省第二区行政督察专员公署全宗，档案号 1—3—300。

⑤ "省府、专署对蔗农纠纷的批示训令及蔗农代表对甘蔗评价的呈文"（1945—1947），第 82—85 页，内江市档案馆藏，四川省第二区行政督察专员公署全宗，档案号 1—3—300。

府"①，并且资中一地评价较高是事出有因，而其他各县均照内江评价方案，因此，可以认为内江县政府坚持维持原判，拒绝重评、加价。

4. 四川省政府及第二区行政督察专员兼保安司令公署的调处

省政府是多次指令专员公署"赶速前往查明，并案处理，具报勿延"，例如，四川省政府于 1946 年 3 月 28 日指令"迅速将该县蔗农不服第二度处理情形详查报核"，4 月 11 日指令"将该县蔗农不服县参会决议补救办法事项第二度处理情形迅即查明报核"，4 月 20 日指令"迅将该县蔗农不服第二度处理情形详查报核为要"，4 月 17 日训令"该专员遵照先令各令，速查明，并案处理，报核勿延为要"，5 月 28 日训令"该专员遵照先令各令，赶速并案处理，报核无延为要"，9 月 2 日训令"查内江蔗糖评价纠纷案经迭饬处理报核在案，拖延迄今为时已久……合行令仰该专员遵照先令各令，迅予适当妥慎解决，报核勿延为要"，9 月 5 日训令"此案拖延已久，极应予以适当解决，令仰该署仍速妥慎调处报核"②。

在省府的一再命令下，专员也曾多次训令内江县政府迅速拿出处理办法，以息纠纷。例如，1946 年 9 月 30 日训令"依据有关法令及实际情形赶速妥慎调处报核"，10 月 12 日训令"该县长遵照先令各令赶速妥慎调处报核勿稍延宕为要"③。

5. 从蔗糖纠纷看糖业群体与政府之间的互动

蔗农群体在这次纠纷中，已经具有自身组织化的倾向意识④，且其请愿活动也较具策略性。首先，在此请愿过程中⑤，各乡镇蔗农均予以积极的响应，并且组织了全县范围内的蔗农请愿团，这是在 1945 年 4 月申请成立蔗业同业公会失败后的一次成功尝试。其次，这次的蔗农请愿较具策略性，不仅形成了全县蔗农的联合行动，而且成功地利用其他社会资源为自己服务。在

---

① "省府、专署对蔗农纠纷的批示训令及蔗农代表对甘蔗评价的呈文"（1945—1947），第 82—85 页，内江市档案馆藏，四川省第二区行政督察专员公署全宗，档案号 1—3—300。

② "省府、专署对蔗农纠纷的批示训令及蔗农代表对甘蔗评价的呈文"（1945—1947），第 4、24、26、28 页，内江市档案馆藏，四川省第二区行政督察专员公署全宗，档案号 1—3—300。

③ "省府、专署对蔗农纠纷的批示训令及蔗农代表对甘蔗评价的呈文"（1945—1947），第 50、53 页，内江市档案馆藏，四川省第二区行政督察专员公署全宗，档案号 1—3—300。

④ 1944 年，甘蔗因雪减产，制糖商要求在秤蔗时应扣除一成，随即发展成了蔗糖纠纷，蔗农代表林文元等不得已上诉财部，呈请成立蔗业公会，然而糖业公会贿赂县长，阻挠蔗业公会成立，最终蔗农这一请求不了了之。"省府、专署对蔗农纠纷的批示训令及蔗农代表对甘蔗评价的呈文"（1945—1947），第 12 页，内江市档案馆藏，四川省第二区行政督察专员公署全宗，档案号 1—3—300。

⑤ "省府、专署对蔗农纠纷的批示训令及蔗农代表对甘蔗评价的呈文"（1945—1947），第 16 页，内江市档案馆藏，四川省第二区行政督察专员公署全宗，档案号 1—3—300。

县政府、参议会处理不公，行政专员束手无策的情况下，蔗农通过半官方组织的农会及公益性组织内江旅蓉同乡会越级上诉省政府，其请愿呈文也一度送达国民政府农林部、财政部。① 最后，在县府及参议会无视请愿要求的情况下，蔗农代表据理力争，不仅根据实际情况对县参议会的补救方案加以逐条驳斥，而且也揭露县府与糖商勾结、参议会偏袒糖商的黑暗内幕："1）布告中之办法第一款预用蔗价不算利息，政府以为补助农民，不知道农民卖蔗是无息抵押，报本即无利息，今政府拟具这项等于虚文，农民有何补益，又何待政府重述，此敷衍为是；2）'蔗价限于年底交清'，推查糖房砍蔗由10月起至冬腊两月止，收蔗已制成糖卖出，现款已久，即通常习惯亦应在年底结账，又何待政府重述，对于农民又有何补；3）'蔗价常用款项不论多寡一律免息'，此项于农民一部有益，未均平允，在常用此者固属有益，而未常用此等之于零，足见未均平允。"县参议会本为代表全县民众利益之机关，但是"查参议员之中，统计81名，居于制糖关系者30人，而依附明暗关系者亦有"②，参议会议长雷禹三，即为糖帮出身，因此，"县参议会不主正义，不代民意，伎俩妄议，擅护糖商，狼藉昭然"③，并且上下活动，致使专署听任纠纷继续，"有糖帮出（县参议会）议长雷禹三，同糖业公会（主席）王有为从中运动，所以专署公然漠不关心，听其蔗糖评价失平"④。

蔗农从无组织暴动到有组织请愿，这是蔗农群体性活动意识增强的重要表现。蔗农群体行动，自然必将打破原有的社会权力平衡结构，要求社会资源重新再分配，必然会引起新的纠纷，这就考验施政者如何对待新社会群体的参政愿望，以及如何处理新社会群体对于自己所属群体利益的追求。

而作为蔗糖纠纷的调处者之一，县政府及县参议会反而成为蔗农群体的对立者，即新生矛盾的一方，因此，蔗与糖之间的行业纠纷也即外化为民与官之间的社会矛盾，进而直接影响到了社会稳定。政府对蔗糖评价的不公处理，直接打击了蔗农种蔗的积极性，进而导致内江甘蔗生产锐减，甚至糖业

---

① "省府、专署对蔗农纠纷的批示训令及蔗农代表对甘蔗评价的呈文"（1945—1947），第47—48页，内江市档案馆藏，四川省第二区行政督察专员公署全宗，档案号1—3—300。

② "省府、专署对蔗农纠纷的批示训令及蔗农代表对甘蔗评价的呈文"（1945—1947），第181—182页，内江市档案馆藏，四川省第二区行政督察专员公署全宗，档案号1—3—300。

③ "省府、专署对蔗农纠纷的批示训令及蔗农代表对甘蔗评价的呈文"（1945—1947），第30—31页，内江市档案馆藏，四川省第二区行政督察专员公署全宗，档案号1—3—300。

④ "省府、专署对蔗农纠纷的批示训令及蔗农代表对甘蔗评价的呈文"（1945—1947），第38页，内江市档案馆藏，四川省第二区行政督察专员公署全宗，档案号1—3—300。

崩溃。"内江小小蔗农逼卖蔗种救命，此不少均言不愿种蔗了"①，"内江（甘蔗）产量最高时期达 4 亿公斤，至低亦在 3 亿公斤左右，今年（1946 年）则更减至 2 亿公斤，事实可为证明，不加保障、扶持，明年将无生产可言"②。如果"内江所定蔗糖价格不变，整个农村经济势将崩溃，号称产糖区之内江势必减产，甚至不产，整个社会经济生命为之断绝，试观内江物产原以蔗糖为大宗，今定蔗价既不足成本，蔗农焦困，农村经济顿成崩溃之象，何能继续大量种蔗产糖，安得不由减产而至不产乎，且内江银行林立、工厂陆续发展，表面上似进入都市经济，而实际上重心确仍在农村，若农村经济因此崩溃，内江整个社会经济生命能不为之断绝"③。

而作为县政府的直接上司及省内最高裁决者，行政专员及省政府成为新矛盾——蔗农群体与县政府（包括参议会）之间矛盾的调解者。其也曾多次下达命令要求县政府根据实情从速办理，甚至也提出就按照资中成例来办，但均被县政府采用拖延的办法一一给化解了，以至于"新糖上市、旧案未了"④。1945 年的蔗糖纠纷案又成为一个悬案，并且在该案的调节中，省府无意中又为 1946 年的"行评价"与"行自由买卖"之间的争端埋下了祸根。

二、1946 年内江蔗糖纠纷及调处

四川省政府在调处 1945 年内江蔗糖评价纠纷的过程中，于 1946 年 4 月份准许了县政府停止蔗糖评价的提案，这反倒成为 1946 年蔗糖纠纷的焦点。据糖方代表糖业公会理事长袁敬铭报告，"本县甘蔗采取自由交易，经政府公布后，蔗农因需款关系，即向糖房卖蔗，其手续由双方照当时物价及糖价计算，并商定价格，订立契约，至今均无异议"⑤。而据蔗方代表内江县蔗农请愿团呈文，不仅指出糖方贪得无厌，违法预买，"1946 年交易，糖商在去

---

① "省府、专署对蔗农纠纷的批示训令及蔗农代表对甘蔗评价的呈文"（1945—1947），第 12 页，内江市档案馆藏，四川省第二区行政督察专员公署全宗，档案号 1—3—300。
② "省府、专署对蔗农纠纷的批示训令及蔗农代表对甘蔗评价的呈文"（1945—1947），第 104 页，内江市档案馆藏，四川省第二区行政督察专员公署全宗，档案号 1—3—300。
③ "省府、专署对蔗农纠纷的批示训令及蔗农代表对甘蔗评价的呈文"（1945—1947），第 24 页，内江市档案馆藏，四川省第二区行政督察专员公署全宗，档案号 1—3—300。
④ "省府、专署对蔗农纠纷的批示训令及蔗农代表对甘蔗评价的呈文"（1945—1947），第 54 页，内江市档案馆藏，四川省第二区行政督察专员公署全宗，档案号 1—3—300。
⑤ "省府、专署对蔗农纠纷的批示训令及蔗农代表对甘蔗评价的呈文"（1945—1947），第 144—145 页，内江市档案馆藏，四川省第二区行政督察专员公署全宗，档案号 1—3—300。

年剥榨蔗农达三四十亿元之巨,尚认为不足,乃藉自由交易之名,以糖商一二人单方面之意思,竟欲图推翻政府战前饬办维护农村之评价政策,更在政府严禁预卖之时,大肆违法预买";并且"遂乘天旱农困之机,以贱价勒买。甘蔗比之柴草尚为低贱,较之种蔗成本则农民亏折不下 3、4 倍……去年(1945 年)蔗糖评价时白糖每万公斤仅值 8、9 百万元,而蔗价为 19 万元,今年白糖价每万公斤 2 千 8 百到 2 千 9 百万元,超过去年 3 倍,乃糖户预买蔗价仅为 7、8 万元或 12、13 万元,其高者减于去年 3、4 万元,而低者反减去年 1 倍以上。而今年甘蔗成本以天旱歉收物价工资均在去年 1 倍以上,自由买卖及公开评价之利害得失,谁得谁失,谁为保护蔗农,谁为剥削蔗农"①。

这次纠纷的原因本在于预买价与时价相差太远,蔗农不满足预买之低价,发动各乡镇蔗农起来请愿,要求重行蔗糖评价制度。但是因为在 1946 年 4 月份,省政府法令通告取消蔗糖评价制度,从而使这次蔗糖矛盾外化为"自由交易的预买预卖"与"价格控制的蔗糖评价"之间的制度之争。糖方"坚持钧府(省政府)命令核准自由交易,所有契约行为应照一般法令习惯有效"②,而纠纷起因主要系"最近百少数非蔗农而自命代表者,纠众请愿"③;蔗方则"坚持钧府公布禁止预买预卖之规定,以图推翻契约"。对此,行政专员田伯施认为,"双方均割取钧府命令之一面,以相抵制",这也是其处理这次纠纷的难处,于是其"拟请钧府将 1940 年颁布修正杜绝蔗糖预买预卖纠纷办法第二、第五两条重加修正,同时依据蔗农代表及县农会迭次请求,令饬内江县府遵照",并且"第五条应修正之处,在农历翌年 4 月 15 日始得执行评价,应改为每年新糖上市后,即由县府召集评价"④。

在处理这次纠纷时,行政专员田伯施的态度较为明确,即修补制度之漏洞,而重行蔗糖评价制度。1946 年 11 月 9 日,田伯施召集了内江各机关、

---

① "省府、专署对蔗农纠纷的批示训令及蔗农代表对甘蔗评价的呈文"(1945—1947),第 66—71 页,内江市档案馆藏,四川省第二区行政督察专员公署全宗,档案号 1—3—300。

② "省府、专署对蔗农纠纷的批示训令及蔗农代表对甘蔗评价的呈文"(1945—1947),第 86—99 页,内江市档案馆藏,四川省第二区行政督察专员公署全宗,档案号 1—3—300。

③ "省府、专署对蔗农纠纷的批示训令及蔗农代表对甘蔗评价的呈文"(1945—1947),第 144—145 页,内江市档案馆藏,四川省第二区行政督察专员公署全宗,档案号 1—3—300。

④ "省府、专署对蔗农纠纷的批示训令及蔗农代表对甘蔗评价的呈文"(1945—1947),第 86—89 页,内江市档案馆藏,四川省第二区行政督察专员公署全宗,档案号 1—3—300。

法团首长于民众餐厅召开 1946 年度蔗糖座谈会①，商讨处理办法。但是在座谈会上，建设科长程民代表内江县政府就此次纠纷的情况做了说明，并代表县政府表了态："查蔗糖采取自由交易一案，既经议会议定，不便变更，仍请县府照原案办理"；制糖公会代理事长袁敬铭做了维持自由交易的发言；基于此，行政专员田伯施提出在县、乡镇两级成立纠纷调解委员会。② 11 月 10 日，又召开内江蔗糖调处委员会成立大会，但是据田伯施的观点，调解委员会并未起到实质作用，而是一个空组织，"时职（田伯施）以调处中最要之点，莫过决定标准价格……殊一经提出标准价格四字，糖业人士则坚词拒绝，仅承认一空调解委员会，任其自由调解而已，以致无法获得具体结果"③。

随后，蔗农也渐渐对此调解会失去信任。1946 年 11 月 29 日，内江龚家乡蔗农在给专员田伯施的呈文中称："县政府以诈术巧立之非法调解会，既无一定方案，又无标准价格，此空洞诈术不但于事无补，反而陷蔗农于死地"④，同时，"自蔗农依法吁请政府照蔗价成本评价，虽经政府允予评价，但迟延月余，亦未见诸实行"。然而，内江县政府不仅对上峰命令使用拖延塞责之惯术，而且也对蔗农施行威逼之权术，12 月 3 日，在当地驻军司令部的支持下，县政府发出布告，严禁蔗农请愿，并严禁蔗农聚众阻砍甘蔗。⑤

经过两个月的较量，行政专员田伯施鉴于前一次调处的教训，而越过县政府、县参议会，直接与蔗糖双方代表接洽，摸清他们各自的诉求，"蔗方索价老秤 28 万元，糖方已还（价）26 万元……余所争者，糖方要利息，蔗方

---

① 该会由内江县县长黄希濂主持，出席的人员有专员田伯施，省参议员林恕、刘式民，县参议会议长雷禹三，194 旅旅长樊传文，参谋长孟□□，高分院长万宗周，地方法院长刘毓章，首席检察官杨德□，参议员伍心言，制糖公会代理事长袁敬铭，甘蔗试验场场长刘秉昆，总工会理事长李净圃，参议会秘书高翼，税捐处副处长曾佐廷，田粮处长张惠昌，储运处长张继繁，警察局局长何承浩，县政府秘书长黄秉盈，科长何纾、咸应平、陈邦宜、程民，合作室主任柴有年，军法承审员曾既明，乐贤乡长萧述明、灵鉴乡长苏光嵋、下东乡长栗纯修，农会理事邹荣光、张盛彩，代县党部书记长张得刚，县联合作社理事长王敬宇，川康糖业合作社理事长钟汝为。

② "省府、专署对蔗农纠纷的批示训令及蔗农代表对甘蔗评价的呈文"（1945—1947），第 144—145 页，内江市档案馆藏，四川省第二区行政督察专员公署全宗，档案号 1—3—300。

③ "省府、专署对蔗农纠纷的批示训令及蔗农代表对甘蔗评价的呈文"（1945—1947），第 86—89 页，内江市档案馆藏，四川省第二区行政督察专员公署全宗，档案号 1—3—300。

④ "省府、专署对蔗农纠纷的批示训令及蔗农代表对甘蔗评价的呈文"（1945—1947），第 156 页，内江市档案馆藏，四川省第二区行政督察专员公署全宗，档案号 1—3—300。

⑤ "省府、专署对蔗农纠纷的批示训令及蔗农代表对甘蔗评价的呈文"（1945—1947），第 154 页，内江市档案馆藏，四川省第二区行政督察专员公署全宗，档案号 1—3—300。

不予承认,职已责成蔗方酌量认利或可生效……"①。在弄清楚这一底线后,田伯施与蔗糖双方进行积极的磋商,从而达成和解:"……内江蔗糖纠纷……昨日经双方商定标准,甘蔗每万公斤作价 38 万元,和老秤每万公斤 26 万元,所有蔗农预用款项,月认息□分。"②

与 1945 年蔗糖评价纠纷的调处情况相比,政府在调处 1946 年"加价与评价之争"时,有了一些新的特点,即多一些协商的灵活性,也成了仲裁纠纷的调解组织。1945 年内江甘蔗评价有失公允,内江甘蔗价格较同一地域之资中低一半,内江蔗农纷纷请愿,要求加价,但是因政府偏袒糖商,拒不加价,致使该年纠纷从 1945 年年底一直持续到 1946 年 10 月而尚未解决。而在 1946 年蔗糖纠纷的调处过程中,行政督察专员田伯施并非一味地依靠县级政权来解决纠纷,而是自己主动去寻找解决方案,并亲自参与蔗糖双方的调解和谈判,从而使该年的蔗糖纠纷得以较快化解。

第四节 价格调控对蔗糖业发展的影响

从自由交易性质的"卖预货"习俗到强制性的价格制度安排——蔗糖评价制度,政府本意是通过限定价格来干预蔗农与糖房(漏棚)之间的交易,维护蔗农利益,促进蔗糖经济发展,并稳定地方社会,从而达到为抗日战争和建立新中国服务的目的。尽管蔗糖评价制度在一定程度上达到了这一目的,但是随着抗日战争的持续进行,物价急速上涨,政府所限定的蔗糖成本价格,反过来成为蔗农获利的障碍。因此,蔗糖业内部的蔗农与糖商的纠纷,外化为蔗农群体与政府的矛盾。尤其是内江、资中两地,蔗农年年请愿,纠纷越演越烈,甚至发展到蔗农捣毁县政府的暴动。政府与民众交恶,社会日益失序,蔗糖经济的发展受到了严重的影响。

一、维护蔗农的权益

政府对蔗糖交易价格的调控在一定程度上维护了蔗农的权益,缓解了蔗糖纠纷带来的冲突局势,并维护着蔗乡社会秩序的正常运行。

首先,"蔗糖纠纷"发生后,在 1939 年 12 月 27 日,威远县政府率先作

---

① "省府、专署对蔗农纠纷的批示训令及蔗农代表对甘蔗评价的呈文"(1945—1947),第 138 页,内江市档案馆藏,四川省第二区行政督察专员公署全宗,档案号 1—3—300。

② "省府、专署对蔗农纠纷的批示训令及蔗农代表对甘蔗评价的呈文"(1945—1947),第 139 页,内江市档案馆藏,四川省第二区行政督察专员公署全宗,档案号 1—3—300。

出反应，召集县党部、商会、农会、合作指导室及糖业蔗农之代表，共同组织甘蔗、糖清评价委员会，重评甘蔗价格为每万公斤 100—110 元。随后，内江县政府援引威远处理办法，召集评价会，评定甘蔗价格为每万旧斤（7000公斤）96 元。[①] 以威远为例，1938 年每万旧斤甘蔗的青山价仅为 40 元，而1939 年每万旧斤甘蔗的现价为 150—200 元，政府重评后的价格为每万旧斤100—120 元，为蔗农挽回了较大的权益。

其次，减少了预卖习俗的流弊。政府在处理这次蔗糖纠纷的过程中，于1940 年 1 月 17 日颁布了《修正杜绝蔗农糖房漏棚预买预卖纠纷办法》（十条）[②]，要求停止糖品"预买预卖"的期货交易方式。"（蔗糖评价制度）施行以来，虽亦纠纷时起，但往日'卖青山'制度之弊害已逐渐消除。"[③]

二、从"蔗糖纠纷"到"官民冲突"

历次蔗糖纠纷均起因于甘蔗、糖清的买卖价格问题。一开始，主要在于预卖价与时价相差甚远，蔗农要求加价，糖房不同意加价，从而遂成蔗糖纠纷；在政府实施蔗糖评价制度后，则因物价上涨过快，政府评定价格与之后的现价相差巨大，蔗农要求政府加价，政府则维持原案，随即造成官民冲突。从实施蔗糖评价制度的安排来看，政府本意是通过宏观限价手段来抑制糖价的不断上涨，从而稳定糖品市场，从而有利于政府对糖业的统制，但是由于战时物价上涨过快，政府实施的宏观调控不仅未能抑制糖价，反而造成了新的不公，致使行业纠纷外化为官民冲突。

1. 球溪河事件

1943 年，发生在资中的球溪河事件是行业纠纷外化为官民冲突的典型代表之一。该年，蔗农因食糖专卖局评价不公而与资中食糖专卖分局发生冲突，他们殴伤资中食糖专卖分局局长李锡勋。据川康食糖专卖总局督察吴荣轩、蔡仁驰赴资中调查，事件原委为"1943 年 1 月 16 日适逢资中场期，一部分蔗农进城分向漏棚、糖房结算糖清、蔗款，对于核定糖价发生疑义，遂聚众数百人至资中分局，任意喧哗，将局内屏门挤毁，经资中分局职员宣导无效。李分局长闻讯立即回局，一再晓谕，蔗农当推举代表曾心如、尹海廷、胡光

---

① "省府、专署对蔗农纠纷的批示训令及蔗农代表对甘蔗评价的呈文"（1945—1947），第 139页，内江市档案馆藏，四川省第二区行政督察专员公署全宗，档案号 1—3—300。
② "专署有关各县蔗糖纠纷及杜绝蔗农、糖房、漏棚预卖预买办法"（1939. 12—1947. 11），内江市档案馆藏，四川省第二区行政督察专员公署全宗，档案号 1—3—554。
③ 内江地区档案馆：《民国时期内江蔗糖档案资料选编》上，1984 年，第 141 页。

· 130 ·

海、周仲权等允随李分局长赴县府商决，蔗农等亦追随，讵行至大西街，即不守秩序，肆行将李分局长头部、腰部击伤，地方政府派员到场，始将群众解散，议商布告缉究"。冲突发生后，川康食糖专卖局"函请贵府（四川省政府）查照，转饬第二区兼保安司令部及资中县政府严为查究，期获首谋，依法惩治，以儆刁顽"[1]，四川省接受了食糖专卖局的提议，惩处了闹事的蔗农。

2. 资中县政府、警察局被捣毁事件

在抗日战争前，按照行业旧习，每年在开搞前商会当众自行议定当年糖清价格。1939 年以后，政府为管制物价，每年由省府训令县府给予评价。抗日战争胜利后，各种管制法令废止，经县参议会决议糖清仍恢复自由议价交易。1946 年糖清价格由农商两方自行议定者虽多，但是大部分仍未解决，12 月底，县府循农民请求，令由商会恢复旧习，定期召集蔗、糖、漏代表公开议价，并邀请党团参及行政、司法、税务首长临场作证，以昭示郑重。商会遵照县府命令，于 1 月 4 日召集议价会议，然而历时 9 个小时竟未达成协议，于是会议临时决定成立由专署、法院、县府、货物税局、农会、商会、制糖公会及党团参等机关组织参加的价格鉴定委员会。1 月 6 日，在县政府重开议价会议，农方要求每万公斤糖清为 880 万元，商方仅予以 810 万元。鉴定委员会乃按产制成本及时价，用投票的方式决定糖清价格为每万公斤 838 万元。经县农会理事长张九衡及制糖商理事长周仲元校明记录，分别盖章，由县府印制布告公布。

1946 年 1 月 8 日，为资中赶集之场期。上午 9 时，布告刚贴出，即有农民围观，口称价钱太低，要找县长解决，并随即撕下布告。11 时，已有数百农民汇集县政府，要求县长予以解释；县长游铂镛劝说无效，遂酿成暴动；县长从后门逃走，农民砸毁了县政府。午后 1 时，暴动农民走出县政府，在米市坝与保安二中队士兵发生冲突，士兵因寡不敌众而退到右侧警察局，民众随即捣毁了警察局。下午 2 时左右，资中驻军警备司令部派兵镇压，暴动被平息。[2]

在冲突中，资中县政府及警察局被捣毁，多人受伤，其中一人（农民）死亡。在事后的问责中，1946 年 1 月 28 日，资中县县长游铂镛在呈四川省第二区行政督察专员兼保安司令田伯施的呈文中罗列农会罪状 11 条，控诉农

① 内江地区档案馆：《民国时期内江蔗糖档案资料选编》上，内部资料，1984 年，第 281—282 页。
② "四川省政府公函"，四川省档案馆藏，四川省建设厅档全宗，档案号 115—1—1547。

会教唆农民暴动，"该农会何衡九、李传瑞、朱万邦、欧子山等实有主动唆使之行为"，要求"立将该主动捣毁凶手缉案法办，以彰法纪而杜乱源"[①]。2月26日，四川省政府因农会涉嫌教唆农民暴动而勒令其停止活动。[②] 5月6日，四川内江地方法院检察官（杨德尊）对农会理事长何衡九，常务理事李传瑞、瓯子山，书记朱万邦，以及蔗农周叙五、姚思洪、刘官鸿、黄应清、周海清等68名人员，因妨害秩序、防务及毁损案件等罪名予以起诉。[③]

蔗糖纠纷及官民冲突直接影响到了糖业的正常发展，致使糖品产量下降。1940年，甘蔗评价争执久延不决，蔗农至感痛苦，同时糖房亦不愿供给蔗农种蔗资金，以致蔗苗不能放种，已种者以肥料、人工伙食困难，甚有将已下种之甘蔗苗田犁去，改种稻谷及其他什粮者，加以地方政府深感蔗糖纠纷之棘手，为釜底抽薪计，曾规定2/3蔗田，应改种什粮，以裕民食……诚为本年（1941年）蔗糖产量减少之各种重要因素也。[④]

小　　结

不可否认，政府实施蔗糖评价制度，从宏观上调控蔗糖价格，对于解决预卖预买习俗带来的行业纠纷有很大帮助，其积极作用是值得肯定的，但是我们也应看到这一政策所带来的危险。从自由买卖的预卖预买习俗到政府主导的甘蔗评价制度，政府本意是维护蔗农利益，促进蔗糖经济发展，从而达到稳定、建设后方社会的目的，并支援抗日战争。然而，战时物价上涨的幅度往往超出了政府宏观调控所能控制的范畴，导致政府当初给定的评定价格与时价相差甚远，评价制度违背了制度设计的初衷。在这种价格落差中，蔗农及糖商咸感吃亏，纷纷进行抗争。就糖商而言，如内江县糖业运销商业同业公会呈称："承销商出售糖类价格载明，应以专卖机关之批发价格加必要之运杂费及承销商应得之合法利润为标准，尤非电请钧局俯查实际运缴，重行核议不可。再职会会员过去在财政部未经评价前，因百物飞涨之影响，糖价波动至23万—24万元以上，1万公斤之白糖，运销商买运各县糖件，遭受评价关系，亏折数字达2千万元以上。忍痛缄默，未一报请补救者，诚以一本遵从财部立法威信，未敢或异。但运商资力有限，实不堪长期亏折，进一步

---

① 内江地区档案馆：《民国时期内江蔗糖档案资料选编》上，内部资料，1984年，第266页。
② "四川省政府公函"，四川省档案馆藏，四川省建设厅档全宗，档案号115—1—1547。
③ 内江地区档案馆：《民国时期内江蔗糖档案资料选编》上，内部资料，1984年，第273页。
④ 李德宣：《四川内江金融市况与蔗糖产销情形》，《中央银行经济汇报》第6卷第6期，中央银行经济研究所编印，1942年9月16日，第63页。

言,运商之生机与专卖关联至切,运商之痛苦早日解除,专卖政策即早日顺利,唇亡齿寒,古有明证。钧长主持糖政,爱护糖业早为运商等所崇拜,此次重行评价就杨代主任会鹏言及,已奉钧局令从事查报,具见,钧长关切糖业运销在之盛意,第糖之运销情形复杂,非有实地经验不克明晰,若就片面考查,即据为评价张本,实非彻底办法。故此次重行核价,谨请召集运商代表列席会议,以示平允而维法制,职会上对专卖之协助推行,下对会员之宣达困苦,责无旁贷,实未敢噤若寒蝉,滋增遗误。除饬会员在重行评价未公布前,应依照法令切实遵办外,理合电恳钧局俯查运商实际运缴情形,召开重行评价会议,以便转请财部增订销区糖类评价用资,救济而维运销,是否有当,伏乞指令。"①

而在这种物价飞涨、商民抗争的复杂局面下,政府的处置方式在法理与权变之间多显不足,既未能妥善解决行业内部的纠纷,反而致使蔗糖纠纷进一步恶化,同时,自己又失信于民。政府与民众交恶,社会日益失序,蔗糖经济的发展受到了严重的影响。

另外,在蔗糖纠纷突破行业范围而发展成为官民冲突的过程中,糖业纷争牵出了多个利益群体,表面上有蔗农群体、制糖商群体、政府(包括县政府、县参议会、行政督察专署、省政府)等民商官多个利益群体,而在这些群体的背后,还有另外一些势力参与这场旷日持久的纷争,如农会、贩运商群体(糖号)、县党部、内江旅蓉同乡会,以及共产党的地下组织。这就从一个侧面反映了在抗日战争时期这个大背景下,四川地方社会的治理是一个极为复杂的问题。国民政府迁川以后,为了保证抗日战争的成功和新中国的成立,加强了对四川地方社会经济的控制,就糖业方面而言,政府通过蔗糖价格的调控与合作贷款、食糖专卖政策等一系列相关措施完成了对糖业的统制。

---

① "内江上河糖业运销公会"(1942.3—1943.4),第109—111页,内江市档案馆藏,川康食糖专卖局全宗,档案号11—3—227。

第四章　"全面干预"："川康区食糖专卖政策"的推行

专卖政策在中国有较为久远的历史，早在秦汉时期，政府已对盐、铁实施了专卖政策。这一政策也即成为一种解决国家财政困难有效的经济手段。抗日战争时期，国民党政府的干预经济理论，虽与之有一定的渊源关系，但是二者之间却有较大的差异。这一时期的国家干预则始于凯恩斯的国家垄断主义，并杂糅了苏联高度中央集权的计划经济主义及德国的纳粹主义。国民政府在迁川后，为了稳定后方社会、保证税收以固国防等政治目的，随即加强了对川康社会的渗透和控制。在糖业统制方面，川康区食糖专卖政策的实施是政府统制糖业的高峰，通过行政手段，保证了抗日战争时期国家的税入，并借机渗入地方社会，加强中央对地方社会的掌控，以求大后方的稳固、抗日战争和新中国的胜利。但是政府强制介入行业发展的施政行为，也为糖业的发展带来了诸多不利影响，比如，专卖局官员的腐败、蔗糖纠纷、官民及官商之间的冲突等社会问题。本章重点关注这一政策是如何统制糖品的市场交易活动的，以及对糖业的发展到底产生了多大的影响。

第一节　专卖机构的设立及专卖政策的内容

抗日战争前，国民政府的税收以关税、盐税及统税为大宗，然而自沿海各省及重要都市、港口沦陷后，政府岁入锐减，出现了严重的财政赤字。为保证税收，支援抗日战争起见，国民政府对部分商品实施了专卖政策。1942年2月15日，国民政府在川康区正式实施食糖专卖政策，食糖专卖局对川糖的"产制运销"实行了"民产、民制、官购、官（商）运、商销"的专卖管理。根据商运、商销的承运原则，川康区食糖专卖局把运销糖商分为承销商、零销商两种，"二者均需登记合格，领得许可证后始得营业，商人运销糖类时均须照章缴纳利益30％，领得运照专卖凭证，否则一概以私糖论，承销商销售糖类时，须有经纪人为之介绍，按照政府核定之食糖零售价格发售，不得高于市价或有黑市情形发生"[①]。川康区食糖专卖自1942年2月开始，到1944年7月停止，前后一共3年，之后，糖品运销又重行自由交易。无论是期货交易性质的"预买预卖"，还是糖品的现货交易，在一定程度上均属于自由交易范畴（陷于"长项"或"下片"的生产在者除外），糖业利润也主要为业糖者所分享，然而，在抗日战争时期，国民政府则通过对糖品交易的干预从糖业中攫取了垄断利润。

一、川康区食糖专卖机关的设置

1941年3月，国民政府八中全会通过举办食糖、盐、烟、火柴、茶五项专卖；同年9月9日，行政院公布"战时食糖专卖条例"。根据该条例，糖类专卖由财政部于部内设置糖类专卖管理机关，并依据产销区域，分设各地专卖分支机关办理。就川康区而言，财政部于1942年1月16日在内江设立川康食糖专卖总局，对四川、西康两省的食糖实施专卖。川康区食糖专卖总局下辖37个处所，分管约134个产糖县份（表4-1），于1942年2月15日开始实行食糖专卖政策。第一任专卖总局长为曹仲植，第二任为甘绩铺。

表4-1　川康区食糖专卖局各分支机关辖区一览表

名称	等级	辖区
资中办事处	一	资中
资阳办事处	二	资阳
简阳办事处		简阳
万县办事处	三	巫山、奉节、云阳、巫溪、城口、开县、开江、梁山、石柱、万县
重庆办事处	一	壁山、巴县、江北、重庆市
合川办事处	二	合川、岳池、武胜、南充、蓬安、铜梁、大足、潼南
遂宁办事处	三	遂宁、蓬溪、三台、射洪、盐亭、安岳、乐至、西充、南部、阆中
金堂办事处	二	金堂、中江、梓潼、绵阳、罗江、绵竹、什邡、广汉
广元办事处	二	广元、昭花、剑阁、苍溪、江油、北川、彰明、平武、安县

---

① 郭太炎：《四川省近年蔗糖产销概况（下）》，《中农月刊》第7卷第2期，中国农民银行经济研究所，1946年2月28日，第56—57页。

续表

名称	等级	辖区
成都办事处	二	成都、新都、新繁、郫县、崇宁、温江、彭县、灌县、汶川、茂县、松潘、理番、懋功、双流、靖化
新津办事处	三	新津、崇庆、大邑、邛崃、浦江、盾山、名山、丹棱
江津办事处	三	江津、合川、永川
宜宾办事处	二	宜宾、屏山、雷波、庆符、高县、筠连、红县、长宁、马边
乐山办事处	三	乐山、青神、峨眉、夹江、洪雅、犍为
荣威办事处	三	威远、井研、荣县
泸县办事处	二	泸县、江安、纳溪、南溪、古宋、兴文
富顺办事处	二	富顺、自贡市
渠县办事处	二	渠县、达县、宣汉、万源、大竹、广安、邻水、巴中、通江、南江、垫江、仪陇、营山
会理办事处	三	会理及附近各县
忠县存糖登记处		忠县
长寿存糖登记处		长寿
土沱存糖登记处		土沱
合江存糖登记处		合江
酉秀黔彭存糖登记处		酉阳、秀山、黔江、彭水
鄡都存糖登记处		鄡都
涪陵存糖登记处		涪陵
内江城区业务所		
内江东兴镇业务所		
内江茂市镇业务所		
内江史家乡业务所		
内江观音滩业务所		
内江吴家铺业务所		
内江桦木镇业务所		
隆昌业务所		隆昌
仁寿业务所		仁寿
雅安业务所		雅安
綦江业务所		綦江、南川

资料来源：转自何思瞇：《抗战时期专卖史料》，台北："国史馆"，1992 年，第 202—206 页

1941 年，国民政府公布《糖类专卖实施大纲》，对糖类专卖的具体情况加以概括：

1. 凡在国内产制及由国外输入之下列糖类均归政府施行专卖：白糖、红糖、桔糖、冰糖、方糖（块糖）、精糖、糖清、漏水及其他糖类经财政部核定施行专卖者。

2. 糖类专卖由财政部于部内设置糖类专卖管理机关，并依据产销区域，分设各地专卖分支机关办理之。

3. 办理糖类专卖拟暂采：民产、民制或官制、官收、官运、商销办法。

4. 专卖机关应于产销集中及运输扼要地点分设糖栈，于必要时亦得指定商栈存储糖类，但应使其受专卖机关之管理。

5. 专卖之糖类应由专卖机关实贴凭证，并加具划一糖徽，在包装明显处分别烙印或粘贴，其出运时应发准运单。

6. 凡国外输入之专卖糖类，应先向专卖机关领特许凭证，于进口后，报由专卖机关核价收购，并依第三条已项规定出售之。

7. 工业用糖及加工糖商所需原料糖，应由厂家及制糖者向专卖机关集中申请购买。

8. 专卖之糖，地方政府不得附加任何捐税，所有向收之营业税一律免征，由国库核明后于预算中抵补之。

9. 施行糖类专卖应需之事业经费，应由专卖机关编具营业概算呈请核准，由国库一次拨足备用，于年度终了时编具业务报告、财产目录、资产负债表计损益表等，呈报财政部查核，并将该年度所获专卖利益报解国库。

10. 糖类专卖之法规，应经立法程序，但因适应糖产季候，拟将应用法规于呈奉国防最高委员会核准后，先行实施。

11. 实施糖类专卖必由政府存有大宗糖类，方足控制市场、便利消费，拟于实施前，先行集购，以免行商囤积居奇。

12. 在未实施专卖区域之糖类，除照章完纳国税外，应按照专卖机关核定售糖价格，另行加征平衡税出售，但其销售区域应加限制。[①]

---

① 何思眯：《抗战时期专卖史料》，台北："国史馆"，1992 年，第 249—260 页。

二、食糖专卖政策的内容

根据《食糖专卖实施大纲》，国民政府出台了《战时食糖专卖暂行条例》（见附录），从生产原料管理、成品制造管理、糖品收购及销售、糖品价格、专卖利益、查验及处罚等几个方面全面干预业糖者的活动，其主要内容如下。

（1）通则。条例第一章为通则，系规定食糖专卖一般之原则，包括政府专卖权限之范围、专卖食糖之分类、各项捐税之禁止，专卖行政与糖业公会之组织、收售衡器之标准。列入专卖范围的糖品种类有：白糖、红糖（不同地区的称谓多相异，有赤糖、乌糖、黄糖、黑糖等不同称谓）、桔糖、方糖（又称块糖）、精糖（车糖）、冰糖及其他经财政部核定之糖类。就四川省所产糖品种类来看，白糖、红糖、冰糖及桔糖属于专卖糖品范围。

（2）生产原料之管理。食糖专卖之初步工作，为生产原料之管理，包括种户登记之手续、原料价格之核定、生产资金之贷放、各地示范场之设置。种植甘蔗、甜菜及其他制糖原料的农户，应于1个月前，将其姓名住址、种植品种、种植地的面积及坐落位置、成熟期、产量的估计数量、生产费用的估计数量等事项向专卖局或其委托之机关团体声请免费登记，如有变更及废止，也应照章声请。制糖原料的价格由专卖局按照品种而分别核定标准。经登记之农户，必须组织合作社及合作社联合社。经登记之农民可以通过合作社向专卖局请求贷款及必要之生产资金；专卖局得分区设置示范场，培育种苗，指导种户改良品种、种植技术、防治病虫害等。

（3）成品制造之管理。该项食糖专卖之第二步工作，包括制糖厂商之登记、原料承购之价格、营业账簿之格式、制糖经过之检查、掺杂改装之禁止、加工制造之适用。制糖厂商必须在开业前，将名称及代表人姓名、住址、资本额、制造方法及设备、每年所制成品种类及数量、每年开工期间及停工期间、其他事项经专卖局指定者等事项声请专卖局核准登记，如有变更也必须声请；有依照专卖局核定价格购买制糖原料之义务；应将原料之种类、数量及购进处所、日期及价格，使用原料之种类及其数量，成品之种类及其数量，成品储存处所，其他经专卖局指定必须记载者等事项逐日记载于营业账簿；应将所制成品种类及数量，按期报告该区同业公会，转报专卖局登记；不得将已登记之成品掺混杂质或溶解；对于成品之包装及其定量，应受专卖局之指示，非经许可不得变更。

（4）成品储存之管理。该项系第三步工作，包括公栈商栈之设置、自设仓栈之条件、仓租保险费之免缴、入栈出栈之手续。在这一方面，一律采取公栈制度。专卖局要求属于专卖之糖品，应于制造完成后 10 日内，悉数缴存专卖局在该区域所设之公栈或其所指定之商栈。制糖厂商自设有储糖仓栈或其他储糖设备者，经呈请专卖局认为便于管理，且合于规定条件时，可以自为存储，但其仓储得由专卖局管理。专卖糖类之出栈，非贴有专卖凭证及专卖局所发之准运单，不得为之。

（5）糖品收购。系第四步工作，包括官收价格之标准、定价争议之救济、不当行为之处分、外糖输入之收购。专卖之糖由专卖局依照财政部核定价格收购；制糖厂商必须在指定日期及场所交付成品；如所交付之成品品质低劣及包装定量不合规定时，专卖局可以命令制糖厂商对其加以适当处理。

（6）糖品销售。系第五步工作，包括承销商之权责、零售商之权责、承销商与零售商之联系、批发价与零售价之标准、兼营制糖之限制、账册单据之检查。专卖局把运销糖品商人分为承销及零售两种，应经专卖局核准登记，发给凭照。专卖糖品的批发价格，由专卖局按照各区收购成本及国家专卖利益为计算标准，分别拟订，呈财政部核定公告之；其零售价格，由该区糖业公会拟订，报请专卖局核定公告，并转报财政部备案。承销及零售商之营业状况及其存货账册单据，应随时允许专卖局加以必要之检查。

（7）对违反专卖条例之处分。当国家新政实行之初，民间习于故常，往往阻力横生，奸宄百出，故欲望政策之贯彻，尤赖处罚之严明。该项包括输入移入违章之处罚、怠于登记及记录不时之处罚、掺杂改装之处罚、私存私运私制之处罚、证据改篡重用伪造之处罚、串通作弊分别处罚及二种以上并料之处罚。

在此基础上，国民政府又相继公布了一系列食糖专卖管理方面的单行条例，如《战时食糖专卖条例实施细则》、《食糖专卖区内糖清管理暂行办法》、《制糖厂商管理暂行规程》、《糖类临时运存单、申请书》、《财政部川康区食糖专卖局专卖利益收纳办法》、《已缴专卖利益之白糖加工制造、冰糖专卖利益扣抵暂行办法》、《食糖专卖区内存糖处理办法草案》、《食糖承销商、零售商特许暂行章程》、《食糖专卖区内糖蜜管理暂行办法》、《战时食糖专卖查验暂行规程》、《糖栈管理暂行规则》、《财政部川康区食糖专卖局内江办事处清算期督导暂行办法》、《财政部川康区食糖专卖局征收酒精厂购用糖清专卖利益暂行办法》、《甘蔗、甜菜种植户登记暂行办法》等。[①] 这些规则及办法的目的是从更加细致、严密的角度保证专卖制度的顺利实行，如对糖清产销的

---

① 内江地区档案馆：《民国时期内江蔗糖档案资料选编》（下），内部资料，1984 年，第 835—865 页。

管理。

（1）管理糖清制造。糖清制造户应将所制糖清依照制糖厂商管理规定，对于产品之规定随时登载产品登记簿及产品转移簿，并按旬报告该管专卖机关；每年制品出售完毕后，将全年购入原料、来源、数量、糖清生产数量及出售之厂商数量向该管专卖机关填具总报告。另外，加工糖厂应于制糖前将该年所需糖清总量、申请承购之区域及制产名称报请改管专卖机关备查。最后，专卖机关分配糖清时，应依供需总量、交通距离及申请厂商之制造成本、品质、设备等分配之。

（2）管制糖品的区域流动。对于外糖入口，专卖机关应按照进口法令、市场有无代用品及其供需情形，分别核定许可与否；其经特许输入者，应填发许可证，交由申请人凭以报关进口。对于自未实行专卖区域移入专卖糖类，承销商应向专卖机关领取申请书，填写申请人姓名，住址，移入原因，移来地点牌号或厂名，移入糖品的种类、数量、包装、标志、单位、价格及用途，行销目的地等事项。移入糖之承销商，应向该管专卖机关缴纳平衡费、专卖利益，贴用专卖凭证后，依照《战时食糖专卖暂行条例施行细则》各规定进行销售。

（3）督导糖业同业公会协助专卖工作。各类糖业同业公会的职责为：关于协助登记事项，关于账簿记载之指导及督促事项，关于包装定量及衡器之指导事项，关于评价事项，关于所属会员所制成品种类及数量之按期报告事项，关于协助专卖机关执行《战时食糖专卖暂行条例施行细则》第十六条所定事项，关于协助糖栈之管理及其指导事项，关于协助收购及监督销售事项，其他的关于专卖登记事项。

（4）管理糖蜜（漏水）的存销。糖蜜依照专卖条例规定，缴存公栈或指定商栈，非经收纳专卖利益，贴用专卖凭证不得出售；公私厂商需要糖蜜时，应向专卖机关申请购置，专卖机关应予以适当分配。

第二节　对糖品市场的干预

从专卖政策的本身含义来看，商品的产、制、运、销等一切环节均应由专卖机关来统制。然而，在抗日战争这一特殊环境下，政府无力统制专卖产品的全部生产、买卖环节，仅能以统筹产制、整购分销为初步实施办法，其零售业务，仍利用现有商店经营。"诚以专卖事业在吾国尚属韧始，以今日经济社会之散漫，与抗战民生之困苦，如将产制运销各个过程全部加以独占，则人才、资本、组织均不敷用，故先将贩卖一段付诸实施，将产制部分加强管理，庶社会有渐进之机能，政府收利导之实效。"①

一、政府实施食糖专卖政策意义的解释

1. 裕国、利商、惠民——官商民三者共赢

1942 年 2 月 15 日，川康区开始实施食糖专卖政策。2 月 24 日，川康区食糖专卖局局长曹仲植对内江糖商做了首次讲演，其全文刊发在《食糖专卖公报》（财政部川康食糖专卖局，1942 年 4 月 5 日刊行）创刊号上。在此次演讲中，他从裕国、利商、惠民三个方面分析食糖专卖政策实施的意义：在裕国方面，政府为增加财政收入，解决战时财经困难，尤其是为支付巨大军费起见，决定举办六种和人民生活有密切关系物品的专卖，这是专卖的第一目的。在利商方面，首先是帮助糖商周转资金，在糖业资金运转困难，货款工作刻不容缓之际，"易县长（易元明，时任内江县县长）和李主席（李汉文，时任内江制糖公会主席）都会打电报给我，吴团长并亲到重庆找我设法，所以本局决不顾一切，请准政府拨出四百万元，来供贷款之用，将来政府还拟在内江继续贷放二千万元，资中一千万元，使大家乐于生产"；其次保护糖商专营质之权，"政府为保障销商的利益起见，曾订定一种登记办法，就是非经营糖业 3 年以上的不得承销。诸位谅都晓得，政府现有经济检查大队三大队，检查囤积居奇的事，曾经没收过物品和惩处囤积商人多起，而且不准商业银行囤积民生必需的物品。去年 11 月间财政部规定，自从本年开始，不得再开设商业银行，这样一来，不能囤积货物，又不能开设银行，有许多人有钱没处用，想做糖的生意，都来和我商量，我就当面告诉他们，如果你们曾经经营糖业 3 年以上，当然可以，例如冠生园的主人洗冠生，曾经营糖业 30 年，当然有这个资格，否则我也没有办法。这种规定就是保障糖商利益的意思，所以专卖的第二目的乃是利商"。在惠民方面，"现在兰州的糖价，每斤高至 15 元，而且每人限购 4 两，河南、陕西两省财政厅厅长来重庆开会时，都盛赞内江的糖好，他们在河南、陕西从没有吃过这样的好糖，陕西民政厅厅长彭昭贤说，西安的糖都掺有泥沙，青海马主席也说，在西宁所吃得到的都是灰糖……云南的陆厅长前次来川时，也说云南没有糖吃……贵州也才缺糖，而川康区域则糖太多，形成滞销状态"②，在这种情况下，政府实施专卖，保证供需平衡，是惠民之举。

---

① 何思瞇：《抗战时期专卖史料》，台北："国史馆"，1992 年，第 102 页。
② "关于糖类评价委员会组织章程、战时食糖专卖查验暂行规程"（1942. 2—1944. 7），第 17 页，资阳市雁江区档案馆藏，民国资阳县政府档全宗，档案号 2—1—695。

其次，川康区食糖专卖局又从官、商、民三者共赢的角度，向广大蔗农做了宣传（川康区食糖专卖局告蔗农同胞书）。

告蔗农书

栽种甘蔗的同胞们：

大家都知道政府实施食糖专卖为的是裕国、利商、惠民，要想达到这个目的，对于制糖原料当然要重视，你们是甘蔗的生产者，政府更要特别关心，这是不问可知的。

政府为了增加国库收入和国防动力原料的生产，以应抗战的需要，才办食糖专卖，才有专卖局的设立，如果你们的甘蔗生产量不大，制糖无多，国库收入何以增加，大家都知道酒精可以代替汽油，是军事运输上不可少的东西，而漏水、桔糖乃是很好的酒精原料，如果你们的甘蔗种少了，这许多的漏水、桔糖，又从哪里来呢？因此，很明显的政府与蔗农是站在同一立场上，既是立场相同，利害就一致，所以政府才要扶植你们，保障你们。

战时食糖专卖暂行条例第十五条，曾规定种甘蔗农户经登记后，得向专卖机关请求贷于必要之生产资金，现在本局正在计划办理蔗农贷款，不久即可贷出，并且利息很低，比你们向市面借款，所化六七分子金便宜多了，从这种明文规定的设施来看，就知道政府对蔗农的扶植，是非常注意。

食糖专卖后，政府不仅对于蔗农加以扶植，又顾虑种蔗的人得不到利益，在专卖条例上规定专卖机关得按照品种评定单位价格，与蔗农以合法利润的保障。如遇天灾或病虫害，专卖机关得予以必要之协助，此外，本局又提川糖外销，以国家的力量推广销路，使川康的糖大量销到外省，销路既广，制糖原料的甘蔗价格自然提高，这又是对于蔗农间接的保障，丝毫不容疑惑的。

总之，政府实行食糖专卖，不只是为了增加国库收入和酒精原料的生产，实在也是为保障蔗农的利益，免得受高利贷者的压迫剥削。你们不要拿过去的经验来看现在的政府，以为食糖专卖后，让你们登记，就是加重你们的负担，因此，迟疑观望，甚至连甘蔗也不敢种了。其实，完全相反，政府不但在资金上帮助你们，在技术上指导你们，并且用规定甘蔗价格的方法，保障你们的利润，你们还用得着再怀疑么？再说，你们的坡地，特别宜于种蔗，甘蔗不怕旱灾，比种其他杂粮有把握，况且你们种蔗的习惯已经养成，骤然改变也，是于你们不利的，当甘蔗下种的时候，你们要信赖政府，赶快栽种，不要再观望犹豫，误了自己的生计。[1]

从专卖局的告蔗农同胞书的内容来看，政府强调实施食糖专卖政策是国家、糖商及蔗农三方共赢之策。即在国家方面上，食糖专卖增加了国库收入，并保证了酒精原料的生产；在糖商方面，政府运用行政力量拓展糖品的销路，利于糖商的运销；在蔗农方面，政府加大农贷力度，并给予种蔗指导，从而有助于蔗田的增产。

2. 国家资本之创设及民生主义之实践

国家资本之创设论认为，专卖制度为创造国家资本之一种途径。列邦之间，已施行食糖专卖者，为意大利、匈牙利、土耳其、秘鲁、伊朗及未被德国侵占前之奥南等7国，虽其专卖方式各有不同，然其专卖范围，逐渐扩充，早成自然之势。我国食糖专卖，现仅于收购、销售两项采用专卖方式。专卖制度之意义，在于将消费品之购运销售由政府独占，或将生产制造连同独占，国家既处于独占地位，而税额即寓于专卖利益之内，其优点为对于生产教育、社会公益、技术辅导、科学真理各方面，均由政府负责处理，既足以排除私人之自由竞争，更得由政府对于专卖利益，按时高下伸缩，利用之以得大宗收入，而其精义所在，国家不使山海天然之富藏与关市货物之萃集，专善于豪强商贾，而由政府施行专卖制度，取诸豪强商贾之手，以充国库之财源，故专卖制度谓之为创造国家资本之手段也。[2] 食糖专卖政策的特质：①维系民众心理。专卖有全部专卖及局部专卖两种，此次食糖专卖条例，仅于收购及销售两项施以专卖，而于原料生产及成品制造两项，任民自由经营，至于成品储存一项，又采用公营与私营并用制度。推其用意，重在采用局部专卖，以求与国情、环境相适应。政府此次推行食糖专卖，不斤斤于财源之增加，唯以民情允洽是务，故不采用全部专卖，仅于收购及销售两项加以专卖，非仅原料生产之种户及成品制造之厂商与货物存储之栈主，仍得照营原业，即向来销售食糖之承销商、零售商，虽经实施专卖，仍得申请登记照常营业，其体念民情之德意，所影响于人心者，至深且巨。②树立技术辅导，食糖专卖条例所定分区设置示范场，凡关改良品种、耕种技术、防止虫害等项，应分别指导，加以必要之协助，使其原有生产得以逐年增进。③实施科学

---

① "关于糖类评价委员会组织章程、战时食糖专卖查验暂行规程"（1942.2—1944.7)，第77页，资阳市雁江区档案馆藏，民国资阳县政府档全宗，档案号2—1—695。

② 贾士毅：《评食糖专卖条例》，《财政评论》1941年第6卷第5期"重庆航空版"，第1—22页。

管理。①

民生主义之实践论者认为经济思潮随时代以具进，吾国当前之经济政策，应本民生主义，创造国家资本，同时建立计划经济，国有民生与产业门类之配合，生产数量与地域需要之分布，均有合理之标准，使之共同发展。然而，在自由竞争下，商人唯利是图，对于国民经济及民生问题很少顾及。相反，专卖政策有以下几个方面的好处：人民负担，不觉苛扰；营业利润，全归国用；专卖价格，比较公允；可以减少无益之消费；可因专卖之结果，而获平抑物价之实效；可以适合消费者负担能力。因此，国家加以专卖政策，可以调剂社会供需，消灭囤积居奇，并在人民的承受能力下，规定各种专卖局价格，在增加财政收入的同时，可以兼顾民生。国民党所决议的专卖政策，本质上与一般资本主义国家的专卖政策完全不同，它是民生主义的实践。首先，国民党 1938 年临时全国代表大会宣言以为实现民生主义，须施行计划经济，凡事业之宜于国有者，由国家筹集资本从事兴办，务使趋于生产合理化。其次，在抗日战争和建立新中国纲领经济章内，对于计划经济尤为注意。再次，1941 年，国民政府三中全会通过办理盐、糖、烟、酒等消费品专卖一案，取义为"调节供需、平准物价"，八中全会把"试行专卖制度"列在"动员财力、扩大生产、施行统制经济，以保障抗战胜利"之内，再则在战时三年建设大纲之内，指明并选择大宗日用品，实施专卖制度，俾收国计民生双方兼顾之效。最后，孔祥熙在《财政评论》第五卷、第五期上发表《民生主义下之国家专卖政策》一文，对民生主义与专卖政策之间的关系做了总结，明确指出了专卖政策的民生主义本质。②

二、具体的干预

1. 纳税对象发生变化

糖税的征收始于咸丰年间，当时，地方财政窘困，政府开始注意糖业，对每万斤糖品征税 600 文，不过并未派员征收，而仅是委托地方绅士代收而已。光绪末年，因互争管理糖税款权，发生诉讼，四川总督衙门赵尔巽令资州州官沈继贤在资中设立糖厘总局，管理资五属糖税，简阳、资阳、内江、富顺设立分局或代办处，专理糖税事项。宣统时期，糖户借故拖延，且易漏税，政府遂改代完制度为糖房、漏棚直接完纳糖税，税率为每万斤 40 吊。民

---

① 贾士毅：《评食糖专卖条例》，《财政评论》1941 年第 6 卷第 5 期"重庆航空版"，第 1—22 页。

② 罗敦伟：《民生专卖政策再检讨》，《财政评论》1941 年第 6 卷第 5 期"重庆航空版"，第 14—22 页。

国二年（1913年），南京国民政府整理财政，改糖厘局为糖税局，复改行"征商不征农"，此后一直沿用到抗日战争爆发。传统的糖税征纳对象为制糖者，实施专卖政策后，糖税从价征收30％的专卖利益，纳税对象转为运销商。糖税的征缴办法，从清末一直沿到1937年，从未有较大的变化，"榷税办法即按各糖房熬制糖清数量每万旧斤课税40元，糖房于开搞时，具报人工、牛只等项，并领取局制印簿，逐日熬搞之蔗量与制成糖清均详记簿上；漏棚收吊糖清后，随按确量转登漏棚印簿，一俟收吊完毕向局结算，陆续分期由漏棚照糖清多寡数量，遵照上述课征标准完清税款；至制成糖类在成交售运时，报局发给印花税票，交以买方任其通行"①。糖房、漏棚为制糖商的主体，糖税由其承担，而运销商则无承担糖税之责任。川康区食糖专卖实施后，糖税的征纳对象由制糖商转移为运销商，糖税标准为从价征收30％的专卖利益。

2. 从糖品的自由存放到公栈制度

堆栈业，本为方便制糖商进行糖品抵押、交易而设置的货品堆放仓库，有兼营及专营两种，沱江流域各县均有设置，如内江，"各银行共有堆栈19所……私人堆栈亦有19所"②。该业的存在本与糖品交易的习俗有关，在四川沱江流域，制糖商与贩运商之间的糖品交易，存在着一种经纪人制度，即二者并不直接发生关系，而是通过糖业经纪人的从中撮合而发生买卖关系。其具体交易过程为：首先，制糖商将其代售产品存放于临河码头堆栈③，"漏棚除与糖房交易买卖糖清之外，所制之糖，先取样品，代于市上行店售卖"④；其次，糖业经纪人取糖样说于糖商，"经纪得到卖主的糖样后，即寻觅买主，暗地商议两方价格，如双方认可，乃约见面，喊出拟定价格，即为交易初步成功，同时在糖样上写明售卖斤数及价格，并约定验糖日期，为表示信用起见，买主交卖主以定洋一元至数十元"⑤；最后，为验糖及完成交易

---

① 内江地区档案馆：《民国时期内江蔗糖档案资料选编》（下），内部资料，1984年，第875—877页。

② 杨寿标、朱寿仁调查，钟崇敏撰述：《四川蔗糖产销调查》，重庆：中国农民银行经济研究处，1940年，第73页。

③ 堆栈是银行或私人为方便糖品抵押、交易而设置的货品堆放仓库，有兼营及专营两种，沱江流域各县均有设置，如内江"各银行共有堆栈19所……私人堆栈亦有19所"。杨寿标、朱寿仁调查，钟崇敏撰述：《四川蔗糖产销调查》，重庆：中国农民银行经济研究处，1940年，第73页。

④ "甘蔗试验场各县糖蔗产量及甘蔗生产情况调查"（1936），第57页，内江市档案馆藏，四川省农改所甘蔗试验场全宗，档案号15—1—16。

⑤ 四川甘蔗试验场：《沱江流域蔗糖业调查报告》，第七章，1938年8月，第16—17页。

手续，"当验糖期，由经纪领买主到卖主家或存货处对样，如与糖样不差，则吊称装包、抄码单、贴号飞，当结清算价时，卖主须交糖花运单，方能下货运走；如与糖样有差，则须酌量少价，倘双方不满，经纪则可将糖另卖"①。

专卖政策实施后，政府要求属于专卖之糖品，应于制造完成后 10 日内，悉数缴存专卖局在该区域所设之公栈或其所指定之商栈。

3. 管制糖品价格

自 1939 年始，政府已开始管制糖品买卖价格，即蔗糖评价制度的实施，糖品价格已经历从市场自由价格到政府计划定价转变，但是在 1942 年前，掌握评价大权的是地方县一级政府，而 1942 年川康食糖专卖局成立后，蔗糖的评价大权则由食糖专卖局来行使。国民政府从平抑物价、管制交易的角度出发，不仅管制历年的蔗糖评价，而且糖品的收购及批发价格也由专卖局评定。从《食糖专卖暂行条例》第二十七、三十二条具体评价标准来看，糖品收购价格由专卖局于该管区域内组织评价委员会，按照产制成本及合法利润为标准；批发价格由专卖局按照各区收购成本及国家专卖利益为计算标准，分别拟订，呈财政部核定公告之；而其零售价格，据第三十三条规定，由该区糖业公会拟订，报请专卖局核定公告，并转报财政部备案。就川康区食糖专卖局的工作报告来看，这一时期糖品价格的管制确实起到了一定的积极作用。"实施管制价格，首先在于核价合适，过去甘蔗糖清评价由地方政府主持，实施专卖政策后，则划归川康区食糖专卖局办理。以往，蔗糖评价多因蔗农、糖房、漏棚三方利益冲突或政府办理欠周到，而滋生新的纠纷。1943 年蔗糖评价，系本局事前宣达，于 10 月 24 日约集沱江流域主要产区专员、县长及党团参议会首长、糖业团体代表开会，评定本年内江甘蔗每万公斤 13 000—13 500 元，优良蔗种加 5%，糖清每万公斤 27 万元，其他产区依此标准照习惯办理。三月雍客和睦，结果圆满，经呈举，部长如议核定，于 11 月 15 日公布实施。"②

4. 食糖收购

根据糖品官购的专卖原则，川康区食糖专卖局需筹集资金把该年制成的糖品予以统一购买，然后由运销商来承销，政府则从价征收专卖利益。但是专卖局限于资金的严重匮乏，无力按照这一原则执行专卖政策，不得已只有

---

① 四川甘蔗试验场：《沱江流域蔗糖业调查报告》，第七章，1938 年 8 月，第 4 页。

② 甘绩镛、霍子端：《川康区食糖专卖局工作报告（1943 年 7 月 21 日至 11 月底）》，见：中国第二历史档案馆：《中华民国档案资料汇编》第五辑第二编，"财政经济"九，南京：江苏古籍出版社，1997 年，第 100 页。

委托商业机构代为购买。例如，为供应蓉、渝各地之糖品需要，于1942年4月间，委托民生公司代购代运白糖10万公斤。自5月份起，为发展外销起见，又先后委托承销商蜀和公司一六糖厂代购白糖40万公斤，并饬内江城区业务所购白糖2.5万公斤、桔糖10万公斤。此外，定购铨源号糖精1万公斤，并饬资中办事处就地收购10余万公斤。① 但是，以上这些糖品是川康区食糖专卖局为供应渝、蓉两地公教人员用糖及运销豫、鄂及西北等地所需之用糖，且在糖产总量中仅占极小一部分，而对于大部分糖品的收购，专卖局则碍于财力而无能为力，只能等"奉准核拨巨额资金后再行统一办理"②。从官购专卖原则的实施情况来看，川康区食糖专卖局根本无财力行使官购之专卖权力，而不得已只能依靠一些商业公司来帮助其代为购买，但是这一代买数量极其有限，因此可以认为食糖专卖政策中的官购一节形同虚文。

5. 对糖商的管理

繁茂的糖品交易，刺激了糖品贩运商群体的形成，这一群体资本较为雄厚，在各地设立糖号，主要经营批发贩卖，为糖品贸易之中枢，其中以内江家数为最多，抗日战争前约有120家，20世纪40年代增至160余家。③ 在早期，这些群体依地缘关系分属于不同的糖帮，如内江的"本帮"，为本县糖商所组织，家数最多，并可受外县糖商之委托，代为进货；"外帮"，系外县糖商在内江设号而得名，长期驻内江办货者，有重庆、江津、富顺、泸县、綦江、丰都等帮；"贩庄"，系指临近各县糖商，其并未在内江设号，只于糖品上市之旺月，携款来内江采办，但是此种销量为数甚巨。④ 1907年，内江县始成立商会，发起会员仅8个帮，152家商号，即棉花帮14家、绸缎百货帮18家、干菜山货帮20家、酒帮（含糟房）25家、枯油帮20家、酱园帮20家、糖帮（含漏棚）30家，绵烟帮5家。1929年政府颁布新的《商会法》及《工商同业公会法》后，各帮运销商依照法令组织了糖类运销同业公会，如是年内江县成立了以团结营贸共同发展事业及维持矫正同业利益弊害为宗旨的买糖行商同业公会。⑤ 1931年，据国民政府经济部颁布的《同业公会组织

① 宋同福：《食糖专卖实施概况》，《经济汇报》1944年第8卷第11期，第71—90页。

② 内江地区档案馆：《民国时期内江蔗糖档案资料选编》（下），内部资料，1984年，第871页。

③ 黄江陵：《解放前内江的糖业贸易》，见：中国人民政治协商会议内江市市中区委员会学习文史资料委员会：《内江市市中区文史资料选辑》第30辑，1992年，第131页。

④ 张肖梅：《四川经济参考资料》（第二十章出口业，第五节糖业），上海：中国国民经济研究所，1939年，第T112页。

⑤ "内江县政府各业同业公会改选、更正章程、布告、公文、呈文"（1933—1942年），第6页，内江市东兴区档案馆藏，内江县政府全宗，档案号1—8—95。

法》，内江各商帮纷纷改组成同业公会，就糖业而言，在该年相继成立了糖房业公会（历任公会主席/理事长为王仲绥、李星五、李维汉及李剑威）、漏棚业公会（历任公会主席为袁敬铭、王仲绥、郭如伦及高百川）、冰桔糖食业公会（历任公会主席为艾襄栓、李协邦）、买糖行商业公会（历任公会主席为吴监忠、温建勋、宋子麟及范培基）、红糖业公会（历任公会主席为钟友章及罗有光）。[①] 同业公会之宗旨为"以维持增进同业之公共利益及矫正弊害"，但是，各同业公会组织必须接受地方党部的监督和指导，并被要求根据公会法两年进行一次改选。

1942 年食糖专卖政策实施以后，运销商则分为承销商与零售商两种。到 1943 年 4 月 15 日止，在各县登记的承销商及零售商家数统计中，承销商以重庆 186 家、内江 135 家为多，零售商则以重庆 2234 家、成都 1801 家为多。[②] 在内江糖业的四大公会中，运销商公会占了两个：糖业运销公会（专营内江以下的糖品运销）及上河运销公会。[③]

第三节 食糖专卖所产生的影响

在如何评价食糖专卖政策上，学界有较大的分歧：持批评观点的学者认为，专卖政策重在掠夺，有较大的负作用；持两分法观点的学者多肯定其在平抑物价、保证税收方面的积极作用（具体论述见综述部分内容）。

以上的各种观点，为我们进一步分析专卖政策的影响拓宽了视野，基于此，本书则认为我们应从多个层面来看待川康区食糖专卖政策的影响。同时，在分析政府获得专卖利益时，我们也应看到国民政府通过食糖专卖政策也达到了对地方社会的渗透；在分析专卖政策对糖业发展的影响时，似乎不宜孤立地分析专卖政策一端，而应把这一时期政府对糖业的各项统制政策加以综合分析，即把糖业技术改良、金融扶持、糖品供应调配及蔗糖价格管制等几个方面与食糖专卖政策结合起来分析，食糖专卖政策是政府对糖业统制的高峰。

---

① 但恭慎：《同业公会小史》，见：中国人民政治协商会议内江市市中区委员会文史资料委员会：《内江市中区文史资料选辑》第 29 辑，1991 年 1 月，第 43 页。

② 陈祥云：《蔗糖经济与地域社会：四川糖帮的研究（1929—1949）》，《辅仁历史学报》2008 年第 21 期，第 83—122 页。

③ 宋子麟：《我经营糖业运销的回忆》，见：中国人民政治协商会议内江市市中区委员会文史资料委员会：《内江市中区文史资料选辑》第 24 辑，1985 年，第 121 页。

一、专卖利益的获得及对地方社会的渗透

1. 专卖利益收入

战时食糖专卖利益的征收，按糖类收购价格的30％计算，其中包括15％的统税在内。川康区食糖专卖政策自1942年2月15日开始实行，到该年7月为止，专卖利益收入计达53 920 000余元，每月平均收入约1000万元。[①]因为粤桂区及闽赣区食糖专卖分别在该年的8月及9月实施，故上述统计数字全为川康区食糖专卖利益所得。

1942年9月7日，在财政部专卖事业司召集各专卖机关会议后，拟订该年度各食糖专卖局应征收之食糖专卖利益预算数，其中川康区分配预算中的81 000 000元，粤桂区为22 000 000元，闽赣区为18 000 000元，预算总数为121 500 000元。各食糖专卖局依此为征收目标，到该年12月底，各局实收食糖专卖利益总数为159 849 149元，较预算收入之数额超收了9 138 736元。由于川康区食糖专卖政策实施较早，且为大后方主要产糖区，故此次专利收入最多，达120 000 000元，占总收入的75％。[②]

1943年，国防最高委员会以各区食糖专卖已经渐上轨道，遂将食糖专卖利益预算数额提高至4亿元。根据此次目标，各食糖专卖局在1—6月份，共征收约271 000 000元，是上年同期专卖收入的5倍。到12月底，总计全年共征收食糖专卖利益442 197 842元，远超出了预算征收数额。[③]

1944年，国防最高委员会再度将食糖专卖利益预算数额提高为10.7亿元，此数额比上年征收数额高出两倍以上。然而，由于四川之产量自1943年开始减产，并且自1944年7月份起，国家政府将各省专卖利益次第取消，改办糖类征实，食糖专卖利益之征收也随之停止，总计到该年年底，共征收食糖专卖利益555 100 621元。[④]

2. 对地方社会的渗透

国民政府通过食糖专卖政策对四川省地方社会的渗透主要表现在两个方面：一方面是政府自上而下建立起一个食糖专卖体系；另一方面是把蔗糖评价之权力从地方县政府一级收归食糖专卖局，并对糖商进行严格控制。

川康区食糖专卖总局直接隶属于国民政府财政部，专卖总局局长及各分

---

① 何思眯：《抗战时期的专卖事业1941—1945》，台北："国史馆"，1997年，第511页。
② 何思眯：《抗战时期的专卖事业1941—1945》，台北："国史馆"，1997年，第512页。
③ 何思眯：《抗战时期的专卖事业1941—1945》，台北："国史馆"，1997年，第513页。
④ 何思眯：《抗战时期的专卖事业1941—1945》，台北："国史馆"，1997年，第513页。

局局长均由财政部任命，第一专卖总局局长曹仲植，第二任甘绩镛，均由财政部任命。为了便于就地管理食糖专卖，川康区食糖专卖总局一成立就把办公地点从重庆移到了糖业重镇内江。根据食糖专卖条例，川康区食糖专卖总局依据四川省糖品产销区域的分布情况，分设各地专卖分支机关 37 个处所，分管 134 个产糖县份。同时，专卖局又在四川各重要关隘遍布缉私纠察队，严控糖品走私。食糖专卖处所及缉私纠察队一起，从体制层面上完成了对糖业的专卖统制。

食糖专卖局成立后，依据专卖条例，蔗糖评价之权力改由专卖行使，即蔗糖评价权力由县政府转移到专卖局。蔗糖评价之权力由地方商会转到县政府，再由县政府转移到食糖专卖局，这种变化并非仅仅是一种商品的定价权力的简单转移，而在这一权力转移的过程中，既有从自由议价到政府宏观价格调控的市场统制含义，也有中央对地方社会进行渗透、控制的意味。因为在沱江流域，糖业作为当地的支柱产业，蔗糖经济影响到该区域各个行业的发展，所以完成了对糖业的统制，也就把把中央的权势深深地植入了地方社会。

二、川康区食糖专卖局在增进糖业发展方面的努力

专卖制度是统制经济的重要手段之一，如能实施成功，则对制造国家资本、节制私人资本及计划经济之目的，均有较大意义。

1. 争取贷款

为国防动力酒精原料之供应及国库专卖利益收入之考量。川康区食糖专卖局于 1942 年 3 月 9 日先后呈请财政部转函四联总处饬中国银行迅速增加贷款数额，并饬中国农民银行同时放贷，以挽危急。后来，接到四联总处及内江中国银行来函，函中称自太平洋战争发生，券料运输困难，农贷自不超过 1941 年度贷出额度。但是以资中、内江而论，1942 年合作社产蔗达 6 亿斤，在物价高涨的情况下，所需资金在 2 亿元左右，而中国银行仅贷出 900 万元，尚不足所需资金的 1/20。川康区食糖专卖局以时间迫切，责无旁贷，乃面呈孔祥熙部长，要求财政部准许将川康区食糖专卖局业务基金 790 万元先行试办农贷。[①] 4 月 10 日，获得批准，立即缜密妥筹本年度农贷计划及各种表格。正当紧张筹划间，4 月 22 日，财政部要求停止放贷计划，交由董事会核议定

---

① 中国第二历史档案馆：《中华民国档案资料汇编》第五辑第二编，"财政经济"八，南京：江苏古籍出版社，1997 年，第 329 页。

夺。7月6日，奉财政部电，中国农民银行迅速举办蔗农贷款，中国银行办理糖商贷款，而川康区食糖专卖局从即日起停止相关农贷事务。[①]

1943年，争取贷款的事又有了转机。四联总处终于同意了曹仲植的请求，命令中国农民银行办理该年度四川蔗糖业的生产贷款事宜，贷款额为1.4亿元，放贷区域为30余县。为保证专卖利益的征收及保障放款的安全，曹仲植与中国农民银行内江支行制定了工作联系大纲，规定凡贷款之合作社或农团，在出售其制成品时，应先领取贷款行库准许出售证明书，才能办理交纳专卖利益、领取凭证、运照等手续。放贷的标准因地域不同而有一定差异，首先，在成渝路内江、资中、资阳、简阳、隆昌、荣昌等县，不共同加工的每万土贷放生产贷款300元，共同加工的放生产贷款800元，以5万土为限，加工贷款每千斤糖清或红糖贷放1000元。其次，非成渝公路各县每万土贷放生产贷款250元，以3万土为限，加工贷款暂不举办。截止到7月底，各地贷出款额达7069万元。

1943年8月初，甘绩镛接替曹仲植出任川康区食糖专卖局局长，甘绩镛亦较为重视农贷事项，到8月底，即在一个月内，又贷出4681万元。他曾要求1944年度的蔗糖生产贷款按照头一年的产制成本和加工费用的6成核算，那么川康区则共需贷放11210万元，如此巨额的贷款，四联总处予以否定，表示本年度无法放贷，不过到该年7月份食糖专卖政策停止，已贷放了5945万元。

2. 向外拓宽川糖销路

川糖一向以交通阻隔而未能远销，尤其是在南下两湖的路线受阻之后，川糖一度出现滞销情况。专卖局为谋货畅其流、民得其所需起见，积极开拓外销路线，与四川驿运管理处川西、渝广两段订立运输食糖合约。川西总段负责川陕、沱江及长江下游之木船运输，渝广总段负责川陕公路上渝广段之板车运输，并可由陕甘驿运分处接运宝鸡，以便转运西北各地。另外，又与民生公司订立运输合同，让其担任泸（县）渝至巴东之汽车运输任务。运输任务大体解决后，专卖局又于1942年6月间，先后在巴东及宝鸡分设豫鄂运销处及西北运销处，以办理自营运销及扶助商人运销等项业务。其扶助商人运销工作最感便利者，为办理糖件改包及商人同统税机关办理分运工作。至于自营业务，截止到8月初，即两个月间，已分别运抵巴东及西北各60余吨

---

① 邓文烈：《川康区食糖专卖后筹办蔗农贷款之经过》，《经济汇报》1945年第8卷合订本，第92—101页。

白糖。①

三、抗日战争时期食糖专卖条例及相关规定与实际情况的背离

抗日战争时期食糖专卖条例及相关规定中的部分条款不仅脱离实际，而且过于烦琐，从而导致专卖事业无法顺利开展，且劳民伤财。

首先，就蔗农而言，根据战时食糖专卖条例第二章第八条的生产原料管理之规定，制糖之甘蔗、甜菜及其他可供制糖原料之种户，应于开业前一个月，将姓名、住址、品种、种植地之面积及坐落、轮种或连种、成熟期、产量之估计、生产费之估计等事项向专卖局或其委托之机关团体声请登记，其变更或废止种植时同样要登记。但是这看起来较为简单的规定，一落实到沱江流域具体的蔗农户数上，就变得异常庞大。首先，蔗农的数字非常庞大，如据 1938 年四川经济考察团调查，内江人口约 60 余万人，农民人数约 50 万人，蔗农约 30 万人，占农民总数之 60%；资中人口约 70 万人，农民约 55 万人，其中 50%左右为蔗农。② 对这么多的蔗农进行一一统计，将是一项极具难度的事情。另外，蔗农多不识字，统计起来很不方便，而第五十条对漏登之处罚又相当苛刻，以至于引起很多无谓的纠纷，是故 1943 年春季，"各县已经种蔗者，顾多自行铲去，影响生产"③。

其次，对于制糖商而言，战时食糖专卖暂行条例第二章成品制造之管理，只宜行于机械制糖厂，对于土制方法之糖房漏棚则不适应。因为手工制成糖类，所经时间较长，如漏棚每日登记出产种类、数量，并按旬表报，此确有极大困难，并且，手工制成品均系湿货，若登记之，则晒干之后，重量必不相符。若登记干货，则每日所出之湿货，当为私制，兼以所出成品，其放置地点不许移动，若要暴晒或另改装，均须受第五十条之严重罚办。专卖条例第四章成品储存之管理规定，成品在制完成后 10 日内悉数缴存公栈或指定之商栈，此犹不可能之事。查白糖制成后均用苇席屯放，非成交以后不能包装，若先行装包则色泽不鲜，又有凝团坠色之虞，此项重大损失，无法补救。况且红、白、桔糖，每桶包件重量皆百斤以上，入栈运费从何取偿，即使核准自行储存，必须合于第二十六、第二十七条规定，凡违反此者谓之私自存储，照第五十二条罚则，没收、罚款并以停业处分。

---

① 宋同福：《食糖专卖实施概况》，《经济汇报》1944 年第 8 卷第 11 期，第 71—90 页。
② 杨寿标、朱寿仁调查，钟崇敏撰述：《四川蔗糖产销调查》，重庆：中国农民银行经济研究处，1940 年，第 73、84 页。
③ 内江地区档案馆：《民国时期内江蔗糖档案资料选编》下，内部资料，1984 年，第 881—884 页。

1942 年 11 月，内江制糖业代表王有为等 23 人就战时食糖专卖政策中脱离实际的规定及处罚过于苛刻等问题，向四川临时参议会递交呈文，提出要求，呼吁给予改善。其具体要求如下：①生产之管理不宜责诸农民以表报，尤应废止第五十条之苛罚；②成品之管理请援照统税办法，只需严密管理，制糖印簿内中所载糖清若干，红糖若干，即可计其成品，在此过渡期中，各制造商所存手折亦可查改，事既易行，公私均便；③储存之管理成品，既可查考其总数，自当许其便利放置，以后清算重量何能遗漏；④各县产场以内移转糖类，历来均许自由，至后缉私，请饬缉私人员在边境出口上执行职务，于产区中心实无缉私之必要，况承商专利所在，亦当协助查报；⑤制糖业所制成品，专卖机关既未收购，现在交易又少，各商均负有高利贷债务，应请以低利率贷以巨款以资救济；⑥已完统税之贷应不限期扣还，以全大信；又专利指定承销商负担，制糖存货应不责其先为完纳，方合规定；⑦各县所有糖类应予准其流通，运在内江口岸或其他口岸待售，请制发临时运行证以资便利。[①]

不久，财政部部长孔祥熙给予答复，称第一项请废止关系蔗农息于登记罚则条文，事关法令，未便案准，其余各项，应由该局查核具报咨以凭察夺[②]，之后，却不了了之。

另外，运糖商也申诉了贴照一项的难言之苦。据三台县运销商称：①查糖之性质，本具胶着黏濡之能力，倘贴专卖凭证于糖上，一经阴雨潮湿之外袭，必胶黏模糊，不可分辨，此其困难之一也；②查糖在之装置系以篾箩包裹，在堆栈中时，则层层相累，压力甚重，篾包破裂，多不完整，若贴包外，则篾箩受其压力必坏，证明亦因致损，在所难免者二也；③查糖之运输，陆则车，水则船，不外此二者，车行则在叠压状态下，另以绳索捆缚，不但篾箩破裂、证明有损，而且绳索勒痕亦致发生证明破坏，露沾雨淋尤足影响证明难以完整，皆属意料所及，困难之三也；④查舟行则装起运载，摩擦越强，虽篾箩之坚百无一完，况区区一纸制证明耶，势所难免，必受损坏，零落消灭，此其四也。[③]

———————————

① 内江地区档案馆：《民国时期内江蔗糖档案资料选编》下，内部资料，1984 年，第 881—884 页。

② 内江地区档案馆：《民国时期内江蔗糖档案资料选编》下，内部资料，1984 年，第 881—884 页。

③ 杨修武、钟莳懋：《川康区食糖专卖概述》，见：中国人民政治协商会议四川省内江市委员会文史资料委员会：《内江文史资料选辑》第 4 辑，1988 年 12 月，第 95—122 页。

四、食糖专卖政策实施过程中的官商纠纷及官民冲突

1. 官商纠纷

首先是存糖缴纳专利及保证金纠纷。所谓存糖，即运销商在食糖专卖政策实施前购入而未出售的糖品。这部分糖品据川康区食糖专卖局规定，承销商、零售商所登记的存糖，应于 1942 年 3 月 25 日前，缴清专卖利益，否则以私糖论处。但是运销商认为现有存糖既不应要求缴专卖利益，也不应交纳保证金。

在重庆，运销商采取观望态度，拒不执行专卖局的规定。国民政府当局则在规定时间到期时，将陕西路糖业公会堆栈内所存 400 余包白糖一律查封，按照每百斤 580 元的价格强制收购，然后交由合作社销售。这样一来，各行商遂抓住理由，一方面通知内江糖号停止交易，另一方面相继呈报歇业。总计加入糖业公会的糖号不过 60 余家，而这次歇业者则达一半以上，更甚者，在 1942 年 5 月 1 日，糖业公会向政府呈报解散。之后，重庆市面上的糖价一度猛涨，最高时曾达到每百斤 980 元，且不易购得。食糖的缺乏和行商的歇业，使得专卖机关不得不额外设法以救济糖荒。曾一度，专卖局决定自己运糖销售，但是行商的庄号遍及全省，他们联合起来一起歇业。而专卖机关只能顾及重庆和几个重要城市，且仅能供给合作社，并限于白糖一种。所以要解决糖荒，根本办法还是恢复行商运销。于是，当局一方面将未售完的存糖200 余包发还行商，另一方面并拟订了妥协办法：商人存糖缴纳专利，如一时确无现金者，准其在 6 月 15 日以前出具期票，即可领贴凭照、运照，由产区外运；承销商年资限制，暂予放宽，以鼓励糖商登记，增加推销力量；承销商缴纳保证金办法，酌予变通减低，以期使其资金运用发挥最大效能。[①]

在内江，1942 年 3 月 20 日，内江县买糖行商重庆永济字号内江分号、内江蜀兴字号、内江义大字号等 77 家商号联名报告存糖缴纳专卖利益问题的请求理由：①行商等特有存糖均是在专卖局未成立之前买入，其存糖性质与制糖无异，今制商存糖仅于销售时开征专利，故行商等恳请予以平等待遇，即在运销时，遵照法令缴纳专卖利益；②行商等持有存糖，积压资金为数甚巨，在此银根奇紧之际，而欲于三五日内缴清百万以上之专利，实为勉为其难之举措。另外，关于承销缴纳保证金的问题，77 家商号认为，行商等承销糖类，既以现金承买，又依法取得当地殷实铺保两家提供保证，应请免保证

---

① 田文彬：《川康食糖专卖以后》，《新经济半月刊》1942 年第 7 卷第 4 期，第 76—81 页。

金；同时，行商资金有限，一经缴纳保证金，必致资金周转困难、购买力减弱，请保留行商元气，以达尽量承销、充裕税源之目的。①

1942 年 4 月 4 日，内江买糖行商商业同业公会主席温建勋、常务委员漆建勋胪陈修改意见：①旧糖遵限登记之存糖，其应纳之买卖利益，容许商人限期 3 个月完纳。②存糖运销应分两种办法：一是凡登记之存糖为行商所持有者，准以期票缴纳专利，领贴专卖凭证及运照，运出销岸售糖缴清后，准其歇业；二是未经申请为承销商之持糖行商，运其所登记之存糖，仍准以期票缴纳专利，其运销糖类以该商本年 3 月 15 日以前合法登记之存糖数量运完为限。③承销商保证金宜取一次，不分阶级，与买糖多少无关，一律每家以 5000 元为限。④承销商不负向糖商一次收买巨量存糖之责，并请政府保护，保持其原认销额，不能勒增销量，如旺销时期，准其自由多买，不限最高销量，且得自由申请歇业，领回保证金不受核准之限制。⑤请通令川康各分支机关，对于查验秤放，须取快便敏捷手续处理之，以杜弊端，而利运行。其理由如下：查验秤放，本为防糖质或重量与专卖数量不符，今商人持糖，原有统税票注明重量，现有制商售糖营业税证明单，并有经纪证明价值斤两，又由运商立有花码部，随船逐处均可明证，复经业务所查核算缴专利，领贴专卖凭证与运照，手续至为周密，质量万难差错，一经起运，沿途自无秤验之必要！尤忌船上过秤，防舟损坏，更恳严禁掺取糖样，涓流可以为川，每斤价值不小，并能引起船户窃取，商人血本所关，何堪受此无形损失。加以米珠薪桂，船户在途延迟一日，即多耗一日费用，损失不赀。⑥缴纳专卖利益，评价标准，例如，上、中、下各色糖类，税价一律照中等核示征收，不分上、中、下等级糖色，免滋疑窦。②

作为政府与商人之间的中间组织，买糖行商商业同业公会建议双方均作出让步。在政府一方，专卖局要求行商在 1942 年 3 月 15 日前缴清专卖利益，并缴纳一大笔运销保证金；在行商一方，商人拒绝缴纳存糖专卖利益及运销保证金。买糖行商同业公会则建议存糖的缴纳期限应限期 3 个月缴清，而既非在 3 月 15 日前缴清，也不是拒不缴纳；至于运销保证金问题，而是提议，不分阶层，各商户一律缴纳 5000 元；同时，建议为利商、防弊起见，应简化查验秤放手续。

其次是统税与专卖税之间的矛盾。根据专卖大纲第八条之规定，专卖之糖，地方政府不得附加任何捐税，所有向收之营业税一律免征，由国库核明

① 内江地区档案馆：《民国时期内江蔗糖档案资料选编》下，内部资料，1984 年，第 866—867 页。
② 内江地区档案馆：《民国时期内江蔗糖档案资料选编》下，内部资料，1984 年，第 868—870 页。

后于预算中抵补之。

1942 年 5 月，四川内江县制糖业代表晏叔从等 20 人、资中县制糖业代表陈伯候等 20 人、简阳县制糖业代表周汝贤等 6 人、富顺县制糖业代表郭岸先等 6 人、威远县制糖业代表张意诚等 6 人、资阳县制糖业代表林正先等 6 人，为食糖专卖新制难行，应改善并核减专卖利益完率，与已完统税糖类，免补专卖利益及给价收购等事项，一起上呈财政部部长孔祥熙：①按战时食糖专卖暂行条例规定糖之专卖权属于政府，则专卖机关即应依照钧部核定产制成本及合法利益标准予以收购，今历经数月，不唯无收购之事实，而收购之真相毫无闻见，是则收购条例徒备形式之载例，而实施办法不知展延何日，应请政府按规定标准速为给价的形式收购。②从价课缴 30% 的专卖利益，较原有统税突增二倍，商力难支，亟有待于考虑。③查食糖专卖条例及施行细则，对于登记管理查验事项各种规定条目繁多，过于苛细，则新制施行之初，一般商人俱未谙习，稍一失慎遂觸法网，重则没收糖类，轻则予以罚款，且更动辄霸押，各糖商感纳专利之苛犹小，叹吁手续之繁实大，如报运其能依照完备者即须耗费数日，旷时费事，应力求改善。④糖类统税在本年 2 月 15 日以前业经完缴者，依照暂行条例第六条之规定应一律免补专卖利益。⑤查制造业糖类成本价格早经糖类评价委员会评定，例如，白糖每万公斤上等为 10 万元，次等为 9.5 万元，下等为 8.8 万元。非加专利，运费、子金、庄缴，以渝埠言，每万公斤成本实达 13 万余元。兹查专卖局近日在渝向承销商以每万市斤给价 5.6 万元迫买，使承销商每万公斤亏本 2 万余元，承销商畏而停业，产区糖价因货塌难售越形狂跌。再者沱江流域糖产素号繁荣，但自 1940 年颁征糖类统税起，制造业单位减少半数，糖产减少 2/5，现更另体专卖新制，是余痛未已，重又加施，敢谓本季将再度减产，明年演变濒于绝产矣。①

对于制糖商的五点请求，国民政府仅同意了一项，即已缴纳统税之糖品，准许其在专卖利益中扣除。对于给价收购一项，专卖局无钱收购，仅承诺待财政部拨下巨款时，再予以购买。而对于专卖利益征收标准及查验细则两项，国民政府则予以回绝，维持原来的规定。

再次是查验及处罚所带来的官商之间的龃龉。对糖商的查验包括两个部分：一是查搞，即查处制糖商是否私制糖品，在当地称为偷漏，然而这一现象在有糖税之日起就已存在，据老于糖房、漏棚经营的人称，逃税的方法有

---

① 内江地区档案馆：《民国时期内江蔗糖档案资料选编》下，内部资料，1984 年，第 871—874 页。

所谓的"夜漏子"、"二次漏"，在"青山簿"（糖房收蔗登记簿）及上漏数（糖房交漏棚糖清数）做两本账，搞牛作耕牛计，少报开工日，上漏以多报少等手段，其中漏税最甚者，做 20 万斤糖清仅上 10 万斤糖税[①]；二是查处私运，即私自运销糖品，一些糖商为了谋取私利偷运糖品销售。

查验就是为了防范制糖商私制糖品，查处贩运商偷运糖品，处罚则是为了威慑制糖商，使其惮于私漏、偷运。但是在实际的操作中，一些查验的规定不仅严重脱离实际，且过于苛刻，滋生诸多弊端。例如，伏现今钧局各分支机关之登记管理，深虞中有弊窦，过分苛求又兼缉私人员踵而效之，窥其用意无非防止逃税，然每以执行任务关系不谅实情，激动群情，真不如完全仿照前清糖税局办法扼要管理糖清。其一，查缉私固属必要措施，但制糖业初期糖清与制成糖品既经登记，概数一定，当不能逃避专利。近间常因移置存糖地点或运集口岸，途中缉私人员借故刁难视为走私，没收或罚办相随。缉私工作本应于各出口地带执行，但是今在各产制中心区域侦骑四布，往复巡逻，斤斤于手续之讲求，不问事态之真实，独增流弊。其二，查承销商既经完缴专利，其转售于零售商时又须按完营业税，实属义务双重，负担过重，应请免征承销商营业税；又零售商出售糖类，包面已贴有国家专卖品字样，似不宜再填用售货发单，借减商困。其三，完缴专利应请尽量予以便利，随到随完，并于运行中沿途关卡严饬不得留难。[②] 1942 年 8 月 18 日，内江、资中、资阳、简阳、富顺、威远 6 县制糖公会主席李汉文、周仲元、蒋烺煊、魏弼臣、徐荣祥、张意诚呈川康区食糖专卖局：查专利既责由承销商缴纳，制糖业既未负有义务，根本上已无逃避专利可言，是则对于制糖业之各种严格规章，徒滋纷扰，无益事情。各县业务所人员全副精神，恒致力于登记管理事项，如手续稍欠周备，故为吹毛求疵，或没收糖类，或罚多金，斯皆失于操切不得其当。

最后是新旧糖出售的问题。1943 年 4 月 11 日，资中县制糖业全体同业呈文：抗日战争以来，因外糖不能入川，又以能为酒精原料，在 1938—1939 年，已增产数倍。乃专卖施行以来，农民与制造者，均感手续繁苦，动辄犯法，望而生畏，遂至减产。本年 1 月，财政部已经公布新糖价格，仅达月余，忽又令饬分别新旧糖类，新糖不准上市，老糖先行销售，人民已惶惑不知所

---

① 邹作圣：《我对内江县第二次产糖高峰产量作了一次核查》，中国人民政治协商会议四川省内江市市中区委员会学习文史资料委员会：《内江市市中区文史资料选辑》第 40 辑，2002 年，第 179—188 页。

② 内江地区档案馆：《民国时期内江蔗糖档案资料选编》下，内部资料，1984 年，第 875—877 页。

可，今又须专卖局照旧价收购，家家查封，水陆拦阻，倘强下糖斤，生命所关。再如，两月以来，漏棚有出无进，金融来源断绝，影响农村及一切公私事项，皆不得举行。并且蔗农历来专望漏棚发款栽种甘蔗，今一钱莫名，迫而抛弃蔗种，甚至应收上年糖清尾关价款均不得入手。现在不仅糖清要大减产量，下年无以为生，并且各处激为纠纷，结群要钱，实属不成市场，深虞牵动治安。①

在呈请申诉无效后，部分糖商采取了歇业的措施相抵制，而另外一部分糖商则设法逃避专卖税。据甘绩镛呈称，一般奸诈商人，往往无视法令，唯利是图，其违章事实，不胜枚举，主要者有隐匿成品登记，私自运销，希图偷漏专卖利益；或捏证不贴；或旧照重用，意图蒙混谋利；还有者抬高糖价，造成黑市。更有甚者，公然押带、强抢糖品，如广元办事处杨寿岩呈称，本处人员过少，如不允许（押带私糖的军车或公车通过），彼等即以武力相对付，非但不能行使职权，反而查验人员有生命之危险。据统计，1942年整个川康区违章案件达476起，其中私运糖类者153起，而到1943年私运糖类案件上升到241起。在这种情况下，国民政府在一些重要的蔗糖产区及交通要道均派驻大批的缉私队伍。②

2. 官民冲突

与糖商的呈请申诉修改专卖条例、歇业抵抗不同，蔗农则采取直接的对抗手段，制造冲突，迫使政府让步。

政府管制物价的初衷是防止物价上涨过快，稳定物价，以达到利国、利商、利民的目的。政府平抑糖价的初衷也是如此，在这一初衷下，政府压低糖品的收购价格，想借此达到平抑物价的目的，但是物价上涨过快，政府的低价收购策略不仅未能达到限制糖价的目的，反而使蔗农、糖商吃亏巨大，严重挫伤了业糖者制糖、销糖的积极性，并进而影响到了整个糖业的发展。在1941年，该资阳县蔗农植蔗、熬糖的成本——地租、肥料、人工、熬糖费用、统税——共计4000元，而1942年，因物价高涨，生活费用比上年增加两倍以上，该年的制糖成本也节节攀升，然而川康食糖专卖局仍按1941年的制糖成本，低价收购糖品，致使蔗农亏折巨大。另外，资内一带的地主，因物价上涨而改钱租为实物租。这样一来，物价上的亏空全部由蔗农一方承担。

---

① 内江地区档案馆：《民国时期内江蔗糖档案资料选编》下，内部资料，1984年，第886页。
② 杨修武、钟莳懋：《川康区食糖专卖概述》，见：中国人民政治协商会议四川省内江市委员会文史资料委员会：《内江文史资料选辑》第4辑，1988年12月，第95—122页。

所以，部分蔗农以植蔗成本之高、负责之累，遂不得不改种其他农作物①，更有甚者，把这种怨愤直接发泄到当地的食糖专卖处所身上，通过非常暴动手段，寻求解决的途径。

1943 年 1 月 16 日，发生了资中蔗农殴伤资中食糖专卖分局局长李锡勋的事件。是日，恰逢资中场期，蔗农进城向糖房、漏棚结算甘蔗、糖清款项，而对于专卖分局所核定之糖价发生异议，遂聚众数百人到资中分局评理。李局长遂出面予以解释，但是调解失败，蔗农将李局长殴伤。5 月 21 日，为富顺县牛佛渡集市期，在上午 10 时左右，约有两百余蔗农到牛佛渡分所请愿，提出三点要求：提高新糖价格，蔗价较低，应同等增值；制造商坚决不给蔗农应得之租糖；制造商衡量甘蔗数量不符，应请纠正。该业务所所长黄培一出面解释，并答复转请上峰增加蔗价，允饬制糖商核定价格补给租糖代金，允令糖业公会核实甘蔗数量。蔗农得到答复后，始得散去。② 5 月 23 日，又在遂宁发生了民众捣毁遂宁专卖分局事件。该日上午 11 时，千余民众涌入遂宁分局，局内职员纷纷从后门逃窜，民众实施了长达 3 个小时的打砸，待分局业务科科长龚泽润回局察看时，局内门窗、桌椅全被砸毁，票照、文卷、账表等文件全被撕毁。5 月 26 日，资中球溪河也发生了蔗农捣毁业务所事件。该日上午 10 时，五六百蔗农涌入球溪河业务所，声称完纳专卖利益，在调解失败之后，蔗农发生暴动，捣毁业务所内设施，并击伤多名业务员。③

五、川康区食糖专卖局处人员的贪渎及苛扰

任用私人，财政部部长任命的第一任川康区食糖专卖局局长是他的亲信山东人曹仲植。曹仲植上任后，网罗和安插了一大批亲信和同乡。据赵家渡分局局长金振声回忆，曹仲植一到任，即用捆绑方式，把县、市分局长及有关搞钱的职位，尽量派上他的亲信或山东同乡人。例如，专卖局副局长兼内江分局局长霍子瑞（同乡关系）、犍为分局局长张文骞（同学兼亲信关系）、成都局长王某、重庆局长张某、万县局长丁世铮、金堂局长余质彬，以及内江、资中、资阳、简阳、富顺、德阳、泸县、宜宾、隆昌、威远、仁寿、广

---

① 杨修武、钟莳懋：《川康区食糖专卖概述》，见：中国人民政治协商会议四川省内江市委员会文史资料委员会：《内江文史资料选辑》第 4 辑，1988 年 12 月，第 95—122 页。

② "川康食糖专卖局对牛佛渡蔗农纠纷、新旧糖管理等的训令、指令"（1943.1—1944.2），内江市档案馆藏，川康食糖专卖局全宗全宗，档案号 11—2—178。

③ 杨修武、钟莳懋：《川康区食糖专卖概述》，见：中国人民政治协商会议四川省内江市委员会文史资料委员会：《内江文史资料选辑》第 4 辑，1988 年 12 月，第 95—122 页。

安、会理等县的分局长，连同豫鄂运销处及西北运销处的处长，都是曹仲植的山东同乡人，一时间，川康区食糖专卖局处均为孔系曹帮。

例如，贪污一项，1942 年 4 月 14 日，彭伯兴等向川康区食糖专卖局呈控忠县业务所主任任星崖，其人不仅深染烟癖，而且多有浮吞克扣之举："(1)该主任原住鸿宝宾馆，未一周即迁住商会二楼，并无设备购置，现正分向各号办伪据，准备报请核销 4 千元之费。(2)近来商人正开凿防空洞，持据向伊募捐，该星崖一文未捐，亦未念及员生安全，反捏报员生每人出洋 150 元，计 1200 元，请核发。(3)忠县各乡糖商有糖 20—30 斤、50—60 斤不等者，均勒收专卖利不给据，约计 6000 余元。(4)该主任收专利已有 4 万余元，仅缴局 1 万元，余握存不报不缴，图营贸事业。(5)该处组员刘学礼、业务员孙国庆、侍应生黎文，并无其人，捏报薪津米，家属平价米每月计 2 千余元。(6)该星崖因有嗜好喜甜食，均每天向各糖商包取，今此明彼，均在 2 斤以上，一般糖商敢怨不敢言。(7)该主任连吃空估收之专利统计在万元以上，反云无钱支零用，向福星、仁九记、聚源祥各借 1000 元，糖商迫于辖制及以后研过苛求，又不得不借。"6 月 13 日，专卖局密查员陈炳生就其密查任星崖的情况向川康食糖专卖局呈报："以目前事实而论，是有虚报肥重大嫌疑无疑，其他各项以未查得实据，不应胰度。"①

最大的一次腐败案是 1944 年内江食糖专卖局票照案。该案是一次集体腐败，参与其中的专卖局官员、职员共达 40 多人，涉案资金达 1000 万元以上。票照，即专卖凭证，又称印花，因形状较似钞票而得名。票照上有食糖专卖局局长的官章水印，并编有通号，按照食糖专卖局的要求，每包（100 公斤）白糖上贴一张。此证由食糖专卖局统一印发，控制得很严，并且总局经常派人到各分局、业务所核查领入、发出、结存是否与账实相符。糖商持有此证，表明其拥有合法的买卖手续，一般检查人员只要看到糖包上贴有印花，就对过往糖商免于查验。

1944 年，四川省政府与国民政府在地方人事任免权上发生龃龉，中央为平衡人事起见，调走了川康区食糖专卖局局长曹仲植，四川省政府委派了刘湘旧部，荣昌的甘绩镛出任局长一职。同时，曹仲植在内江的军方盟友郜子举也被调离，因此不仅曹仲植的同乡、亲信将面临着被裁汰的危机，而且由郜子举推荐到专卖局的人也同样面临着失业的下场。各专卖局上层的官员，因曹仲植、郜子举的活动而较早得到妥善安排，而局内下层职员则均失去了

---

① "忠县分局任星崖贪污渎职案"（1942），第 5 页，内江市档案馆藏，川康食糖专卖局全宗，档案号 11—2—17。

靠山，处于走投无路的境地。并且，在两年前，这些下层职员也是费了较大的周折，走曹仲植、郜子举的门路才进入专卖局工作。因此，在失业之际，部分职员很不甘心，铤而走险，想在最后时刻再捞一把。在权力交接、人心惶惶之际，内江分局业务科主任科员武凤台伙同总局经管文件库房的负责人及业务科全体职员，把年局内封存不用的专卖凭证（1943 年，食糖专卖总局委托内江仁义永印刷厂印制一批专卖凭证，在其上交一般专卖凭证时，厂内发生火灾，烧坏了一部分凭证，总局为保险起见，封存了仁义永之前上交凭证）私自带出库房，然后又勾结易国清、范德普、雷继清等糖商，由他们包揽领取专卖凭证、代完纳税款等手续，并许以少收 1—3 成的税款来吸引糖商，一时间，糖商趋之若鹜。1945 年，总局在核对专卖利益的收入账目时，发现专卖利益的征收有较大出入，随后，查明真相，向内江地方法院起诉了武凤台等 20 多人。[①]

小　　结

1937 年开始的中日战争，无论就兵员还是财力而言，都是近代以来中国所面临的规模最大的一场战争。因为战争的需求，国民政府在战时财政、经济上采取了相当多的措施。就战时财经政策的发展来看，专卖事业的举办，主要是为解决抗日战争时期国民政府所面临的财政问题而推行的一项权宜措施。专卖的主要目的在于"寓税于价"，以增加国库收入，并借以控制物资、调节供需、管制物价、安定民生。其内容为国家独占商品的"产、收、运、销"四大环节，或其中部分环节，并将专卖所得之利益纳入国库，以增加财政收入。同时，更可杜绝商人投机取巧和囤积居奇，因此，就专卖之意义而言，含有"独占"产销利益的目的，如果能完全掌握商品从生产到销售的各个环节，则不仅可以创造国家资本、节制私人资本，又可以防止中间商人之剥削，从而增加生产，提高品质，使财政经济得到调剂。

首先，就川康区食糖专卖的食糖专卖政策实施情况而言，虽然在食糖专卖大纲中规定川康区食糖专卖的原则为民产、民制、官购、官（商）运、商销，但是在实际上仅做到了管理制造、控制产品及管制运销三步，其生产及储购方面均因实际上困难甚多，未能一一实行。川康区食糖专卖总局继任局长甘绩镛认为，其一川康区食糖专卖情形较为复杂，"以本川康区言，产糖区

---

① 李永厚口述，关弓整理：《抗战末期内江食糖专卖局票照案始末》，见：中国人民政治协商会议四川省内江市委员会文史资料委员会：《内江文史资料选辑》第 4 辑，1988 年 12 月，第 123—129 页。

域达 55 县之多，以糖业为生者从生产到运销不知若干万，而其产制过程除一、二新式炼厂外，又尚停滞于农家副产与手工业状态，分布散漫、牵扯繁复，其关系实包含点、线、面、体而有之"。其二本局的任务"实兼税务行政与业务两种性质"，业务的目的不外裕国、利商、惠民三者兼顾，即"推行专卖政策增加国库收入；增产酒精原料，增强抗战力量；繁荣川康糖业，发展国民经济"。因此，甘绩镛局长从以下 12 个方面开展专卖工作：转移视听；管制价格；增加生产、调剂供需；（鸭）利销场；充实收益；加强缉私、简化手续；活泼糖业金融；健全组织人事；加强业务，增强效率；厉行会计制度；清理交案；购定局址。[①]

其次，从专卖利益的征收角度来看，食糖专卖政策实施的 3 年内，专卖利益收入，均达到了政府预算的数目，因此，可以认识国民政府在川康区实施食糖专卖政策达到其保证税收的目的，即"裕国"。但是由于食糖专卖政策本身烦琐、苛刻，以及专卖人员的贪渎、腐败，在蔗糖产区及重要销区引发了一些官商纠纷及官民冲突，从而给四川糖业带来了较大的负面作用，而并未到达其一开始所制定的"利商"、"惠民"等目的。其一，甘蔗产量锐减，专卖机构以专卖收益为重，一味压低糖价，结果蔗农得不偿失，被迫将蔗田相率改种杂粮，以致产量日渐减少；从 3 年来甘蔗产量的退减比率看，假定 1940 年为 100，则 1941 年为 50，1942 年为 31（实际收获量不过 20）。其二，影响酒精生产，1942 年度全省糖清产量约 60 万市担，而可作制酒精原料之桔糖及漏水只各 18 万市担，但大规模之酒厂，每日约出酒精 2000 加仑、3000 加仑，小规模酒精厂约出 100 加仑、200 加仑，今假设每厂日产酒精 800 加仑，则每月所需原料，应为桔糖 128 000 市担或漏水 192 000 市担，然 1942 年所产糖原料之总量，再加红糖，最多亦只能维持全部工厂 3 个月之用，今酒精既为国防所切需，而供制酒精之主要原料却远不能配合此种之需要，何况蔗业前途，日趋衰落，来日之危机，实在堪忧。[②]

再次，从这一时期的国内外局势来看，食糖专卖实施的时机并不好。1940 年宜昌、沙市失守，川糖外销的渠道受阻，川糖滞销此时，粮价急剧上涨，种粮的利益大于种蔗的利益，蔗农纷纷改蔗种粮。据现有统计，以 1940

---

① 甘绩镛、霍子端：《川康区食糖专卖局工作报告（1943 年 7 月 21 日至 11 月底）》，见：中国第二历史档案馆：《中华民国档案资料汇编》第五辑第二编，"财政经济"九，南京：江苏古籍出版社，1997 年，第 100 页。

② 郭太炎：《四川省近年蔗糖产销概况（下）》，《中农月刊》第 7 卷第 2 期，中国农民银行经济研究所，1946 年 2 月 28 日，第 56—57 页。

年之产量为最高，全川共计生产红糖 120 万担、白糖约 60 万担、桔糖与漏水各约 60 万担、冰糖约 2 万担，各种糖类合计达 300 余万担。时值 1940 年糖产丰收之际，宜昌、沙市沦陷，糖品滞销，糖价下跌，而糖品的产制成本及运销各费则较上年有较大增幅，是故农商较受其困，糖业几乎濒于破产之际。所以，在 1941 年，农商皆感糖业为畏途，蔗糖产量因之大为减少，据统计该年糖产比上年糖产约减少了 1/3。[①] 而在 1941 年，太平洋战争爆发，日本完全封锁中国与海外的联系。到 1942 年，抗日战争已进行了 5 年，军费开支及各项物资消耗均感十分不支，而此时市面上囤积居奇、操纵物价的事儿又层出不穷，威胁到抗日战争和建立新中国的前途，所以政府决定实施专卖政策，专卖政策是统制经济的最高峰。但是该年因天气原因而歉收，致使物价急剧上涨，制糖成本也随之上升。1942 年食糖价格已涨到每万公斤 23 万元，食糖专卖局为管制物价起见，虽然牺牲部分专卖利益，仍按照每万公斤 8.7 万元的价格征收糖品，但是这一价格尚不及市价之一半，结果众多制糖商因不敷成本而亏损倒闭，纷纷申请提高收购价格。最后，食糖专卖局不得不重新核价，提高收购价格，然而如此一来，平抑物价之目标则失去了意义。

在糖业发展呈颓势的状态下，实施食糖专卖政策，对糖品课以重税，显然是雪上加霜，进一步加剧了颓势。另外，我们不应该孤立地看待食糖专卖政策，而应把这一政策同"酒精代汽油政策"、"甘蔗评价制度"，以及机器制糖业的兴起等放在一起来看待。

---

① 宋同福：《食糖专卖实施概况》，《经济汇报》1944 年第 8 卷第 11 期，第 71—90 页。

第五章 经济统制与行业发展：抗日战争时期大后方蔗糖经济发展

糖业统制的目的重在保证财政税收、保障酒精原料，不过为了达到这一支援抗日战争的目的，政府也在改进制糖技术、融通糖业资金等方面作出了一定的努力。一方面，政府以四川省农改所甘蔗试验场为平台，从引进高产蔗种、革新手工制糖技术、发展机器制糖工业等几个方面来干预四川蔗糖业的产能，在保证市场上糖品供需平衡的同时，也扶持糖业的发展。另一方面，政府通过合作社农贷及银行抵押贷款等方式，融通业糖者的金融资本，保障糖业资金正常流动。改进制糖技术及融通糖业资金的过程及成效是本章关注的重点内容。

第一节 手工制糖技术的革新

清代以来，四川土法制糖技术已有一定的改良，例如，"清代四川榨蔗始为木辊人推，后改进为较大木辊，用一个牛推挽，是为由人力改为畜力的开端；继又改为石辊三牛推挽，压榨效率及压榨量又向前跃进一步"。① 近代以来，在一批革新人士的努力下，沱江流域的手工制糖技术又有了一定的改进，这些人主要有为筹组精糖公司赴日本考察的邓树辉等、赴日本采办制糖机器的伍所南和廖亨九、为改进蔗糖技术献身的谢守先、糖房钢轴压蔗的始制者晏济元、用离心机制白糖的蓝田玉和艾延年等。② 根据四川省甘蔗试验场的调查，近年以来制糖器具的改革如下：

（1）涧漕之改革。涧蔗汁之涧漕，是以石制成的，在以前都以木或石固定的盖着，故不易洗涤，至尘渣堆积，蔗汁因而生变化（变酸）。后

---

① 内江地区档案馆：《民国时期内江蔗糖档案资料选编》上，内部资料，1984年，第302页。

② 黄世杰、与铭、曾家猷：《内江土法制糖技术革新的人们》，《内江县文史资料》第15辑，内江县县志编纂委员会政协内江县委员会，1988年10月。

来一般人遂不用木石盖着，虽渣尘易混入其中，然易沉淀，且易洗涤，而蔗汁不受影响，故今糖房多用明涧而不用暗涧，也就是这个道理。

（2）黄缸之改革。装蔗汁之黄缸，虽经人工舀入锅中，而蔗汁遂受振动，常因此而起变化，糖泡较多而糖亦受影响，故不如以黄桶盛置，直由黄桶以竹筒入锅煮熬，蔗汁少受振动，故不易变性。所以，今之糖房改用黄桶者多，而用黄缸者少。蔗汁由黄缸舀入锅中煮熬者，谓之"舀水黄"；由黄桶以竹筒涧入锅中者熬煮者，谓之"放水黄"。

（3）天盘之改革。天盘本为整块之木，中做二圆孔，以置大小头头之用，而犁挽从架子穿过天盘孔之大头头。故若修理头头车脚，必须除去犁挽，取去天盘不可。近来尤设中等，将天盘以两木相合，其中任留置大小头头之圆孔，连两木的为三四个长大的铁钉，两端又以铁箍着，如若修理小头头及其辊之车脚，可将两端铁圈除去，松解铁钉，就可修理了。比较那种整块天盘，非除下犁挽，天盘不能修理头头、车脚省工得多。

（4）石辊之改革及其他。白马庙晏仲元糖房的石辊，以一铜柱穿过天、地盘，而铜柱上有一钢轮，犁挽架于铜柱上，犁挽转动，铜柱随之而转，于是钢轮转动之力，遂推动一石辊之大头头上之略小于铜柱之钢轮的 3 倍大的钢轮。辊中有铜柱直穿耳而过，小铜轴附于铜柱上，两辊皆为铜柱穿过中心。这种设置，加速辊转速度，且减少修理头头、车脚常坏之病。[①]

1936 年 5 月，四川省政府和国立四川大学农学院一起，在内江圣水寺内共同创立了四川省甘蔗试验场，第一任场长为陈让卿。试验场成立的宗旨是改良蔗种及制糖技术，促进川省蔗糖经济的发展。成立以后，甘蔗试验场在改进糖业技术的多个层面上均作出了重大贡献，因此，四川省手工制糖技术的革新也随之迈上了一个新的台阶。

一、糖业调查和试验研究

1. 糖业调查

对糖业进行调查，是进行糖业技术改进的基础工作及必要步骤，因为只有在详细调查的基础上才能对糖业发展状况做到全面的了解和把握，为下一步的研究及改良打下坚实的基础。因此，四川省甘蔗试验场一成立，就马上

[①] "甘蔗试验场各县糖蔗产量及甘蔗生产情况调查"（1936），第 54—56 页，内江市档案馆藏，四川省农改所甘蔗试验场全宗，档案号 15—1—16。

着手对四川糖业及沱江流域的糖业发展状况做了细致的调查工作。这些调查所涉及的范围很广泛，包括蔗农种植状况、蔗种、糖房制糖情况、漏棚漏糖情况及糖品的运销状况等多个方面。例如，对蔗种所做的调查，"一般蔗农栽培爪哇2878及印度290号甘蔗，均属春植，仍以种植芦蔗之旧法，实行挖狮口、上大小行并施肥分量次数暨种类等，皆与普通相同。故原适宜本地生长之优良种，因受蔗农经济限制，肥料缺少，不能供其充分发育之需要，致使优良蔗种，颇有退化变劣之虞。更有少数蔗农将购买蔗种，用作生啖，或托小贩零售，从中渔利。即有蔗农，大量种植，亦为少数。但其收获蔗量，皆全部榨汁煮糖，仅切蔗稍，留作种用，然因贮藏技术过差，损坏颇多，故但等不愿放种于人。而自行推广蔗种，寥寥无几。因之优良蔗种繁殖推广前途，确堪苦虑。倘不设一良法，以资补救，则历年推广成绩，尤恐化为乌有"[1]。

在糖业调查过程中，甘蔗试验场在土法制糖方面的调查探讨尤为突出。这一调查分为以下5个方面：①甘蔗与糖之分析。甘蔗与糖即制糖工业原料与成品，其品质成分必须明察。本场搜集各地之蔗样，计有芦蔗、阳县杆、脆红、洋红、二叶子、爪哇蔗2714、爪哇蔗2878，并逐年自农家探取蔗样以供分析，借以明了各主要蔗区之甘蔗成分变化之情形；又收集广西、江西土法制成之白糖、红糖、桔糖及川省各主要产地之产品以供化验，证明四川内江、资中一带之制糖土法，技术确甚进步，出品之（质）皆（比）他省之土法制品为优。[2] ②土法榨蔗汁之检讨。土法之榨糖设备时间有15％被浪费，而机械亦不灵活，设备尤太简陋，不足以赴事功，并以土法之石磙与小型榨机同用牛曳牵，以此比较其效率，则发现土辊之蔗汁抽取率较低，而每牛每日所能任之榨蔗量，在榨机则为6500市斤，石辊则4800市斤上下。③土法熬糖之检讨。土法熬糖，包含煮蔗汁、去泡沫、澄清、熬炼、结晶等步骤，在内江、资中一带技术颇为进步，合于科学原理，尤以将蔗汁熬炼成糖清后盛入漏钵之手续较有科学意义，远非其他各地所能及。糖灶之蒸发效率，本场在内江各区域所得之结果：花灶为22.3％，枪灶为24.6％，设备更充实时，尚可得更精确之结果。至于蔗中所含之糖能熬制成糖之百分率，化验糖房各项产品所得之结果：在内江、资中一带固较其他各地为高，约70％左右，其余之糖则损失于蔗渣、糖泡、澄泥及散落渗漏。若在制红糖之地区，

---

① "甘蔗试验场关于优良蔗种的调查"（1942），第49页，内江市档案馆藏，四川省农改所甘蔗试验场全宗，档案号15—1—316。

② "甘蔗试验场四年来事迹摘要"，第10页，内江市档案馆藏，四川省农改所甘蔗试验场全宗，档案号15—1—493。

则除上述之各项损失加大外，又添因熬炼而分解之糖之损失，故蔗中所含之糖其能成为红糖者只 60% 而已，新法则达 90%，故土法制糖非力加改良不足以塞此暗中漏巵也。④土法分蜜之检讨。土法分蜜工作皆于漏棚中举行，其中各步骤所得之产品，均经收集化验，相互比较，漏钵每日漏蜜之量亦加以探讨，其结果为糖清佳者漏蜜之量少，糖蜜之总量亦少；质劣者则多。至于糖蜜之转煮便成为二次糖渣，其熬煮上漏亦颇符合科学原理，其损失合计将近糖清量之 10%，变有用为无用，此为世人所习焉不察者。⑤存储糖蜜之探讨。糖蜜存储以待售须经相当时日，其成分之变化足以减低糖蜜之品质，故为一值得注意之问题，本场将纯粹之糖蜜分储于室中之瓦缸及半埋土中之石池内，又以含有 1/4 水之糖蜜，储于半埋土中之石池，经 22 星期后化验其成分，得知纯糖蜜在瓦缸中者损失糖分 8.95%，石池中者 6.02%，含水者 12.71%，故糖蜜不可久藏，尤不可存放温度变化剧烈之地。①

在分析收集到的调查资料时，甘蔗试验场也发现了糖业发展中的一些弊病，从中得出了一定的认识。例如，对"卖青山"的认识，"内江蔗农之所以预卖青山，由于租钱与生活之资所至，而糖房、漏棚之所亏本，由于卖货、预卖与夫贷款及糖劣之所促成，若要为产而作蔗糖业，首先应改善蔗农之经济，去除糖房、漏棚之被剥削点，如货款之改善，交易之改良，查搞员之劣迹改革等是也"②。又如，对蔗农经济的认识，"甘蔗为制糖原料，改进糖业，首须在原料问题，而此原料实系于蔗农，故改善蔗农环境为先决问题，然后可以进而达到增加甘蔗生产及品质，与加工制糖方法之改进诸目的"③。

2. 糖业试验及研究

这些试验及研究分为植蔗、制糖两个方面，在植蔗方面主要是甘蔗的种植试验及研究，包括优质品种的试验及种植方法的研究等方面。首先，在蔗种之改良方面，试验场"将各地蔗种引入后，即严加选汰，……数年来，经精密比较结果，以 POT2878 及 CO290 二种蔗糖产量均高，最适合本省之栽培"④。其次，在栽培制度上，对甘蔗留宿根及秋季种植甘蔗进行了试验，就

---

① "甘蔗试验场四年来事迹摘要"，第 10—11 页，内江市档案馆藏，四川省农改所甘蔗试验场全宗，档案号 15—1—493。

② "甘蔗试验场各县糖蔗产量及甘蔗生产情况调查"（1936），第 64 页，内江市档案馆藏，四川省农改所甘蔗试验场全宗，档案号 15—1—16。

③ "甘蔗试验场一年来之四川甘蔗试验场"（1937.6—1937.12），第 34 页，内江市档案馆藏，四川省农改所甘蔗试验场全宗，档案号 15—1—20。

④ "甘蔗试验场四年来事迹摘要"，第 4 页，内江市档案馆藏，四川省农改所甘蔗试验场全宗，档案号 15—1—493。

宿根方面来看，试验场证明"尤以 CP29-116，CO290，芦蔗及 POT2878 等适于此项栽培"[①]；就秋植方面来看，"就蔗种而言，以 CO290 最为适宜，CO281，CP29-116 次之，爪哇种，现有者则不宜采用；就产量言，29 年及30 年在坝地试验平均结果，以 CO290 秋植每亩产量可达 12 919.9 市斤，CO281 可达 10 848.7 市斤，CP29-136 可达 9355.5 市斤，此较土种芦蔗春植产量高达二分之一或一倍有奇，见此种栽培制度在本省亦颇可推行"[②]。

在制糖方面，甘蔗试验场主要进行了改良土法制糖的试验研究。这方面的试验研究包括以下几个方面：①蔗汁浓度考查及成熟期测定。甘蔗所含的糖分以何时为最多，蔗汁以何时为最浓，是制糖工业家们所必须弄清楚的事情，但是旧式糖房对此均无留意。鉴于这种情况，甘蔗试验场派员分赴资中、内江、资阳、简阳等地测验蔗汁浓度。所得结果为蔗汁浓度最高的时期因地区、地势、蔗种及各年气候而有异，但是甘蔗试验场并未能对此时间作出具体论证，而是"正继续做此种研究，并与其他之研究联合进行，使制糖工业得有最合宜之榨量期间，以增高糖之生产率"[③]。②澄清洋红蔗蔗汁的试验。洋红甘蔗的产量及糖分均高于芦蔗，为优良的制糖原料，但是因其压榨与澄清工作较为困难，加之工人的技术不足，糖房多不愿意用其制糖。甘蔗试验场通过对其性质的化验，知其蔗汁中所含的磷酸较少，甚至不及芦蔗所含的一半，因此在澄清时，会因磷酸钙过少，而不足使杂质全部沉淀。试验场以洋红甘蔗二分芦蔗一分混合压之，则压榨上之困难即可能免除；以洋红蔗汁及芦蔗汁数种不同量之比例混合澄清，结果以洋红蔗汁二分与芦蔗一分混合煮沸，加石灰乳中和后，澄清正佳。③炼糖研究。甘蔗试验场以豆渣澄清糖液，由下等糖炼制精糖，成品质地很佳，色泽仅次于太古车糖，唯土法工具不完善，搬移损失较大，蔗糖收回率为 70% 多。此外，又将豆渣澄清后之糖液，更以自制骨炭兼行脱色，结果尤为满意，出糖品质几可与太古车糖媲美。④④红糖研究。首先，红糖溶化性的研究。红糖为直接熬煮蔗汁而成，杂质很多，易于溶化溢流，难以久藏，有碍红糖业之发展。对甘蔗试验场试

---

① "甘蔗试验场四年来事迹摘要"，第 4 页，内江市档案馆藏，四川省农改所甘蔗试验场全宗，档案号 15—1—493。

② "甘蔗试验场四年来事迹摘要"，第 5—6 页，内江市档案馆藏，四川省农改所甘蔗试验场全宗，档案号 15—1—493。

③ "甘蔗试验场四年来事迹摘要"，第 12—28 页，内江市档案馆藏，四川省农改所甘蔗试验场全宗，档案号 15—1—493。

④ "甘蔗试验场糖清成本比较及各县 27 年糖产量比较工作简报"（1939—1940），第 64 页，内江市档案馆藏，四川省农改所甘蔗试验场全宗，档案号 15—1—121。

验红糖易于溶化的原因，特地搜集内江好坏不同的红糖10种，研究大气中温度、湿度的高低及红糖本身所含杂质、水分的多寡，以及与其溶化性之间的关系。从试验中得知，红糖在一定温度之下，易吸收水分而溶化，湿度越高，溶化越易；在一定湿度之下，则因温度增高而溶化，尤以含水分者溶化最快，如温度、湿度均不变，则含转化糖越多者，溶化越快。所得结论为：红糖除吸收水分易于溶化外，其本身所含杂质及水分亦为易于溶化的重要因素，故欲避免红糖的溶化，必须一面讲求防止水分侵入包装的方法，另一面更应注意红糖本身品质的改进。① 其次，红糖包装的实验。甘蔗试验场一直在寻求最好及最简易的红糖包装方法，使红糖能保藏较久的时间且不溶化。甘蔗试验场以内江一种红糖为样品，施以不同的包装，分别置于干湿不同的两地，时隔10日之后，观察比较一次，以最耐久的一种为最好。结果以红糖表面涂有面粉一层，装入内衬粗纸制密封的木桶中，置于干燥处者能保藏最久。②⑤甘蔗试验场也进行了原动力的研究。旧法制糖用牛只拖动石辊，牛行很慢，据记载，普通石辊速度在每分钟12—17次，间有10次者，殊非适宜速度，且压量方面亦因而受到影响，故欲增加榨量及效率，殊有研究利用之必要。

另外，甘蔗试验场也进行了"关于制糖新法之试验研究"及"关于利用制糖附产品之研究试验"。例如，分蜜离心机之改良及制造、离心机分蜜与土法分蜜之比较试验、离心机隔漏网之研究、炼制精糖试验、脱色用活性炭之制造研究；在制糖副产品之研究方面上，如蔗渣造纸之初步试验、酿造酒精之试验、土法糖房酿制漏水酒效率之探讨等。③

二、手工制糖技术的改良

1. 改良方针

四川省甘蔗试验场根据沱江流域糖业现有的技术情况，制出以下手工制糖业的改良方针。

（1）在压榨方面。如欲改良，必须从增加榨量着想，此层唯有设法减少其阻力，一方则稍加设备以增转运速。查旧法榨蔗，蔗中糖分之损失在蔗渣

---

① "甘蔗试验场糖清成本比较及各县27年糖产量比较工作简报"（1939—1940），第64—65页，内江市档案馆藏，四川省农改所甘蔗试验场全宗，档案号15—1—121。

② "甘蔗试验场糖清成本比较及各县27年糖产量比较工作简报"（1939—1940），第65页，内江市档案馆藏，四川省农改所甘蔗试验场全宗，档案号15—1—121。

③ "甘蔗试验场四年来事迹摘要"，第12—28页，内江市档案馆藏，四川省农改所甘蔗试验场全宗，档案号15—1—493。

者凡 10％左右，该项损失并非如普通所谓压榨不尽所致，盖压榨之优劣，视于其留在渣中水分而定，据试验场所得结果，其渣中水分含 50％左右，较之用最新式机械糖厂亦不过稍逊而已，然而彼仍留有如许糖分在蔗渣中者，实因未参用渗透法（在蔗渣未经 3 次压榨前应加水少许，以继续抽取滞留在渣中之糖分），或有知用渗透法，但因燃料贵而不愿多加水分致多耗燃料，在此种情形下，第 3 次之压榨实可取消，因该次之所得殊不足以偿其时间及工作之所失。若用此第 3 次压榨时间另榨甘蔗，其所得纯利较大，此实于旧式糖房贡献不小。

（2）在澄清方面。据调查所得，土法所损失于糖泡及泥浆中之糖分约占蔗中糖分 6％。此纯因设备上不适所致，其澄清盆浅而大，致放出澄斤不清，澄清盆及过滤器殊有改良设备之需要。同时，土法澄清只凭经验，其损失于加灰未当及隔滤未得法者，共有 8％之多，亦非澄清，未达适宜点，显然易见，故此层亦有改良之必要。

另外，在炉灶、分蜜、脱色、干燥等方面，试验场也制定了相应的改良对策。在炉灶方面，土法煮糖，因用直火，致其损失在 20％左右，研究改良方法或须用蒸汽来代替，不然炉灶亦须另行设计。在分蜜方面，旧法分蜜用漏钵、漏罐，所要时间在两星期以上，故需用机器来替代它，但是土法糖砂极细，其速度及筛网之大小等俱有详细研究的必要。在脱色方面上，土法所制成的白糖，之所以未能获得一般人的喜用，除了与其杂质较多相关外，其色黑亦为其一重要原因，所以如何减色、去杂极应予以重视。在干燥方面上，通常之干燥靠日光吹晒，但如遇到阴天而极感不便，且席地吹晒有蜂耗、抛洒等诸多不利，故宜利用煮糖炉之余热来作干燥用。在包装方面上，白糖的包装问题尤属次要，但是对红糖包装却极为重视，根据分析，红糖的转化糖及杂质极多，易于促成红糖之本身吸收水分，故在包装材料选用、包装形式及方法等种种方面应多加注意。[1]

2. 改良措施

根据以上的改良方针，四川省甘蔗试验场对手工制糖技术做了以下的改良。

（1）在压榨环节上，设计小型压榨机。土法压榨效率较低，仅能压出蔗中糖分 70％多，且又极费牛力，鉴于这一情况，甘蔗试验场以美国 Bahmanun 公

---

① "四川农改所甘蔗试验场甘蔗实验报告"，第 29—30 页，内江市档案馆藏，四川省农改所甘蔗试验场全宗，档案号 15—1—56。

司的 8 吋（英寸）径、12 吋长之钢制的辊型压榨机为蓝本，改良设计小型压榨机。这一小型压榨机可用两头牛拖动工作，与 4 头牛工作之土法榨辊相比较，小型榨机实远优于土辊。但是单位时间内的压榨量不如土辊，不过如果把小型压榨机的榨辊加大，用 4 头牛拖动工作，每日榨量将会进一步提高，见表 5-1。

表 5-1　旧法土辊与小型榨机的比较

项目	每 24 小时榨蔗量（市斤）	牛（头数）	蔗汁抽取率（％）	糖分抽取率（％）
旧法土辊	19 134	4	60.9	78.8
小型榨机	13 330	2	64.1	80.5

资料来源：转自内江市档案馆：《甘蔗试验场糖清成本比较及各县 27 年糖产量比较工作简报（1939—1940）》，四川省农改所甘蔗试验场全宗，档案号 15—1—121，第 62 页

（2）在改良分蜜环节上，甘蔗试验场设计了手摇离心机，大大地节省了分蜜的时间，并提高了分蜜的效率。土法制糖用漏钵来分蜜，产糖品质不佳，且费时很久。鉴于此，试验场设计有两种离心机，一为手摇离心机，另一个为用皮带转动离心机。前者适用于一般漏棚，后者适宜于较大的漏棚。用离心机分蜜，每次只需 15 分钟即可出糖，同时，平均每百斤甘蔗可得上等白糖 5 斤左右。而土法分蜜则至少需 10 余日始能出糖，且糖质较劣，每百斤甘蔗只能出白糖 3 斤左右。另外，用离心机漏糖与旧法漏糖的成本大约相等，因此，甘蔗试验场"正在成渝两地制造此种离心机，以备将来推广之用"[1]。

（3）在改进糖色方面，甘蔗试验场制造了脱色炭。用土法制白糖很黄，而制糖商又不知脱色之法，有鉴于此，甘蔗试验场研究制造脱色炭之方法，制造脱色炭，以供炼精糖之用。试验场以蔗渣、糖蜜、核桃壳、盐酸、锌、碱等为原料，用 17 种方法，制造成品 52 种，其中最好者有 9 种。此外，试验场还自行设计骨炭炉，用牛骨制造骨炭，脱色力亦佳，成本更较植物炭为廉。

（4）就手工制糖技术的革新上看，试验场最大的贡献在于对小型压榨机及手摇离心机的提倡及推广。小型压榨机及手摇离心机分别从出糖率高低的压榨和分蜜两个环节对手工制糖技术进行改造。小型压榨机是将石礤上的木旋轴改成钢铁或铜制，在雄辊上添加两个大小不同的钢制齿轮，因为旧式之立式石辊不能压榨新蔗种，于是又进一步将石辊改成横卧式，并中贯钢条，榨辊也从原来的两个增为 4 个，其中一个为钢制，这种小型压榨机适用于各

---

[1] "甘蔗试验场糖清成本比较及各县 27 年糖产量比较工作简报"（1939—1940），第 63 页，内江市档案馆藏，四川省农改所甘蔗试验场全宗，档案号 15—1—121。

种甘蔗。① 离心机的优点有 4 个方面：①每次只需 14 分钟，旧法至少要 10 余日，是以出糖迅速；②出产之糖较土法者白且洁，故品质优异；③土法不能制白糖之糖清，用离心机可以制成白糖，故增加白糖之产量至原有产量60％；④手摇离心机轻松便利，颇合四川蔗区手工业之环境。

三、改良技术的推广

手工制糖技术方面的改良成果能否运用到实际生产当中，以及能否起到保证手工制糖业产能的作用，均在于这些改良技术成果是否能得到推广和普及。

首先，为了推广这些技术成果，甘蔗试验场采用了直接及间接两种宣传方法。直接方法：①口头宣传。本场推广人员，常在各农家及各合作社或社员家，指导增加生产技术，力求与农民做朋友。②文字宣传。对于农民，印制爪哇蔗及洋红甘蔗栽培浅说，发出者 1200 份，对社会人士者，即在成渝报纸及各产糖县份，或《建设通讯》上登载，引起社会人士注意糖业。③电影宣传。制就标语图案及良种照片，放映于银幕，同时以扩声器加以解说，此事完全借助教育部巡回施教团农村服务车，于乡间映放电影时做之。间接方法主要是通过特约蔗农来宣传。在各乡征集二三老农，或该乡较有声望之领袖，作为特约蔗农，将优良蔗种借予其种植，随时联络指导，并使特约蔗农向其他蔗农进行宣传。②

其次，对一些优良蔗种的推广：①爪哇蔗推广。爪哇品种有 4 种，经甘蔗试验场 3 年来的试验，认定爪哇 2878 号最为适宜，该蔗每亩产量约 8000斤，所含糖分为 15％，具有较大的推广价值。为了证明其价值，甘蔗试验场除了征集 42 家特约蔗农外，并委托 4 家特约蔗农替试验场繁殖此蔗种，以为来年大量推广之用。至 1939 年爪哇蔗栽培的面积，计特约蔗农 51 亩，甘蔗试验场 40 亩，分场 15 亩；泸县、合川、北碚区域试验场 3 亩，总计 109 亩。依此面积来估计产量，1939 年可收获 87 万斤，明年即可推广为 1100 亩。另外，在推广期间，甘蔗试验场纠正了“爪哇蔗”为“老鸹蔗”类似的错误；劝告蔗农爱护爪哇蔗，因为其种源获取尤其困难；宣传爪哇蔗优良之点；并指导施肥——如骨粉施用。经过甘蔗试验场的不懈努力，推广工作终于取得了一定的成绩。例如，农民对爪哇蔗的认识有了较大的转变：在优点方面，

---

① 四川省甘蔗试验场：《四川省甘蔗试验场二十六年度工作报告》第五章红糖制造，1938 年，第 14 页。

② “甘蔗试验场推广工作年报及生产成本调查”（1938. 9—1939. 8），第 5 页，内江市档案馆藏，四川省农改所甘蔗试验场全宗，档案号 15—1—104。

蔗茎大而不空心、蔗产量大、糖产量高、不倒伏、蔗稍可藏种、可宿根2年、可利用肥土；在缺点方面，蔗叶粗糙多毛不能作喂牛饲料、初期生长不快、收获时未十分成熟、用肥稍多、不耐瘠土。②洋红甘蔗的推广。在1938年内，甘蔗试验场向试验区各合作社推广该蔗316亩，该年收获的蔗量与蔗糖量，均比本地芦蔗高3%，故在1939年，愿植此蔗的蔗农，颇形踊跃，争先购买籽种，形成洋红甘蔗市价高涨，每万斤由80元涨至250元（表5-2）。①

表 5-2　优良蔗种在各年的推广成果

年份	品种名称	推广面积（亩）	增加白糖产量（斤）	增加收益（元）
1938	洋红甘蔗	316.0	38 236	6 366
	爪哇 2878	5.5	1 433	238
	小计	321.5	39 669	6 604
1939	洋红甘蔗	1 205.0	145 805	45 491
	爪哇 2878	51.0	10 541	3 288
	小计	1 256.0	156 346	48 779
1940	爪哇 2878	178.0	46 404	42 297
	印度 290	111.4	31 069	28 319
	小计	289.4	77 473	70 616
1941	爪哇 2878	810.3	211 245	436 220
	印度 290	51.7	14 419	29 775
	小计	862.0	225 664	465 995
1942	爪哇 2878	4 000.0	1 042 800	1942 年增加收益
	印度 290	350.0	97 615	未统计列入
	小计	4 350.0	1 140 415	
总计		7 078.9	1 639 567	591 994

资料来源：转自内江地区档案馆：《民国时期内江蔗糖档案资料选编》上，内部资料，1984年，第44页

就表5-2的统计数据来看，1938—1942年，爪哇2878及印度290两种优良蔗种的推广面积有涨有落，但在总体上呈增长趋势，在1942年，两种蔗种的推广面积达4350亩，白糖增产达1 140 415斤。另外，5年来，优良蔗种推

---

① "甘蔗试验场推广工作年报及生产成本调查"（1938.9—1939.8），第5页，内江市档案馆藏，四川省农改所甘蔗试验场全宗，档案号15—1—104。

广的总面积达 7078.9 亩，白糖增产 1 639 567 斤，收入增加了 591 994 元（1942 年增加额未统计在内）。虽然这与当时甘蔗的种植总面积相比，仍占较小的比例，但是优良蔗种的种植从无到有，并形成了一定的规模，可见，这一时期优良蔗种的推广已初见成效。

另外，优良蔗种已在较广的范围内试种，如内江县，在 1942 年，爪哇 2878、印度 290 两蔗种的试种范围已经覆盖了 14 个乡镇，见表 5-3。

表 5-3　1942 年内江县各乡镇优良蔗种种植面积

乡镇	品种名称	农户数	种植面积（亩）
东兴乡	POT2878 CO290	66 6	247.4 12.0
乐贤乡	POT2878 CO290	23 5	60.3 6.9
观音乡	POT2878 CO290	12 2	46.0 2.0
田家乡	POT2878 CO290	3 3	14.0 16.0
椑木镇	POT2878 CO290	61 2	78.6 1.2
郭家乡	POT2878	2	5.4
西附城乡	POT2878 CO290	21 4	96.9 0.6
富溪乡	POT2878 CO290	10 2	17.4 2.0
史家乡	POT2878 CO290	38 12	78.8 5.0
龚家乡	POT2878 CO290	6 1	5.4 1.0
靖民乡	POT2878 CO290	4 4	22.0 21.0
茂市镇	POT2878	15	73.8
永安乡	POT2878	12	11.2
全安乡	POT2878 CO290	1 1	3.0 2.0
总计	POT2878 CO290	274 42	760.2 69.7

注：POT2878 即爪哇 2878，CO290 即印度 290

资料来源：转自内江地区档案馆：《民国时期内江蔗糖档案资料选编》上，内部资料，1984 年，第 45 页

从表5-3来看，1942年内江县优良蔗种（POT2878即爪哇2878、CO290即印度290）的种植已遍布14个乡镇，种植POT2878的农户达274户，共760.2亩；种植CO290的农户达42户，共69.7亩。虽然与芦蔗的种植情况相比，不论是从种植优良蔗种的户数来看，还是从优良种植的种植面积来看，优良蔗种均无法望其项背，但是可以看到其试种范围在不断扩大。而且，随着压榨、澄清、分蜜等制糖技术的不断改进，以及蔗农植蔗观念的转变，优良蔗种的推广面积肯定会进一步增加。

改良蔗种是从源头上改革糖业。蔗种的良窳直接关系到甘蔗产量的多寡及甘蔗含糖分的高低。在战时杂粮物价上涨，种蔗的比较利益下降时，通过改良蔗种，在蔗田面积没有增加的基础上，增加甘蔗产量，提高蔗农的收入，是一个比较好的增产、保产途径。

另外，为了进一步加快改良技术成果的推广，甘蔗试验场又试办合作试验区。1938年，甘蔗试验场与中国银行及农村合作委员会三方共同组织了蔗糖产销合作试验区，这项工作对于提高贷款、消除积弊、自熬自制等工作，大显成效，因此，各方农民，均纷纷请求划入试验区范围。有鉴于此，甘蔗试验场遂与中国银行及内江县府协商，增加了白马庙、桦木镇、史家乡三镇为合作试验区，并商讨发放洋红甘蔗贷款。贷款标准为每万斤蔗均为45元；由甘蔗熬成糖清或红糖，每万斤蔗可贷加工款24元；由糖清制成白糖，每万斤蔗可贷款4元，于是，蔗农的生产资金、加工资金，均得以低利借贷，而获厚利。一时间，在试验区内成立多家合作社，统计起来共计79所，占全内江社数的3/7，而贷款数额，却占全内江的1/2强，实数为155 700余元，此尚为生产贷款，如连加工费37 688元，共计则约占2/3弱。加工款系每万斤甘蔗贷款28元，计试验区内合作社，请加工贷款者，有13 462 000斤甘蔗，款额37 688元。[1]

在革新制糖技术，推动糖业发展的过程中，四川省甘蔗试验场也遇到了诸多挫折。首先是资金的限制，试验场于1936年4月28日成立，两年过去后，仍"不过租10亩地，佃5间屋"，"可怜蔗场自1936年4月开办至1937年6月底止，开办费、经常费、临时费，总共实支仅16 145.692元，尚不及其他事业机关之一部或一分场或一实验区"；1937年"虽定全年度经费为6万元，扩大租地约200亩及房屋一座，但国战发生，所有机械、仪器、农具、药品、书籍等，又无法购运，工作进行，非常受障碍，欲善其事，而无其器，

---

[1]　"甘蔗试验场推广工作年报及生产成本调查"（1938.9—1939.8），第6页，内江市档案馆藏，四川省农改所甘蔗试验场全宗，档案号15—1—104。

苦可知矣"①。

其次，在推广革新技术成果时也时常遇阻。例如，手摇离心机之推广，"甘蔗试验场经过多次之分蜜研究，先后深觉土法分蜜过程中糖损失于漏水者几达 20％ 以上，较诸新法之 7％ 者大约 3 倍。乃将德国 Eeeo 牌及美国 Spquier 公司两种手摇离心机详加研究，试验知德国式者较佳，但中轴易弯，且欠灵活。于是设计者将中轴加粗，并变更齿轮速度等，幸告满意成功。乃于 1940 年 4 月由甘蔗试验场派员前往简阳、资中、内江等县实地表演，一般人士见其出糖迅速、糖质优良、利益优厚，纷来求购，但本场无款先为筹垫，曾向内江中国银行洽商贷款，乃同意订立贷款办法……因该行忽须请示渝行，转月无消息"②。

又如，与经济部中央工业试验所的合作无果。该实验所于 1940 年 3 月派员到甘蔗试验场索取离心机图样，3 月下旬由本场将改定图样带渝并与该所会同订定"改良制糖指导推广办法纲要"，并于 4 月 6 日正式改文。除确定一切技术合作并会同发表研究报告刊物等办法外，另订双方派员主办糖业训练班……该所于离心机图样到手后，并未履行合作办法，社会不明底细报章时有"中工所发明离心机，川农改良……"的记载。

尽管受战时大环境的影响，甘蔗试验场在资金、技术成果推广等方面均遇到种种挫折，但是甘蔗试验场仍设法渡过难关。例如，手摇离心机的推广工作，试验场在受挫的情况下，乃自行设法推广：①制定离心机蓝图推广，使工厂可以照样制造；②向成都建华机器厂订约，有需要者直接订制或委托代办，并代为监工制造。据统计，先后在建华厂造者有 106 部，由四川省农业改进所农具厂制造者 14 部，皆于 1940 年冬季发给制糖点。③ 到该年年底，手摇离心机已推广百余部：内江 39 部、金堂 23 部、资阳 4 部、渠县 2 部、广西 1 部、河南 1 部、其他 50 部。

甘蔗试验场在糖业技术改良方面的努力，不仅使制糖技术得到了较大的进步，而且有利于这一时期糖业的增产、保产活动的圆满完成，推动沱江流域糖业在 1940 年迎来了第二个发展高峰。

---

① "甘蔗试验场 26 年、27 年工作报告"（1937—1938），第 89—90 页，内江市档案馆藏，四川省农改所甘蔗试验场全宗，档案号 15—1—22。

② "四川甘蔗试验场蔗区所见问题、蔗糖推广选种及田间管理"（1940），第 35 页，内江市档案馆藏，四川省农改所甘蔗试验场全宗，档案号 15—1—210。

③ "四川甘蔗试验场蔗区所见问题、蔗糖推广选种及田间管理"（1940），第 36 页，内江市档案馆藏，四川省农改所甘蔗试验场全宗，档案号 15—1—210。

第二节　机器制糖业的发展

1940 年华农糖厂成立，标志着四川机器制糖业的正式兴起。在此之前，在沱江流域也存在一些试办机器制糖事业的努力，但均未成功。例如，清末，四川官府委派官员赴产糖中枢县份，设立精糖公司，以各糖户每年出糖额摊派股本，当时收入内江股本 20 余万元，并委派邓澍辉等 4 人赴日本考查新法制糖，预备回国后正式成立公司，后因鼎革（辛亥革命的爆发）而罢。1918 年，省署委伍所南、廖亨九赴日本购机，当买回大批制糖机运到宜昌时，因运输极为困难，返川者仅有最小的三轮榨蔗机一部而已，试验未成功。1930 年，蓝玉田在内江设立开源精糖厂，以离心机制糖，后因成本高，无利润而停办。1933 年，21 军政务处处长甘典夔亦计划改良糖业，随后与捷克糖商合组精糖厂，资本定为 250 万元，糖户可以甘蔗及生产品作资金入股，后因匪患而停办。1936 年，建源公司陈陶声会同建设厅罗诗言倡言成立精糖厂，后因糖业公会反对而罢。①

那么如何看待二者的并存关系，以及机器制糖业在提高糖业产能方面到底作出了多大贡献？

一、机器制糖业的发展状况

在四川省内，机器制糖业的起步较晚，一直推到 1940 年。在此之后，在沱江流域迅速成立了一批采用机器与人工相结合的半机械化制糖厂，其中最重要的有华农糖厂、中国联合炼糖股份有限公司及四川华原糖厂。

1. 华农糖厂

四川省甘蔗试验场成立后，一直计划着建立一个机器制糖厂，经过数年的筹备及不懈努力，终于于 1940 年在内江圣水寺旁建起了华农糖厂。该厂属于官商合办性质，与试验场关系密切，该场的试验成果均在该厂先行试生产，取得成效后再向外推广。② 该厂设总务、会计、业务、机械、制造五组，各设组长；主要负责人有经理甘冥阶，襄理曾繁敏，厂长陈让卿，副厂长谭覆平；厂内有职员 26 人，技术工人 25 人，另有杂工若干人；该厂资本额在成

①　四川省甘蔗试验场：《四川省甘蔗试验场 1937 年度工作报告》第一章四川蔗糖业概述，1938 年 8 月，第 43—46 页。

②　王东伟：《解放前内江制糖业概况》，《四川文史资料选辑》第 35 辑，中国人民政治协商会议四川省委员会文史资料研究委员会，1985 年，第 189 页。

立时定为 50 万元，嗣后迭次增加，至 1943 年，其运用资金达 1000 余万元。其厂房情况为：机械厂房 1 座，精糖房 1 座，糖灶房 1 座，漏棚 1 座，职员宿舍 2 座，职工厨房 4 座及有关制造房舍 7 座[①]，其主要机器设备及制造设备见表 5-4 和表 5-5。

表 5-4　华农糖厂主要机器设备

种类及名称	式样	能力	制造者	年份
蒸气锅炉	卧式反火焰管	30 匹马力	中国	1938 年
锅炉	同上	60 匹马力	美国	不详
蒸汽机	立式单缸	24 匹马力	英国	不详
蒸汽机	立式单缸	10 匹马力	中国	1938 年
35 瓦发电机	一部		美国	不详
四缸福特引擎	二部		美国	不详

资料来源：转自内江地区档案馆：《民国时期内江蔗糖档案资料选编》（中），内部资料，1984 年，第 421 页

表 5-5　华农糖厂的制造设备

种类及名称	式样	尺寸	数量	用途	制作者	年份
压蔗机	卧式三辊	12×8₵	2	压蔗	美国	不详
动力离心机	座式	17₵	6	分蜜	中国	1940 年
手摇离心机	座式	12₵	5	分蜜	中国	1940 年

注：₵ 表示尺寸符号

资料来源：转自内江地区档案馆：《民国时期内江蔗糖档案资料选编》（中），内部资料，1984 年，第 421 页

该厂是第一个采用机器制糖改良新法的制糖厂。成立之初，厂内有一组三辊式压蔗机，日榨量约为 4 万斤；另有一部钢轴石辊，日榨量约为 3 万斤。在分蜜环节上，该厂采用了 4 部电动离心机来制造白糖，但是在蔗汁熬煮环节上，仍使用枪式土灶来熬煮糖清。[②] 随后，压蔗机由原来的一组增为两组，离心机也由 4 部增至 11 部，另外，又增加两部锅炉，两部蒸汽机及 1 部发电机。每日压蔗 30—40 吨，压蔗期约为 80 天，可产糖 360 余吨。其较土法压

---

① 内江地区档案馆，《民国时期内江蔗糖档案资料选编》中，内部资料，1984 年，第 420 页。

② 张骥：《我对内江甘蔗试验场及其推广站的回忆》，《内江文史资料选辑》第 3 辑，中国人民政治协商会议四川省内江市委员会文史资料委员会，1988 年，第 73 页。

泥制糖多提取白糖 180 吨左右，但少产桔糖 100 吨。虽然产值高于土法制糖，但由于管理及技术人员等方面的开支较大，再加上战乱频繁，法币贬值，致使其入不敷出，在 1946 年宣布停办。[①]

该厂是一个半机械化制糖厂，就其生产设备来看，该厂仅在压蔗及漏糖环节上使用了机器设备，如压榨机、电动离心机等，而在熬糖、晒糖等环节上仍以土法为主。尽管如此，半机械化制糖的效率还是远高于土法制糖。糖房压榨，单搞每日用牛 12 头，压蔗 7—8 吨；双搞每日用牛 16—20 头，压蔗 10—12 吨。漏棚用压泥法提取糖品，每糖清百公斤，可提取白糖 28—30 公斤，桔糖 28—30 公斤，糖蜜（漏水）30—35 公斤；而用离心机提取糖品，百公斤糖清可提取白糖 60 公斤，其余为桔糖及糖蜜。两种制糖方法相比较，半机械化制糖的优势较为明显。

2. 中国联合炼糖股份有限公司

该公司于 1940 年冬由中国银行、资源委员会及内江少数商股集资 400 万元创办，公司地址在内江三元井。1941 年夏，建筑大体完成，锅炉、机械亦安装竣事，1942 年 1 月正式开工。但是当时由于公司内工人对机器的使用情况不甚了解，而未能达到预定目标，随后经短期训练后，自 1943 年起，困难渐渐减少，产品也日益精美。唯一不足的是资金周转困难，于是在 1943 年又增加资本至 800 万元，并且供销川、陕、甘、黔等省之糖品，完全照官价供应直接用户，严防套购渔利。[②]

该公司设襄理总工程师、工务、总务、会计等四课，四川省内重要城市如成都、重庆、泸县等地，均设立直隶总公司的办事处。全厂职工（连 3 个办事处及 5 个原料站在内）共 87 人，工人 350 人。经理吴卓、副经理李效民主持成都办事处；副经理徐杰主持重庆办事处，泸县办事处主任为王宗海，总工程师黄振勋兼工务主任。该厂资本总额为法币 800 万元，至 1943 年其运用资金达 5000 余万元。公司内厂房及原料产品等存放仓库大小共有 14 座，主要机器设备为：①动力设备。200 匹马力水管式锅炉 1 座，400 马力火管式锅炉 1 座，180 匹马力直立式蒸汽机 1 座，30 匹马力卧式引擎 1 部，100 瓦交流发电机 1 部，另有 20 瓦交流发电机 1 部。②制造机器。盘管式及鼓式真空煮糖锅各 1 具，30 吋离心机 6 座，24 吋压滤机 2 座，结晶器 6 副。③修理机

---

① 刘建纯：《华农糖厂创办及结束情况》，《内江市中区文史资料选辑》第 36 辑，中国人民政治协商会议四川省内江市市中区委员会，1998 年，第 133 页。

② "内江支行中国炼糖公司押透贴现借款及股东会议记录卷"（1942—1944），重庆市档案馆藏，中国银行重庆支行全宗，档案号 0287—1—4110。

器。修理厂 1 座，有车床 3 部，铇床 1 部，钻床 1 部及翻砂各类加工设备等。④酒精制造。6000 加仑酸酵桶 12 只，30 吋粗馏塔 1 座，24 吋精馏塔 1 座。[①]

就该公司的制糖设备情况来看，其制糖原动力为锅炉，系由美国和英国进口，式样分水式火管及火式小管两种，功力在 200—400 匹马力；主要制糖设备有真空煮糖锅、离心机、结晶槽等。[②] 但该公司属于来料加工型制糖公司，该公司购糖清为原料，然后将其加工制成各种糖品及酒精，据统计，该公司每年购用糖清 200 余万公斤，每日可出糖 7000 公斤及酒精 500 百加仑。

3. 四川华原糖厂

该厂于 1940 年在内江漆家滩成立，资本为 200 万元，为股份制公司，主要负责人为萧家点。该厂有技工 20 人，粗工 7 人。[③] 该厂的主要机器装备为：①离心机 15 架，75 500 元；②木炭引擎 1 架，40 000 元；③地轴、手摇抬、钻床、手摇车轮、钳床设备及其他修理器材等计 100 000 元。制糖原料为糖清，制成品有精糖、机白糖及粗糖 3 种。[④]

除了以上三家规模较大的机器制糖厂（公司）外，在整个 20 世纪 40 年代，四川省内还成立了其他一些规模较小的半机械化制糖厂，计有一六糖厂、沱江糖厂、榉木镇糖厂、晶星糖厂、内江炼糖厂及信谊制糖厂等数家。在这些半机械化的糖厂（公司）中，中国联合炼糖股份有限公司规模最大，每日可产糖 2 吨左右；其次为华农糖厂，每日可产糖数千公斤；其余规模较小，且多为民营性质。[⑤] 具体情况见表 5-6 和表 5-7。

表 5-6　制糖厂调查表

厂名	负责人	厂址	主要产品	资本（万元）
华农糖厂	陈让卿	内江圣水寺旁	白、精糖，糖蜜	100
中国联合炼糖股份有限公司	沈镇南、吴卓	内江三元井对岸	精糖、酒精	400
大华实业公司、华原糖厂	甘冀墉	内江圣水寺	精糖、酒精	41

---

① 内江地区档案馆，《民国时期内江蔗糖档案资料选编》中，内部资料，1984 年，第 422 页。

② "内江支行中国炼糖公司押透贴现借款及股东会议记录卷"（1942—1944），重庆市档案馆藏，中国银行重庆支行全宗，档案号 0287—1—4110。

③ "糖厂工矿等调查表"（1943.2—1943.12），内江市档案馆藏，民国资中、内江银行（钱庄）联全宗，档案号 13—3—77。

④ "糖厂工矿等调查表"（1943.2—1943.12），内江市档案馆藏，民国资中、内江银行（钱庄）联全宗，档案号 13—3—77。

⑤ "关于糖类评价委员会组织章程、战时食糖专卖查验暂行规程"（1942.2—1944.7），第 13 页，资阳市雁江区档案馆藏，民国资阳县政府档全宗，档案号 2—1—695。

续表

厂名	负责人	厂址	主要产品	资本（万元）
沱江糖业公司	黄绍猷、蓝文彬	资中	白糖、酒精	1200
四川裕蜀糖业股份有限公司	郭明卿	内江	机制糖	200

资料来源：转自《中国银行重要工商名录》，内江市档案馆藏，民国资中、内江银行（钱庄）联全宗，档案号13—1—847

表5-7 内江县糖类运销加工厂家调查表（1946—1949）

厂家名称	组织	负责人	员工人数	设备	财务情况	业务情况
内江炼糖厂	合伙	王启宇	50	离心机有8架	资本：现金1亿元，红糖10万公斤。营运资金约8亿元；行庄贷款：中国银行承放2亿元，钱庄承放2亿元	系以红糖加工制造白糖、精糖，每月加工红糖可达20万公斤，该厂现盈余2亿元，正拟扩大组织中
信谊制糖厂	独资	杨光琦	26		资本：8000万元，营运资金约3亿元；行庄贷款：中国银行承放4000万元，钱庄承放约6000万元	该厂每月可制出白糖3万公斤，现约盈1亿元

资料来源：转自"四川省内江县糖类生产运销加工情况报告书"（1946—1949），重庆市档案馆藏，内江支行糖业贷款全宗，档案号0287—1—2207

　　就这一时期机制糖厂的存在情况来看，机器制糖业的发展有以下两个方面的特点：①半机械化。半机械化是指在机制糖厂的整个制糖环节中，不仅存在着土法与新法相结合的现象，而且有手工与机器相配合的必要。首先，尽管各厂均采用离心机（电动及手摇）来制白糖，但是仅华农糖厂有两部小型榨机，其余各厂均属于来料加工型制糖厂，即"制糖所用之原料——糖清，均系购自糖房"[1]。其次，大部分糖厂多在熬煮环节上使用蒸汽锅，然而在分蜜环节上则多采用手工离心机来分蜜。②股份合作制。新设立之机制糖厂，在融资及管理方面上，均采用现代股份企业制度，从手工工场性质的制糖到现代股份制企业制糖，四川糖业的发展又迈上了一个新台阶。

　　但不可否认的是，1949年前，四川蔗糖业仍以土法制糖为主。虽然1939

---

　　[1] "关于糖类评价委员会组织章程、战时食糖专卖查验暂行规程"（1942.2—1944.7），第13页，资阳市雁江区档案馆藏，民国资阳县政府档全宗，档案号2—1—695。

年大华实业公司与甘蔗试验场合办了华农糖厂，1940 年中国联合炼糖股份有限公司三元糖厂成立，是整个四川的机制糖业良好的开端，但是到 1942 年为止，四川省内土糖房、漏棚仍高达 1547 家，其糖品产量占到川省糖品总量的 90%。[1]

全部机械化的制糖厂是新中国成立后出现的。1956 年，政府在内江椑木镇设立日榨量 1000 吨的内江糖厂，该厂是我国第一座自行设计、自行制造、自行安装的大型全机械化糖厂，从原料输入直到成品输出，完全采取机械化连续生产，其产品质量好、成本低。

二、手工制糖业与机器制糖业之间的关系

20 世纪 40 年代以后，在沱江流域出现了手工制糖与机器制糖并存的局面，并且这种并存一直持续到新中国成立后。那么如何看待这一共存现象，以及这一共存现象是否有利于糖业产能的提高？

就民族机器工业与近代手工业之间的关系而言，学术界存在着两种明显不同的看法：一种观点充分肯定民族机器工业与近代手工业之间的良性互动关系，肯定手工业从附属于农业经济到附属于大机器工业的进步作用；另一种观点不同意将两者间的互动作用估计得过高，相反，认为二者之间是一种你死我活的恶性竞争关系，或提出民族机器工业的产生和发展是建立在农民家庭手工业被破坏的基础上的，或主张农民家庭手工业的存在构成了机器工业进一步发展的障碍。另外，就二者的互补关系而言，也并非简单的补充而已，而是存在多层的互补关系。例如，有学者认为在外国资本主义的排斥和打击下，民族机器工业不仅得不到应有的发展，而且也难以最终完成对手工业的取代，多层面的互补关系构成一定时期二者之间关系的主导面，包括行业结构性互补、市场关联性互补、市场水平性互补及劳动技术性互补。[2] 但是以上的分析多是从整个手工行业与整个机器工业相对比的宏观角度来探讨的，而对于具体行业内部的生产力整合而言，学者们却关注不多，但是这并不能否认行业内部生产力整合的复杂及重要性。

在沱江流域的蔗糖业中，手工制糖业与机器制糖业之间存在以下几层关系。

---

① 内江县《工业志》编写组：《抗战时期内江县蔗糖生产的发展》，《内江县文史资料》（11/12 合刊），中国人民政治协商会议四川内江县志编纂委员会，1985 年 9 月，第 10—11 页。

② 彭南生：《传承与变动：近代转型时期的城乡经济与社会》，武汉：湖北人民出版社，2008年，第 202 页。

1. 二者各自的相对优势

就手工制糖业而言，虽然有多种弊端，但是其产品的甜度超过了机制糖，"机制糖品虽然比土糖更白、结晶粒更大，但甜度却逊于土制白糖，不太受消费者欢迎"[①]。就机器制糖而言，其优势在于产能大、效率高。例如，中国联合炼糖股份有限公司，其规模宏大，每日可产糖 2 吨左右。稍次于中国联合炼糖股份有限公司的华农糖厂，每日亦可产糖数千公斤。同时，用土法不能制造白糖的糖清，由离心机可以制出白糖，并能增加 60% 的白糖产量。另外，土法漏制白糖至少需 20 日以上，而改用离心机，则只需 10 分钟即可，"在时间上既属经济，糖之品质亦为精良"[②]。但是机器制糖厂也有其自身发展的困境，如中国炼糖公司，该厂采用了当时比较先进的制糖机器设备，如真空锅、结晶机、离心机及制酒精用的蒸馏塔等，但是由于生产资金全靠抵押贷款进行周转，加上当时币值不断贬值，开工以来并未获较大收益。据中国联合炼糖股份有限公司 1942—1944 年的统计，该厂生产的白糖率仅为糖清的 37%，较之土法制糖的出糖率高不了多少（土法制糖出糖率：内江达 30%、资中达 34%、简阳达 33%）。[③] 其成品虽然比土糖更白、结晶粒更大，但甜度却逊于土制白糖，不太受消费者的欢迎。[④]

2. 二者之间的关联

第一层，机器制糖厂的制糖原料糖清系由手工制糖性质的糖房生产，也即机制糖厂主要从事半成品的加工。例如，在 1941 年 11 月，杨寿标调查糖业发展情况所得，"新法制造厂现有七家，均属提炼精糖及白糖，制糖工具，系用四川甘蔗试验场所设计制成之离心机，制糖所用之糖清，多自糖房中买来，自行榨蔗炼糖者甚少"[⑤]。第二层，机器制糖厂普遍使用的离心机多由人力操作，并在部分制糖厂存在着旧式糖锅与新式分蜜技术相结合的现象。"离心机有手摇式及用电力拖动者两种，各厂多用手摇机，以人力工作。华农、华原两糖厂，虽自备小型发电机，但转熬每次提取后之糖蜜，仍系用旧式糖

---

①　王东伟：《解放前内江制糖业概况》，《四川文史资料选辑》第 35 辑，中国人民政治协商会议四川省委员会文史资料研究委员会，1985 年，第 189—190 页。

②　资阳市雁江区档案馆，民国资阳县政府档全宗 2—1—695，关于糖类评价委员会组织章程、战时食糖专卖查验暂行规程（1942.2—1944.7），第 13 页。

③　王东伟：《解放前内江制糖业概况》，《四川文史资料选辑》第 35 辑，中国人民政治协商会议四川省委员会文史资料研究委员会，1985 年，第 189—190 页。

④　王东伟：《解放前内江制糖业概况》，《四川文史资料选辑》第 35 辑，中国人民政治协商会议四川省委员会文史资料研究委员会，1985 年，第 189—190 页。

⑤　内江地区档案馆：《民国时期内江蔗糖档案资料选编》中，内部资料，1984 年，第 424 页。

锅，故此等糖厂，尚不能完全脱离人工，只可名之为新式制糖，而不能称为机器糖厂，惟正在筹备中之中国炼糖厂，系中国银行与商人合办，资本三百万元，规模最大，将来拟全部机械化，用压榨机榨甘蔗，用真空锅熬糖，用离心机提糖。"[1]

从该区域糖业发展的具体情况看，虽然在20世纪40年代出现了手工制糖业与机器制糖业并存的局面，且二者之间有一定的关联，但是机器制糖厂并非由手工制糖工厂自然进化而来的，而是从外部直接引进而来的，属于后发外缘型的工业发展路径。同时，这种关联是单向的，即机器制糖厂依存于手工制糖工场，这种依存包括原料的依存及手工工匠的依赖。反过来看，土法制糖的糖房及漏棚对机器制糖厂并未有依存关系，糖房依旧使用石辊压榨、铁锅熬糖，故二者并不构成互补，仅是共存而已。

在土糖房及机器制糖厂之外，也存在一些小型改良糖厂。这些小型改良糖厂介于二者之间，使用了改良的手工制糖工具，如小型钢式压榨机及手摇离心机，不仅与土糖房并存，而且也与大机器制糖厂并存。小型改良糖厂是从土糖房的基础上发展而来的，所用动力仍为畜力，所用工具是改良了的手工制糖器具，但是压榨、分蜜效果已远远胜于土糖房。

小型改良糖厂虽在制糖成本、利润上远不及大制糖厂，但是其存在却反映了社会发展的需要：①大糖厂多设在交通便利的地方，而交通不便者则不能设立；②在交通不便，而普通作物利润又低之地区，虽因小糖厂或土糖房之糖劣价低，利润不多，但比较而言，仍以种蔗为有利；③甘蔗为工艺作物，收获前可抵押借款，以解青黄不接之困，且在收获后可售一整批款，以作还债，或出借置业，或作他用，对于四川现阶段之农民及农村，于金融周转上，实有大帮助。[2] 从以上分析来看，小型糖厂有其存在的必要性，蔗农可独资或联合经营小型糖厂，进可以求利，退可以用其劳力而得一饱。

另外，小型制糖厂的存在，不仅未与糖房及机器制糖厂发生恶性竞争纠纷，而且还有利于甘蔗种植区的扩大。"大机器制糖厂于榨蔗期满后，收集小厂之糖清，以炼白糖，由大量之甘蔗，变为小量之糖清运出，如是蔗农、糖商、小厂、大厂交受其利。"[3] 在可种蔗而未种之地，推广小型钢式榨蔗机与

① 内江地区档案馆：《民国时期内江蔗糖档案资料选编》中，内部资料，1984年，第424页。

② 四川省甘蔗试验场：《四川省甘蔗试验场1937年度工作报告》第八章四川蔗糖业改进意见，1938年8月，第15页。

③ 四川省甘蔗试验场：《四川省甘蔗试验场1937年度工作报告》第八章四川蔗糖业改进意见，1938年8月，第15页。

改良的澄清及煮糖方法相结合的制糖方式，"蔗利益较高，可劝种蔗，旧法石辊不便运输，故不通河之地，糖业难发展，钢质轻便榨蔗机则易运，大概每具 2000 元，两牛拖动，每一昼夜可榨 1.5 万斤蔗，其效率与旧石辊相似"[①]。

土糖房、小型改良糖厂、机器制糖厂三者共存于同一行业之中，这是对传统行业中的二元分析模式的一种挑战。二元分析模式认为，在同一行业中存在着手工业与机器制造业的并存，但是在沱江流域的蔗糖业中存在着多个技术层面，即土法制糖、机器制糖（多倾向于半机械化），以及介于二者之间的小型改良技术制糖，这表明了在同一行业中也存在着不同技术类型的多元共存现象。

第三节　政府对业糖者的金融扶植

在抗日战争时期手工行业的融资活动中，不难看出有很强的国家主导色彩，国家金融机关及相关管理机关积极出台规范贷款行为的办法及条例，努力化解手工行业融资困难问题。一方面，作为抗日战争时期全国最高的金融管理机构，四联总处对国家行库一切抗日战争时期放贷业务实施监管，四联总处总领国统区一切金融事宜，对大至金融、经济大政方针，小至一笔具体贷款的各种金融、经济事项进行研讨，由理事会作出决议，然后交付业务部门执行。[②] 另一方面，在经济统制政策下，与手工行业有直接关系的机构，如川康食糖专卖局、川康食盐专卖局、盐务总局等机构，在手工行业融资活动中均起到了相当大的作用。

一、救济蔗农：从传统融资方式向合作社农贷方式的转变

种植经济作物甘蔗的蔗农，对资金有着更迫切的需求。虽然种植甘蔗回报率较高，但是由于甘蔗生长周期较长、蔗田投资较多及预缴干租等原因，蔗农对资金有更为迫切的需求。"甘蔗为需时甚久成熟之作物，蔗农苦于金钱，不能周转，既为衣食之逼迫，又遭天旱之苦，故以贱价售卖青山为多，

① 四川省甘蔗试验场：《四川省甘蔗试验场 1937 年度工作报告》第八章四川蔗糖业改进意见，1938 年 8 月，第 17 页。
② 黄立人：《四联总处的产生、发展及衰亡》，《中国经济史研究》1991 年第 2 期，第 46—67 页；王红曼：《抗战时期国民政府的银行监理体制探析》，《抗日战争研究》2010 年第 2 期，第 82—94 页；王红曼：《四联总处对战时银行机构的法律监管》，《安徽史学》2008 年第 6 期，第 85—90 页。

否则受高利贷剥夺。"①

1. 蔗农农家传统的融资方式

蔗农传统的融资渠道有两种：一是出卖预货；二是求助高利贷。其中最主要的是出卖预货，在内江、富顺两县多为预卖甘蔗，俗称"买青山"；在资中、资阳、简阳各县多为预卖糖清或蔗糖，俗称"预糖"。

"卖青山"，即蔗农将未收获之甘蔗，于前一年冬或当年春季预卖于糖房。这种情形在下河地区较为普遍，内江、富顺、隆昌、泸县的蔗农多以"卖青山"的形式处理掉自家产品，"内江蔗农多是未在甘蔗下种前，估计自己种蔗土之面积，能产若干甘蔗，预先售卖，谓之'青山'②。四川省甘蔗试验场对内江东兴镇 127 家蔗农进行经济调查，"计卖青山者，占 90％以上"③。隆昌、富顺两县，"甘蔗未成熟时或未下种时，蔗农向糖房预卖，估计土之多寡，能产若干，由中人担保售卖，议定蔗价"④。

此种期货交易方式，多是蔗农被逼无奈，在当时被称为"剜肉补疮"之举。"卖青山"之所以被称为"剜肉补疮"之举，主要是因为在这种交易方式中蔗农要承受一暗一明之大亏。暗亏为糖房通过分期付款的方式为难并限制蔗农，让他们多费时间和烟酒钱。"糖房买蔗农甘蔗，恐其种植不够卖量，将款项分数期付给，第一次在'买青山'成交时约为十二月和一月份，付全价二分之一，备蔗农缴付干租和年关费用；第二次，在三月或四月付全款四分之一，作买肥料用，但亦有糖房代买肥料，发给蔗农施用，余款交蔗农领去；第三次付全款四分之一，时间在五六月，约在甘蔗'大行'前后。每次给款又不爽快，常有延搁，蔗农因此常常'赶场'，耗费其工作时间，及多耗茶酒费，吃暗亏不少。"⑤ 明亏为甘蔗的青山价远低于时价，此种差额本为蔗农植蔗之利润，但却被糖房通过卖青山的形式给剥夺了，"于是蔗农永远成为糖房

---

① "甘蔗试验场各县糖蔗产量及甘蔗生产情况调查"（1936），第 39 页，内江市档案馆藏，四川省农改所甘蔗试验场全宗，档案号 15—1—16。

② "甘蔗试验场各县糖蔗产量及甘蔗生产情况调查"（1936），第 62 页，内江市档案馆藏，四川省农改所甘蔗试验场全宗，档案号 15—1—16。

③ "甘蔗实验场工作日报周报月报"（1936.12—1937.11），第 132 页，内江市档案馆藏，四川省农改所甘蔗试验场全宗，档案号 15—1—17。

④ "甘蔗试验场各县糖蔗产量及甘蔗生产情况调查"（1936），第 36 页，内江市档案馆藏，四川省农改所甘蔗试验场全宗，档案号 15—1—16。

⑤ 彭泽益：《中国近代手工业史资料 1840—1949》第四卷，北京：生活·读书·新知三联书店，1957 年，第 730 页。

生产的驱使奴隶。"①

"预卖糖"这一方式多盛行于简阳、三星场、资阳王二溪、资中等地方。这些地方的蔗农用产糖量来计算甘蔗栽培的面积，普通情况是能产 1000 斤糖清或水糖的面积约等于 10 000 土（2 亩），然后，据估算的蔗田面积，蔗农再将他们所栽培甘蔗的应得糖量预卖给糖房或糖商。据四川省甘蔗试验场 1937 年的统计，"预卖糖"的蔗农占蔗农总数的 74.8％，见表 5-8。

表 5-8　资中球溪河镇 1937 年预糖情形

地名	蔗农户数	卖预货户数	卖预货所占百分比（％）
菜子沟	39	34	87.18
大生堂	69	41	59.42
打儿洞	20	17	85.00
石头岭	36	24	66.67

注：上面所举两种数字虽都是战前的调查，但战争使农村经济更趋凋敝，蔗农负债率和预卖货率有增无减，所以上列数字的代表性也有增无减

资料来源：转自四川省农业改进所甘蔗试验场：《沱江流域蔗糖业调查报告》，1938 年，第 4 章，第 4、6 页

从表 5-8 可以看出，通过"预卖糖"来融通资金的农户占绝大多数，菜子沟、打儿洞两地的预卖率高达 87.18％和 85.00％，因此，可以认为出卖预货成为他们主要的融资手段。但是由于预糖售价与现糖市价相比常有相当差额，所以"预卖糖"的蔗农同样受到了糖房及糖商的盘剥。

这种期货制度在带来资金融通便利的同时，也滋生了一种弊端——"长项"②，使部分陷入"长项"问题的蔗农走向倾家荡产的绝境。蔗农所欠"长项"的原因，多因受天灾影响，甘蔗收获量不足或糖分减少，而不能抵偿"预卖青山"或"预卖红糖"的数量，则须次年补上，并且另加月利二分来计算。"卖预糖"所积欠下来的"长项"，在资中又称为"下片"。同时，这种"长项"的清理，全用"借二还三"的方式，如蔗农在收获的时候，欠缴"二个糖"（俗称 500 斤为一个），第二年即须用三个糖缴与糖户，以偿清去年未缴清之债务。另外，蔗农既已欠下"长项"债务，以后就不能向他人再行预

① 彭泽益：《中国近代手工业史资料 1840—1949》第四卷，北京：生活·读书·新知三联书店，1957 年，第 731 页。

② 系预卖甘蔗的农户因甘蔗产量没有达到预卖的数量，而被迫来年继续植蔗偿还欠蔗，有的甚至几十年无法还清而陷入债务深渊。

卖，"长项"的责权人在甘蔗收获时，有自由收割甘蔗以清其债务之权，非但欠"长项"的蔗农无法拒绝，即便是后"买青山"之糖房，亦无权过问，并且须代扣其"长项"。假使扣款仍不足，则将转为本身之"长项"，以待次年再清理。所以凡欠"长项"的蔗农，欲预卖青山或红糖，亦无人敢接受，此为糖房蔗农间通行之惯例。但是如果来年遇到天时再不利，收获又少，势必累年积欠，曾有蔗农欠"长项"延至数年到数十年，而致家败人亡者。[1]

在近代中国，小农借高利贷度日是一个常态，这种现象广泛存在于中国农村中。就其利弊而言，学界有相当大的争议，但是近年来学界多肯定其维持时艰之作用[2]，对于这一点，我们也持肯定的态度。当蔗农无预货可卖时，只能求助于高利贷来通融资金，尽管高利贷的剥削程度远甚于卖预货。同时，借高利贷也不是任何人都能借到的，借债人不仅需人担保，而且也要有一定的诚信度，"有时告贷又苦于呼吁无门，因为借债须有'牌子'（即开有店铺或参加团体如合作社之类或有力之承还保证人）方可，否则，惟愿出再高之利息，亦不可得。为平日工作勤奋、品行端正者，亦每可以信用贷款"[3]。

在沱江流域内江地区，农村社会固有资金融通之借贷方法共有以下12种：

1. 对年钱（先年借100元，则来年本息共须还220元或230元；或先年借1000元，来年还谷息一石或一石三四斗）；2. 月期钱（本月借100元，则下月即还110元或120元）；3. 比期钱（借100元，一比期即须还107—108元）；4. 场期钱（又名打打钱或上钱，如前场，三天为场，借100元，则下场须还105—107元，亦有借10元，下场须还13—14元者）；5. 镇镇钱（开始借100元，以后每场还10元，分十二场还清）；6. 倒北利——即借钱时，预将利息扣除，到期则还清原来借款数；7. 借谷——多为对年一还三制，即先年借谷一石，米则谷息为一石三斗；或五月时，借谷一石，本年七月秋收后，即还谷息三斗或四斗；8. "开支票"——即为拮用借款，由借款人开其借款条给放款人，单上载明本利及到限期日，乡人通称此为"开支票"；9. 保亩借款——又分为动产保证与不动产保证两种，动产保证，多指定猪牛变卖后承还；不动产保证，多以土地作担保；10. 卖青山——即在甘蔗尚未成熟前，以

① 四川省甘蔗试验场：《沱江流域蔗糖业调查报告》第三章，1938年，第8页。
② 李金铮：《民国乡村借贷关系研究》，北京：人民出版社，2003年。
③ "内江县调查报告"（1937），重庆市档案馆藏，中国银行重庆分行全宗，档案号0289—1—730。

之预先售于糖房，但卖价多不能一次取得，须分期领取，因之，每不能得一笔整款，用于生产或加工方面，多零星费去。现在甘蔗虽定有评价方法，但卖价暗中多较此评价为低；11. 摇会——如原来之七贤会、三老会等，现以减少；12. 乡钱庄——多吸取存款，放款极少，设立者不多，仅在田家乡见到一家。①

上述借款方法，勤慎农家多以第 1、7、8 三项最多，但在事实上仍为不得不行借贷之举，其他若第 2、3、4、5、6、9 等项，则以较丰裕而喜赌博之农家子弟最多，勤慎农家非不得已时，不愿出此一策；第至 10 项②，则多为贫农所为，但现在合作社发达后，此种现象较之前数年已大为减少；在第 9项办法中，关于不动产保证借款亦不多，因此项借款利率大抵较低，为放款人所不欲；第 3、4 及 5 项为乡场商铺用之者占多数，简言之，一般的放款人多为当地之较富有者或商铺或糖房老板。各种借款额利息，最低者也有 4 分，普遍多为七八分，大加一（即 11 分）或大加二（即 12 分）者亦有，大抵以人情疏密、金融松紧、借者信用而有差异。当借款数目较大时，只能到县城设法筹措。③

在富顺县，"城乡典当业，在 1936 年至 1938 年，适当旱魃为灾，农村经济甚为枯窘，一度繁荣，为农场金融之流通，惟其是赖。现存者达 60 余家，但资本多不雄厚，除利民、幸滨、便民 3 家各约 2 万元外，余均数千元。小典当业，惟其利息，普通月息五分，有达七分者，并有预扣利息情事，可见利息之高，农民蒙受其害，莫甚于此"④。

常见的高利贷有以下几种：

1. 场期钱，借铜钱十吊，一场（每月九场）还三吊，四场还清本利；2. 宰头钱，借银元十元，预扣利息二元，一月满期还十元；3. 滚滚钱，借款到期时，将利息转为本金，以计算下期利息；4. 敲敲钱，借款一百元，每天还四元，一月还清本利；5. 钱本谷利，借款一百元，秋收后付稻谷利息三至四石（每石 165 公斤）；6. 卖青苗，把刚插秧的水

---

① "内江县调查报告"（1937），重庆市档案馆藏，中国银行重庆分行全宗，档案号 0289—1—730。

② 银行在做高利贷统计时，从高利率的角度出发，把卖青山也归入其中，但是卖青山较为特殊，本书把二者分开来探讨。

③ "内江县调查报告"（1937），重庆市档案馆藏，中国银行重庆分行全宗，档案号 0289—1—730。

④ "富顺县概况调查报告"（1940—1941），重庆市档案馆藏，中国银行重庆分行全宗，档案号 0289—1—736。

稻或出土不久的萝卜等农产品，预先出售。[①]

在泸县，高利贷名目也比较多，归纳起来有以下几种：场期钱，打打钱（敲敲钱），印子钱（以场期为计息期，如借 100 枚铜钱，议定每场利息 3 枚，必须按时付利，如有一场不付，就作本金，利上计息，限期一月），宰头钱，滚滚钱（利滚利），关钱（关钱名目颇多，有一关钱、三关钱、四关钱、五关钱、六关钱，又有大六关和小六关之分；关，指的是关期，有一个场期为一关，或十天、一月一关不等）；另外，该地也有卖青苗之习俗，俗称卖空仓，包括麦子、大豆、高粱及稻谷等农作物。[②]

高利息是高利贷的重要特征之一。在沱江流域，高利贷的最低利率也达4—5分，高者甚至有 7—8 分之多。例如，在富顺，放款者多为地主及富农，蔗农举债数字少则 100 元，多则 500 元，尤其是佃农，租赁田土时要缴纳大量押租，故需款额较大，普通月息 3 分，但亦有高达五六分者。[③] 根据四川甘蔗实验调查，蔗区的主要高利贷形式有 5 种：月期钱、比期钱、场期钱、上钱和倒扣利。1937 年，在资中、内江两县农户中，负债农户已达到 70%以上，见表 5-9。

表 5-9　四川省甘蔗试验场对资中、内江两地部分地区 1937 年负债农户调查

地名		调查户数	负债户数	负债者所占百分比（%）
资中	石岭子	36	31	86.11
	打儿洞	22	17	77.27
	大生堂	70	56	80.00
内江	菜子坝	39	31	79.48
	东兴乡	182	132	72.53
	西附城乡	143	110	76.92

资料来源：转自四川省甘蔗试验场：《沱江流域蔗糖业调查报告》第 4 章，1938 年，第 7 页

从表 5-9 看，在资中、内江两地，在所调查的 492 户蔗农中，负债的蔗农达 337 户，平均负债率达 76.63%。从这一高负债率来看，尽管高利贷是

① 李孔口：《富顺县的自由借贷》，《富顺县文史资料选辑》第五辑，中国人民政治协商会议四川省富顺县委员会文史资料委员会，1991 年，第 46 页。
② 《民国时期的高利贷剥削》，《泸州文史资料选辑》第 10 辑，中国人民政治协商会议四川省泸州市委员会文史资料工作委员会，1986 年，第 138—140 页。
③ "富顺县概况调查报告"（1940—1941），重庆市档案馆藏，中国银行重庆分行全宗，档案号0289—1—736。

一种饮鸩止渴之举，但是蔗农为了生计，借高利贷成为其通融资金的主要渠道之一。这虽然又是一种无奈之举，然而却是蔗区农户融资环境的真实写照。

另外，在沱江流域的农村社会中，也存在有合会制度，但是由于自身的弊端，发挥的作用极小，如在富顺，"合会制度，该县合会以币值而分有，钱会与银会，钱者历史较久，会额小，系以钱计，年来生活高涨，物价倍增，已无济于事，遂废。银会应时而兴，会额自二百元至一千元，会脚自五人至十余人。以得会之方法而有摇会、占会之分，以会期而分有月会、年会，大都时期较长。惟如是，十年兴衰，世道不古，人心叵测，每中途散会，时引起纠纷，甚至诉讼。虽多为各亲友戚属之结合，互为融通经济，且利息甚微，其方法善，卒因弊端丛生，渐形减迹也"①。

2. 国家行库之合作救济贷款

20世纪30年代以后，在抗日战争及大后方根据地建设的大背景下，政府加强对蔗糖经济发展的干预力度，在蔗糖经济区推行合作制度，发放合作金融贷款，使部分参加合作社的蔗农多了一条通融资金的渠道。

抗日战争暴发前后，国民政府从巩固其对四川地方的统治及支援抗日战争的目的出发，加强对蔗糖经济的干预。其中，政府对糖业的金融扶持是干预的重要内容之一，金融扶持主要通过国家银行的入驻及合作社的兴办来实现。在这一情况下，蔗农多了一条筹措生产资金的渠道，即向合作社贷款。20世纪30年代，国家银行和各类商业银行相继进入沱江流域，拓展其业务②，在这些银行中，中国农民银行较早对蔗农进行放款，这类放款主要是通过各类合作社来完成的。例如，资阳县城东文明寺蔗糖生产运销合作社，该社以罗家湾、白塔沟、田家沟、窑沟、文明寺为业务区域，其办社章程第一条就明确列出"本社以扶助社员植蔗及加工制糖与办理共同运销为目的"③；蔗糖合作社的主要业务为：①扶助社员种蔗；②收集社员之蔗或糖，

---

① "富顺县概况调查报告"（1940—1941），重庆市档案馆藏，中国银行重庆分行全宗，档案号0289—1—736。

② 李毅熙：《我所知道的解放前内江金融业》，《内江文史资料》第10期，中国人民政治协商会议内江市委员会内江编史修志委员会，1981年，第3—11页。

③ "保证责任资阳县城东文明寺蔗糖生产运销合作社章程"，第40页，资阳市雁江区档案馆藏，民国资阳县工商交通联合全宗，档案号8—1—92。

进行加工，并负责销售；③根据社员具体生产情况予以低息贷款①；④组织分红。②

合作社贷款的宗旨是融通蔗农的生产资金，铲除压在蔗农身上沉重的高利贷，从而促进蔗糖经济的良性发展。"沱江流域产蔗最盛，农村间呈现着极度不安，此乃蔗糖生产事业之危机，所以谁都知道要改进川省糖业，必须从改进蔗农环境着手，普遍组织合作社使蔗农得到资金之周转，渐渐铲除各种不合理之现象，将应得之利润，归还到蔗农本身，然后再进而以技术来解决蔗农业、糖工业问题……因为现今蔗糖生产过程中之种种畸形事实，其最大原因，都是由于农村金融的枯竭，蔗农资金周转不灵，以致遭受各种剥削，组织合作社，贷放甘蔗生产资金，必定能将'卖青山'、'预卖糖'等苛刻剥削，渐渐铲除。"③

鉴于此问题之重大，1936年秋冬，四川省甘蔗试验场向四川农村合作委员会及中国银行说明情形，并商洽一切事宜。之后，四川省农村合作委员会特派专人办理沱江流域蔗糖合作事业，改善各种贷款办法。贷款标准，依照种蔗区域之惯例，以能出产 10 000 斤甘蔗之面积（俗称 10 000 土）为单位，规定各级蔗农贷款。具体规定为：种 10 万以内每万土贷款最高额为 35 元，10—15 万土每万土最高额 39 元，15—20 万土每万土最高额 25 元，20—50 万土每万土最高额 20 元，洋红甘蔗每万土最高额 50 元。放贷分三期：第一期，一月份贷 1/2；第二期，二月份贷 1/4；第三期，四月份贷 1/4。④

在规定放款额度及期限的同时，四川省甘蔗试验场也提议限定该款的用途，"此种贷款，指定为甘蔗生产贷款，作为甘蔗之生产资金"，并较为乐观地看待此类贷款的前景，1937 年，沱江流域各合作社共计贷款 60 余万元，

---

① 蔗农新式贷款情形（合作社）：贷款手续：系由社员决定种类，然后以合作社名义向中国银行借款。款额：每万土可借 30 元。领款期：第一期为基肥与种子人工费，定于国历十二月至来年一月领款；第二期为补肥和人工费，约三月领款；第三期为追肥和人工费，约于四月至五月领款。利息：合作社向中国银行借款者，为八厘息，社员向合作社借款者，则为一分二厘，其多余四份，留为基金之用。还期，国历十二月底。林振威：《四川省内江糖业调查》（油印本），1940 年，第 14—16 页，收录于彭泽益主编的《中国近代手工业史资料 1840—1949》第四卷，北京：生活·读书·新知三联书店，1957 年，第 437 页。

② 文明寺蔗糖生产运销合作社章程规定："如有剩余，则分为四份，即 20% 为公债金、10% 公益金、10% 为理事及事务员之酬劳、60% 为社员分配金。""保证责任资阳县城东文明寺蔗糖生产运销合作社章程"，第 40 页，资阳市雁江区档案馆藏，民国资阳县工商交通联合全宗，档案号 8—1—92。

③ 四川省甘蔗试验场：《沱江流域蔗糖业调查报告》第四章，1938 年版，第 11 页。

④ "甘蔗试验场'一年来之四川甘蔗试验场'"（1937.6—1937.12），内江市档案馆藏，四川省农改所甘蔗试验场全宗，档案号 15—1—20。

"省合作金库向 50 个合作社，共贷出 33 501 元；中国银行向 37 个合作社共贷出 25 560 元"[1]。"此蔗糖合作事业，在四川当属创举，能依次合理之办法来推动，此项工作则产糖区域之蔗农获益匪浅。"[2]

但是，合作社贷款的具体情况并非如四川省甘蔗试验场所描的那样让人憧憬。在这个过程中，蔗农确实得到了部分实惠，因为国家银行的利息比高利贷利息低得多，然而我们不能过高地估计国家行库在农家融资中的作用，因为各县办合作社的实际情况并不理想。例如，1940 年的内江，"现有信用合作社 50 余所，生产合作社约 200 所，社员约 2 万人，放款机关为中国银行，已放款 700 万元，预计本年将增至 1000 万元以上。1940 年对于蔗糖业放款标准，蔗农每万土 70 元，以 10 万土为限，闻本年将改为 5 万土，贷款期限一年半；'糖清加工'，每万斤甘蔗 70 元，期限亦为一年半；'红糖加工'，每千斤红糖 40 元，期限一年；'白糖加工'，每万斤糖清 16 元，期限 9 个月；'糖房设备'，每座 2331 元，期限三年；'漏棚设备'，每千斤糖清 22 元，期限三年。各种放款，多系分期付款，放款利息，中国银行贷与合作社为九厘，合作社转放社员一分二厘"[3]。虽然 1940 年内江合作社社员有 2 万人之多，但是相对于 30 万之众的蔗农，这 2 万人不免过少；尽管 1941 年预计放款 1000 万元，并调整放款标准，然而相对内江该年生产 1.48 亿斤蔗糖所需款项，依然是杯水车薪。

合作贷款未能达到预期的目的，这既有时代大气候的影响（抗日战争爆发，军需孔亟而未能尽全力支援合作贷款），也受到了合作社内部弊端的拖累。

二、扶持糖商：从业内融资向银行贷款的转变

抗日战争时，手工行业制品均纳入战时物资统制行列，为了有效地对其实施统制，政府相继出台了一系列统制措施，如《全国桐油调节管理暂行办法暨实行细则》、《全国猪鬃统购统销办法》、《全国生丝统购统销办法》、《全国羊毛统购统销办法》及《财政部管理全国茶叶出口贸易办法大纲》等。在统制政策下，手工行业的融资活动也逐步纳入国家计划之列，比如，1942 年

---

① "甘蔗试验场'一年来之四川甘蔗试验场'"（1937.6—1937.12），内江市档案馆藏，四川省农改所甘蔗试验场全宗，档案号 15—1—20。

② 四川省甘蔗试验场：《沱江流域蔗糖业调查报告》第四章，1938 年，第 9—10 页。

③ 杨寿标、朱寿仁调查，钟崇敏撰述：《四川蔗糖产销调查》，重庆：中国农民银行经济研究处，1940 年，第 74 页。

12 月 14 日，财政部鉴于糖商、盐商急需资金救济的现状，依据非常时期管理银行暂行办法第六条管理银行抵押放款办法第五条及管理银行信用放款办法第四条的规定，公布了"盐糖商向银行借款管理办法"，该办法共 7 条，分别对借款方（制运销糖商、盐运商）、贷款方（中交农银行）及担保方（川康区食糖专卖局、川康盐务管理局）三者在抵押贷款成立时均各自的职责作出了明确要求。12 月 17 日，四联总处第 154 次理事会会议根据中交两行对于糖商贷款之意见，修正通过了"食糖调剂资金办法"，该办法共 5 条：

（1）为推行国策，协助食糖专卖局执行任务起见，所有食糖制运销三项贷款均由中交两行办理。（2）农民银行对于现有合作社之加工贷款，为迁就事实起见，得由其暂行继续办理。（3）中交两行贷款总额定为 2 亿元，由中交两行为主体，并欢迎地方资金参加，依照财部各区食糖专卖局管理糖业商人向银行借款实施办法办理之，并依照食盐贷款办法，由中交两行和食糖专卖局会商保障办法。（4）中交两行所做贷款得按八折向中央银行办理转抵押。（5）为保证正当商人合法利润及防止走私起见，请财部令缉私署遂调税警一团，常川分驻各重要产糖区域，负责缉私，其兵力分配由缉私署与食糖专卖局商定之。[①]

1. 抗日战争时期糖区银行业的快速发展

抗日战争为沱江流域银钱业发展的节点。抗日战争爆发后，大后方的经济畸形高涨，促进了银钱业的蓬勃发展。例如，抗日战争前，内江只有 7 家银行，之后，相继在内江开业的银行有 18 家之多；战前内江有两家钱庄，战争爆发之后则陆续成立者有 14 家之多（表 5-10）。在 1940 年，内江"本地现有中央、中国、交通、农民、四川省行、聚兴诚、美丰、川盐、重庆、川康、大川等银行十一家，太平保险公司一家，钱庄十二家，糖商若感资金不足时，即向银行钱庄调动，惟国家银行除做一部分糖业押款外，对糖商信用放款者甚少。糖之抵押放款、普通为六七成，以三月为期，利息多为一分五厘。商办银行及省行，信用及抵押放款均做，利息自二分至四分五厘。钱庄均属信用放款及担保借款，利息约自三分至七分。私人借款，利率约与钱庄同，此间糖业交易极大，市面上常感银根异常吃紧，一般挟有余资者，以在此放债有利可图，纷纷来此开设钱庄，最近有六七家正在筹备开业中"[②]。

---

① "关于拟定糖业资金调剂办法的决议、函"，重庆市档案馆藏，中中交农四联总处全宗，档案号 0285—1—0634。

② 杨寿标、朱寿仁调查，钟崇敏撰述：《四川蔗糖产销调查》，重庆：中国农民银行经济研究处，1940 年，第 72 页。

表 5-10　内江银钱业一览表

名称	组织	开业月日	地点	负责人	备注
中央银行	分行	1939 年 4 月	中正路	董纯苏	
中国银行	支行	1932 年 7 月	中正路	孙祖瑞	
交通银行	办事处	1938 年 7 月	中正路	康爱山	
中国农民银行	支行	1936 年 4 月	中正路	韩振鹤	
交通部邮政储金汇业局	分局	1944 年 5 月	中山路	张楚	
四川省银行	分行	1934 年 11 月	朝阳路	赵星洲	
内江县银行	总行	1942 年 10 月	新生路	李始东	
聚兴诚银行	办事处	1934 年 5 月	中山路	李麟阁	
重庆银行	办事处	1934 年 3 月	中正路	马漱六	
美丰银行	分行	1935 年 12 月	中正路	孙和甫	
川盐银行	分行	1936 年 8 月	中山路	胡绍虞	副理暂代
亚西广业银行	办事处	1942 年 7 月	中山路	蔡树勋	
建国银行	办事处	1942 年 5 月	中正路	黄圭笙	
长江实业银行	分行	1941 年 9 月	中正路	张得刚	
川康平民实业银行	分行	1938 年 5 月	中山路	沈仲庆	
通惠实业银行	分行	1941 年 8 月	中正路	雷詹午	
济康银行	办事处	1941 年 8 月	北街	王德常	
大川银行	办事处	1940 年 1 月	中正路	斯干如	
四川建设银行	办事处	1943 年 3 月	新生路	庞惠楼	
同心银行	分行	1943 年 4 月	中正路	王受轩	
胜利银行	分行	1943 年 7 月	中山路	黄质坤	
聚康银行	办事处	1943 年 10 月	新生路	廖吟舟	
光裕银行	分行	1944 年 3 月	中正路	曾蜀歧	
裕丰银行	办事处	1944 年 1 月	新生路	曾雨生	
汇通银行	分行	1944 年 11 月	中山路	王贵章	
永通银号	总号	1941 年 10 月	中正路	陈绍尧	
隆信银号	总号	1941 年 8 月	新生路	贺退思	正在改组成银行
其昌银号	分号	1942 年 3 月	朝阳路	李子奇	正在改组成银行

续表

名称	组织	开业月日	地点	负责人	备注
开丰银号	总号	1943 年 10 月	新生路	王永久	本年二月正式开业
义厚昌钱庄	总庄	1943 年 2 月	临江路	徐俊侯	
合记诚信钱庄	总庄	1935 年 3 月	中山路	□西平	
荣华钱庄	总庄	1937 年 1 月	中山路	邱荣光	成立时间少出入①
信义永钱庄	总庄	1939 年 1 月	临江路	萧安澜	
济源钱庄	总庄	1940 年 2 月	中山路	郭煌甫	
新记聚诚钱庄	总庄	1941 年 2 月	新生路	谢芷堂	
聚丰钱庄	分庄	1941 年 4 月	新生路	甘暝阶	正在改组成银行
协和钱庄	总庄	1941 年 8 月	朝阳路	刘仿动	
全兴钱庄	总庄	1941 年 11 月	中山路	曾□□	
庆丰钱庄	总庄	1941 年 10 月	中山路	袁毓□	
汇华钱庄	总庄	1942 年 1 月	中山路	王君辅	
鑫汇钱庄	总庄	1942 年 4 月	中山路	王有为	

资料来源：转自赵星洲、朱吉礼：《三十三年（1944 年）内江经济动态》，《四川经济季刊》1945 年第 2 卷第 2 期，第 128—129 页

尤其是在 1941—1942 年，内江银钱业的兴起如雨后春笋，盛极一时。虽然在财政部管制金融及限制添设分支行处后已少有增加了，但是在 1944 年内又新设两家银行，即光裕银行、交通部邮政储金汇业局分局。同时，在财政部的支持下，部分银钱业于 1944 年被改组成银行。改为银行者，"信和钱庄在一月停业后，与成都汇通银号、重庆和畅钱庄合并改组为汇通银行，内江信和钱庄，改为汇通银行内江分行，于 10 月 24 日开业，负责人王贵章；裕丰银号因成都总号增资改为银行，内江分号，亦于 10 月 21 日改为裕丰银行内江办事处，负责人仍为曾雨生"。改为分行者，"美丰银行办事处，3 月 1 日改为分行；川盐银行办事处，8 月 1 日改为分行"②。

就银行业而言，有国家及商业银行之分，国家银行除了经营一般性金融

---

① 内江钱庄业兴起于 1932 年，自邱荣光的荣华钱庄始。钱庄以经纪业开始，并介绍贷款，后来又开展汇兑、存放业务。张俊之：《略谈解放前的内江钱庄》，《内江市文史资料》第 10 期，中国人民政治协商会议内江市委员会内江市编史修志委员会，1981 年，第 11—13 页。

② 赵星洲、朱吉礼：《三十三年（1944 年）内江经济动态》，《四川经济季刊》1945 年第 2 卷第 2 期，第 128—129 页。

业务如汇兑、抵押贷款外，还承办政府合作贷款及税款收支的业务；各商业银行的具体经营业务也有一定的差异，有仅经营金融业务的，也有以金融业务为主而兼及商业买卖的。其营业状况有旺季与淡季之分，如1936年内江的金融情形："查内江金融，每年旧历九、十、冬腊，子金较高，用户较多，称为旺月；三、四、五月，为淡（清）月，子金最低，用户较少；六、七、八及正二月为平月，子金平常，用户平平。拟旺月放款金额20万元上下，平月15万元上下，淡月10万元上下。临时再视子金价格及地方情形而定之。"同城各银行营业状况为："中行旺月放款20—30万元上下，有堆店二，淡月10万元上下；农行旺月20—30万元上下，淡月20万上下，有质店一；聚行旺月40—50万元上下，淡月20万元上下，有堆店二；美丰行旺月20余万元，淡月10余万元上下，有堆店二；商行旺月20万元上下，淡月10万元上下，有堆店一；省行旺月30万元上下，淡月20万元上下，有堆店二；重行旺月10万元上下，淡月4—5万元上下，有堆店一"[1]。

2. 扶植制糖商抵押贷款

糖房、漏棚是制糖商制糖的重要场所。"一般的糖房，所需工人至少40人"[2]，大的糖房，如资中，"可达雇工300余人，用牛30余只，每日榨蔗7万公斤，出糖60余担"[3]。大漏棚，"雇工100多人，日出糖在30包左右（每包约300—400斤）"，"小漏棚每年能漏10万斤"[4]。因举办糖房、漏棚的费用较高，非一般蔗农所能承担，故糖房、漏棚多为地主及富商开办。"漏棚因生产周期长，须有雄厚的本钱，多由殷实地主开设；糖房季节性强，须有足够的劳动力，多由富裕蔗农或地主信任的管事或善于经营的小地主开设。"[5]就其资本情况而言，据1934年重庆中国银行对内江糖房资本的调查，"开设糖房，其资金多用于购蔗及制造两方。大糖房约需资金三四千元；小者则仅千余元。糖房新创者少，多为顶替或租用。资金来源，多从借贷"[6]；"漏棚资金之需要，活动方面较固定方面为多，故数量较大；大漏棚需资金一二万

---

① "内江办事处来信"（1936年9月2日），重庆市档案馆藏，川盐银行卷全宗，档案号0297—2—2520。

② 重庆中国银行：《四川省之糖》，第29、30页。

③ 萧季玉：《资中糖业》，《四川农业月刊》1934年第1卷第4号，第26—30页。

④ 张肖梅：《四川经济参考资料》，上海：中国国民经济研究所，1939年，第T116页。

⑤ 严茂修：《我经营糖房、漏棚的回忆》，《内江市文史资料》第4期，中国人民政治协商会议内江市委员会编，1984年，第36页。

⑥ 重庆中国银行：《四川省之糖》，第74页。

元；小者则只二三千元。但资金终嫌不足，仍须借贷"①。

尤其是自1940年起，制糖商普遍需要近代金融业来融通资金，以求生存。1942年1月29日，川康区食糖专卖局电四联总处，"查内江制糖厂商，资金缺乏，势将停制，一旦蔗价停止支付，更将引起纠纷，迳准内江易县县长暨糖业公会主席李汉文电请贷放制糖贷款2000万元，俾渡难关"②。2月初，资中李显威县长恳请省府转请四联总处贷款1000万元，该电称"本年物价高涨，制糖成本较去年超过三倍，市面金融枯竭，为历年所未有，各业均受影响，周转不灵"③。1942年12月7日，资中糖房代表陈德庆电请四川省第二区行政督察专员田伯施："刻值糖房开搞，金融极度恐慌，尚有多数未能脱售，蔗将枯萎，又误春耕，情势惨重，特恳立请川康食糖专局收购处理。"④ 1943年4月7日，大华实业公司申请抵押贷款："……糖清100万公斤，照现在生产成本计算，需用资金1500万元……除由本公司自行筹创数百万元外，尚差1000余万元……拟恳钧部特准核定向中交两行洽办借款1000万元，即以本公司与华农糖厂……全部资产作为抵押。"⑤ 1943年4月15日，财政部函称："……目前，内江、资中一带蔗糖制糖厂商资金周转困难，由部函请四联总处速先筹拨6000万元贷放，以资救济……业经饬渝行转知内江支行，在该行应行摊放之半数，计3000万元内酌予贷放。"⑥

另据内江制糖公会主席李汉文报告（1943年7月31日），1940年后，四川糖品产量下降，糖业濒临破产的原因之一在于资金缺乏。"抗战以还，百物激涨，糖业生产成本，因而随之俱增。一般制糖户，多散处乡间，流动资金为数有限，平均仅及生产成本十之三四，周转困难，掌持特匪易，除高利贷藉以苟延残喘外，只有亏本预售，或抛售之途，结果负累日深，亏损益巨，亦将减产。沱江流域沿县之市场金融，其紧驰变动，多与制糖业户有关，即当业糖业户极需款时，利率随之提高，当期售糖不需贷款时，利率随之降低。近年资内利率之高，冠以全川者，即为制糖业户资金缺乏之明证。"⑦

---

① 重庆中国银行：《四川省之糖》，第77页。
② "关于准内江糖业公会借款致四联总处的函"，重庆市档案馆藏，四联总处重庆分处全宗，档案号0285—1—0633。
③ "关于向四行申请贷款救济制糖业致四联总处的函"，重庆市档案馆藏，四联总处重庆分处全宗，档案号0285—1—0633。
④ 内江地区档案馆：《民国时期内江蔗糖档案资料选编》中，内部资料，1984年，第506页。
⑤ 内江地区档案馆：《民国时期内江蔗糖档案资料选编》中，内部资料，1984年，第511—512页。
⑥ 内江地区档案馆：《民国时期内江蔗糖档案资料选编》中，内部资料，1984年，第506页。
⑦ 李汉文：《现阶段四川制糖工业概况》，《西南实业通讯》第8卷第1期，1943年，第19页。

同时，制糖商的季节性用款对金融业也有较大影响。"十冬腊三月为糖房开工制糖时期，所需款项为数甚大，且须全部现钞下乡，又内市接近农村，消费不大，故现钞下乡后即分别流往他处，极少回头，而内由销区调回糖款，最后必向中交农三行抵填，三行又向重庆运现来内接济，以故银风松时极松，紧时极紧（紧时欲在市寻找三五百万元皆不容易）。"① "惟据一般推测，蔗价至少在每万公斤 4 万元，糖清至少应评 80 万元之谱，是则生产总成本在 40 万以上，除下制商本身资本约占一半，下余之 20 万元，即须仰赖内市供给。姑以糖清生产过程需时两月而论，每日所需现款资金在 3000 万以上，为数惊人，银风之紧俏程度，不难想象。本年因闰年关系，糖房开搞较往年提早，现正陆续开搞中，而银风亦随之转快，最近数日即期汇兑失灵，同业家家短款，银风奇紧，日折虽做到六元，兑之最高峰犹感告贷无门也。"②

归纳起来，自 1940 年起，制糖商普遍需要近代金融业来融通资金，同时，制糖商的季节性用款对金融业也有较大影响，二者的关系较为密切，但是制糖商终未能获得足够的资金支持。1943 年 11 月初，正值糖房、漏棚开搞，而内江制糖生产资金的缺口尚"在 2 亿元，即须向银行及街面贷款，以资周转，故要求中国银行洽放押款总额 4000 万元，省行 3000 万元。按棚户所做糖清数量为单位比例加放，而以每万公斤糖清作押 10 万元。呈请财部以生产事业不受法令之百分率比放限额之限制，而请通令行庄扩大加放以解决。利率，中行二分，省行五分，中行暂允押借 2000 万元，省行暂允 1000 万元"③。虽然银行应允数额已与所需数额相差过半，但是银行贷款确迟迟未放下来。"在中国银行所请之 2000 万元，利息开为二分一厘，每万放款需搭储蓄券 500 元，仍由公会总揽分配，划息已高，迄今迟迟未办。"④ 另外，即使有一定的抵押借款，但也并不能保证惠及全部制糖商，如 1943 年 12 月 2 日，聚兴诚银行拟在内江办理糖清押放贷款 1000 万元，但"用款之家，觅取连环担保，利息开四分六厘，此 1000 万元，仅由公会以会员糖清产量平均分配在公会代表，有力分子，即可多借；一部其他无人力关系者，则不免望洋兴叹，

---

① "关于报送内江糖业停顿情形及聚行内江办事处现钞缺乏请止做内江汇款业务等的函"，重庆市档案馆藏，聚兴诚商业银行全宗，档案号 0295—1—1438。

② "为报内江市糖业生产期银风例紧即期顶交款请勿过巨由"（1944 年 11 月 16 日），重庆市档案馆藏，聚兴诚商业银行全宗，档案号 0295—1—1566。

③ "关于检送内江糖清产量及制糖公会与中省两行洽押糖清情形等的函"，重庆市档案馆藏，聚兴诚银行全宗，档案号 0295—1—877。

④ "为陈报十一月底糖清押放情形内拟增放该项押款额度 500 万元请予鉴核由"，重庆市档案馆藏，聚兴诚商业银行全宗，档案号 0295—1—877。

手续极其繁琐，故用者极其寥寥"①。在这种"食不果腹"的情况下，谈何从改良制糖技术方面来发展糖业，而事实也证明，自 1940 年四川糖业经历第二产糖高峰后，就一蹶不振了。出现这种情况，显然不能全都归咎于金融业的支持不力，但可以承认资金不足是一个较为严重的问题。

3. 融通运销商营运资金

运销商是糖品向外输出的中坚力量，他们资本雄厚，在糖品的产销区域均设有糖号，从糖品产地批量购入糖品，然后再运到销售市场上批发出去。从川糖的产销结构来看，"产区市场以内江之县城与茂市镇、资中之球溪河、资阳之王二溪、简阳之石桥、金堂之赵家渡、富顺之牛佛渡、泸县与宜宾之县城为较大，其中尤以内江为沱江流域最大的糖品集散市场。销区市场较主要者，长江流域以合川、江津、重庆、涪陵、万县、宜昌、沙市、汉口等地为主；川西以成都为枢纽，川北以中江为中心；渠江与嘉陵流域以合川为转运地……至于集中在泸县、合川、江津、涪陵等地的糖品，除本地消费外，一部分运销黔滇。转销两湖之糖，由产区贩运至渝后，大都直接驳装轮船，运至宜昌、沙市与汉口等地，散销于湘鄂等地"②。产销区域的分离，促使糖商需要大量商业资本以助其完成糖品的运销，也更需要金融业的汇兑功能去便利其资金的转移。

内江为近代川省糖业中心，该地的糖号具有一定的代表性。就该地糖号资本状况而言，有合资及独资两种，据重庆中国银行统计，在 1934 年，"资金雄厚者有 4、5 万元，少者 7、8 千元，平均每家资金约 2 万余元，糖号共有 30 余家，资金总额约为 60、70 万元"。与制糖商相比，糖商的资本不可谓不雄厚，但是在每年新糖上市之际，糖号因需大量购进糖品，故多出现"资金不敷，仍需周转"的状况。③ 对于这种情况，各地糖商多是通过私人借贷、当商抵押借款及行业内资金来融通，而较少从银行业融资。例如，资阳"向无金融机关，资金之通融，仅有私人及当商"④。富顺"糖商资本，向称充实，过去多能周转灵活，仰求金融界协助之时甚少，惟自去冬（1940 年）以来，糖价上涨极缓，加之上年产量特多，销路转疲，糖商存糖看价，不愿出

① "为陈报十一月底糖清押放情形内拟增放该项押款额度 500 万元请予鉴核由"，重庆市档案馆藏，聚兴诚商业银行全宗，档案号 0295—1—877。

② 杨寿标、朱寿仁调查，钟崇敏撰述：《四川蔗糖产销调查》，重庆：中国农民银行经济研究处，1940 年，第 24 页。

③ 内江地区档案馆：《民国时期内江蔗糖档案资料选编》下，内部资料，1984 年，第 657 页。

④ 甘祠森：《民国二十四年我国外汇市场之回顾》，《四川经济月刊》第 5 卷第 6 期，1936 年 6 月，第 7 页。

售，致资金周转不灵，亟盼金融界设法接济"[1]。简阳"糖商资本向称雄厚，资金周转，过去颇灵活，惟本年（1941）销路疲滞，价格上涨甚缓，糖商存糖多看价不愿出售，以致资金冻结，调度困难，甚盼金融界多予协助"[2]。重庆"糖商多殷实富户，资本雄厚，银钱周转灵活，少有向银行钱业作抵押借款者"[3]。另外，经营桔糖出口者，必须有足够的资金，因路途远（桔糖主要销两湖），载量大，水险重，时间久，木船运一次汉口，少则三四个月，多则半年。抗日战争前后，江津、重庆帮在内江营糖业运销中居于首位，这主要是因为他们有内流资金，并有金融界、盐业资本做后台。例如，江津巨商刘银洲，专包自贡盐业綦江岸，同时，自贡的盐业金融界，如宋敬臣、颜纪扬、曾俊臣均与江津帮、重庆帮均有密切联系。[4]

总的来看，在这一时期，运销商多较为殷实，如需融资，其周转方法大致有两种：一是借贷，即向其他商家、钱庄借款，偶有向银行融资，期限多为半月，利息按市价计算，但纯系信用，无抵押者；二是调拨，内江汇兑业务，以重庆为转枢，所以汇兑之买卖，多半为渝票，糖号中若在渝有联号者，则遇到需要资金时，可在内江出售渝票，将款由重庆调拨内江，同时，在重庆销售的糖款，亦可由渝票调回。[5] 因此，从抗日战争前的糖商资本情况来看，商业资本（内流资本、盐业资本及商家借款）及金融资本（异地汇兑）均在糖品贸易中起到过重要的作用，是糖商资金周转的主要手段。

抗日抗战爆发后，物资日益紧缺，物价日趋上涨，糖价也不例外，这一方面使运销糖品的利润空间提升，从事糖品买卖的商人数量多有增加。就内江而言，1940年前后的糖号家数为战前的1.5倍，同时，这时的糖号资本也急剧增加，最高者资本额达150万元，最少者也有五六万元（未除通货膨胀因素）。[6] 就重庆43家糖商来看，据向各方面调查，抗日战争以前，仅30家，增多之原因，以近年来各种糖价逐步上涨，糖商均获厚利，一般携有大

① 杨寿标、朱寿仁调查，钟崇敏撰述：《四川蔗糖产销调查》，重庆：中国农民银行经济研究处，1940年，第138—139页。

② 杨寿标、朱寿仁调查，钟崇敏撰述：《四川蔗糖产销调查》，重庆：中国农民银行经济研究处，1940年，第119—120页。

③ 杨寿标、朱寿仁调查，钟崇敏撰述：《四川蔗糖产销调查》，重庆：中国农民银行经济研究处，1940年，第178页。

④ 宋子麟：《建国前内江商业概貌（一）》，《内江市文史资料》第4期，中国人民政治协商会议内江市委员会编，1984年，第20—21页。

⑤ 重庆中国银行：《四川省之糖》，第79—80页。

⑥ 内江地区档案馆：《民国时期内江蔗糖档案资料选编》下册，内部资料，1984年，第659页。

量游资者，以为有利可图多加入营业，过去糖商多专营糖业，现在兼营其他业务者，几达 2/3 以上，如聚昌和兼营油酒，信昌兼营花纱疋头，信诚裕兼营山货，永远兼营木材，周福厚兼营花纱等。① 就个案而言，学徒出身的宋子麟在 1942 年与师兄弟李泽之、张仲文、李志昌忠组织"裕昌"字号，以上河糖运业为主；营业之初，资本较少，多靠从聚兴诚银行，荣华、汇华、义厚昌等钱庄借债经营，但处处谨慎行事，发展较快。② 还有全兴钱庄，本为内江最殷实的糖商，为了资金周转灵活，吸收外资而开设全兴钱庄。③

综上所述。与蔗农迫切需要生产及生活资金的窘境相似，不仅制糖商（糖房及漏棚）迫切需要大量资金维持生产，如抢购预货（甘蔗及糖清）及加工糖品，而且运销商也需要大量资金来运销糖品，因此整个糖品生产环节均处在对资金的大量需要状态。例如，内江，"糖业之生产者、加工者、运销者均有资金缺乏之感。蔗农于甘蔗下种后即预将甘蔗卖予糖房先收价款，俟甘蔗交完后，即将价款收清；糖房于预购甘蔗后，以资金不敷周转，除自营漏棚者，则预售糖清；而漏棚则于当时开始向银钱业告贷"；尤其是在糖房开工后，因需款甚多，不得不向银钱业大量告贷，"此时市面银风空前奇紧，直至产品制出，纷将红糖或白糖出售，始陆续归还贷款"；同时，"糖商因购买糖类，外销资金短缺，遂又陆续向银钱业告贷"，不过，在运糖商畅销糖类需款较多之时，恰为糖房或漏棚将贷款归还之际，是故，糖业一年四季中的资金周转，多赖借款来维持。"糖业既需经常告贷，故市面利率较诸其他各埠为高，以是银钱业林立，市场活跃。"④

小　　结

一、制糖技术改良的反思

在沱江流域糖业发展的过程中，无论是手工制糖技术的革新，还是机器

---

① 杨寿标、朱寿仁调查，钟崇敏撰述：《四川蔗糖产销调查》，重庆：中国农民银行经济研究处，1940 年，第 24、167 页。

② 宋子麟：《我经营糖业运销的回忆》，《内江市市中区文史资料选辑》第 24 辑，中国人民政治协商会议内江市市中区文史和学习委员会，1987 年，第 121—140 页。

③ 张俊之：《略谈解放前的内江钱庄》，《内江市文史资料》第 10 期，中国人民政治协商会议内江市委员会内江市编史修志委员会，1981 年，第 11—14 页。

④ "四川省内江县糖类生产运销加工情况报告书，调查机关，中国银行内江支行，1947 年 5 月 18"，参见 "四川省内江县糖类生产运销加工情况报告书"（1946—1949），重庆市档案馆藏，内江支行糖业贷款全宗，档案号 0287—1—2207。

制糖的发展，有以下几点是值得关注的：第一，糖业技术的改良走政府主导型革新之路，在手工制糖技术的革新及机器制糖工业的发展中，政府及半官方组织起到了很大的助推作用，这与后发外缘型国家所走的工业化道路相吻合。无论是 1940 年前机器制糖尝试的失败，还是之后一批机器制糖厂的兴起，政府均起着推手作用。在政府的资助及引导下，手工制糖技术得到了一定的改良，商人开始投资于机器制糖生产。第二，商会、同业公会在手工制糖技术改良过程中所起的作用甚小，一度为了自身利益而反对技术改良。在《商会法》及《同业公会法》颁布之后，沱江流域的业糖者纷纷成立相关的商会及公会组织，但这些组织在糖业技术的改良过程中所起的作用甚微。甚至由糖房主及漏棚主组成的代表传统手工制糖的制糖公会一度反对其他组织成立机器制糖厂，如 1936 年，建源公司陈陶声会同建设厅罗诗言倡言成立精糖厂，后因糖业公会反对而罢。[1] 第三，地方能人在糖业技术革新的过程中起到了一定的作用，如为改进蔗糖技术献身的谢守先、糖房钢轴压蔗的始制者晏济元等人，这是应给予高度评价的。第四，技术进步的途径是走先引进、再改良的路子。手工制糖技术革新中的手摇离心机的设计及推广就是典型的代表，该离心机系试验场先从国外以整机形式引进，然后再加以改良，使其适应土法制糖的需求。第五，在手工制糖技术改良、机器制糖业发展的过程中，应给予四川省甘蔗试验场高度评价。自成立以来，四川省甘蔗试验场致力于制糖技术的革新，先后做了大量的调查及研究，无论是优良蔗种的引进及推广，还是压榨、熬煮设备的改良，均作出了重大贡献。尤其是手摇离心机的改良及推广，无论是土法制糖的糖房、漏棚，还是机器制糖厂均受益颇深，堪称制糖技术的重大革新之一。

无论是甘蔗试验场，还是机器制糖厂，均系政府力量干预下的糖业组织，其秉承政府保证糖业产能的使命，改进土法制糖技术，发展机器制糖业，均取得了一定的成效。川糖制造自手摇离心机推广后，成效大著，产品比土法所制者洁白。用土法不能制造白糖之糖清，由离心机可以制出，并可增加白糖产量 60%。土法漏制白糖至少需 20 日以上，改用离心机，只需 10 分钟即可。在时间上既属经济，糖之品质亦为精良。[2] 在政府力量的主导下，在四川沱江流域的糖业中，出现了土法制糖的糖房、改良制糖的小型糖厂及机器

---

① 四川省甘蔗试验场：《四川省甘蔗试验场 1937 年度工作报告》第一章四川蔗糖业概述，1938 年 8 月，第 43—46 页。

② "关于糖类评价委员会组织章程、战时食糖专卖查验暂行规程"（1942.2—1944.7），第 13 页，资阳市雁江区档案馆藏，民国资阳县政府档全宗，档案号 2—1—695。

制糖的制糖厂（公司）三者和谐共存的局面，这一和谐局面不仅进一步推动了传统制糖方式向近代制糖方式转变的进程，而且也提高了糖业的生产能力。

二、金融业与制糖业的关系

在蔗乡社会，通过卖预货及借高利贷的方式来通融资金，是蔗乡蔗农中一种较为普遍的融资现象，它从一个侧面反映了近代农户家庭经营的资本匮乏的困境。就已有研究成果来看，学者们对其均持否定态度，控诉其为蔗农受苦受穷的渊薮。[①] 然而，在承认这种融资渠道所获得的资金具有高风险的同时，我们也应肯定，正是通过这种融资模式，蔗农筹措到了种蔗及维持基本生计的资金，开始了甘蔗种植的各项活动。另外，从预卖制度和预交地租的关系来看，蔗农的这种经营模式是一种在机会成本驱动下所进行的一种风险投资方式（蔗农无地无钱，通过预卖货来融资，拿到资金后缴付预租而获得土地的使用权），也有其不得已的合理性。在通常农业习惯上的租佃制，似乎有一些不成文的规定，即一般的地租缴付时期均须在出产物收获之后，并且有些还以当年农作物收成的丰歉为转移。但是在沱江流域，其租佃制度极为特殊，即"预缴地租"，蔗农向地主租土种蔗，必须先付地租（俗名干租，在资中称为"先称后种"），头年预缴地租，才能次年种蔗，换言之，就是土地未耕种，就须先把这一年的地租缴付，否则就不能获得土地的使用权。这就是"资、内、富顺农业上极端不平的恶习"[②]。

同时，我们也应从手工业分工的角度来看待下河地区的"卖青山"制度。不可否认，这一经营模式催生了一个近代流水作业型的生产链条：蔗农植蔗—糖榨制糖清—漏棚漏制成品白糖。这种一体化的生产模式，完成了农业与手工业的分离，符合商品经济发展而带来的社会分工扩大及生产专业化的要求，是一种理想的经营模式。这一蔗糖生产模式看似对蔗农、糖房均有利，即一方面蔗农解决了生产资金、成品出售等问题，另一方面糖房解决原料供给问题，但事实上二者之间存在着严重的被剥削和剥削关系。与前两种融通渠道相比，合作社贷款是近代催生的一个新事物，它试图通过政府的力量来克服农村金融枯竭的问题，以达到稳固后方、支援抗日战争的目的。但是由

[①] 陈栋梁、李明生：《内江糖业史》，成都：四川科学技术出版社，1990年；刘志英：《论近代沱江流域的制糖工业》，四川大学硕士学位论文，1992年；胡丽美：《抗战以来四川内江的蔗糖纠纷》，四川师范大学硕士学位论文，2006年。

[②] 彭泽益：《中国近代手工业史资料1840—1949》第四卷，北京：生活·读书·新知三联书店，1957年，第430页。

于抗日战争军需过甚，政府在合作社贷款上多是心有余而力不足，再加上合作社自身无法克服的管理腐败问题，致使其短命而终，空留下诸多遗憾。

糖商与银行业之间的关系经历了没有什么联系到依赖金融融通的转变。在 1940 年前，除了中国银行以合作社贷款形式向蔗农行贷外，业糖者较少与银行业发生关系。各地糖商虽然每到新糖上市季节需款较多，但多是通过私人借贷、当商抵押借款及自有资本来融通资本，并不需要从银行借入款项。1940 年可谓糖商与金融业发生关系的分水岭，是年沱江流域迎来第二个产糖高峰，糖品供应充足而致使糖价回落，糖商多存糖看价，不愿出售，因此，各糖商多出现资金周转不灵的状况，并期盼金融界予以资金帮助。尽管自 1940 年以后，糖商融资多依赖于银钱业的融通，但是自从糖商越来越倚重银行业来通融资金始，糖商始终未能借到其所需的资金额度，从银行所得之款多是杯水车薪，根本无法满足糖商的资本需求。

地方金融业的发展为地方经济发展的重要标志之一。银钱业的迅速发展，在一定程度上促进了蔗糖经济的发展，糖品交易中的异地汇兑、比期交割、期货买卖等业务的迅速展开，均得益于银钱业的蓬勃发展。但是在仔细考究了银钱业繁荣景象的原因、银钱业对蔗糖经济注入资金的效用之后，热闹而繁荣的银钱业发展表象背后，却是蔗糖经济对资金嗷嗷待哺的窘境。

余论："悖论型增长"——抗日战争时期 大后方糖业的发展及困境

从清末民初到新中国成立，沱江流域的糖业经历了自由市场下的自在发展及统制市场下的干预发展两个阶段。在第一阶段中，沱江流域蔗糖业在清末民初迎来第一个发展高峰行业的发展，糖业较少与政府发生关系，唯一的关系也是因糖税而建立起来的，但是糖业习俗在糖业发展过程中起到了重要规范和制约作用。第二阶段大致开始于 1937 年前后，即在抗日战争和建立新中国的大背景下，政府对糖业实施了一系列的统制政策，不过这个阶段又可以分两个时期，即 1936—1939 年的"寓控制于扶植"时期，1939 年以后的"寓榨取于统制"时期。因此，从沱江流域蔗糖业这半个世纪的发展过程来看，它的发展渐渐纳入了政府干预的轨道，从政府对糖业的干预来看，这一时期的统制干预既不等于计划调控，也不等于垄断控制，而是既包含计划调控的成分，也融合了垄断控制的因素，形成了一种特殊的政府统制行业发展的行为。

学界在讨论近代中国经济的发展状况时，争论颇多。就农业的发展而言，有"衰退"、"增长"、"停滞"及"内卷"等几种观点并存[①]；就手工业的发展而言，有"中断论"[②]，"不发展"[③] 及"半工业化"[④] 等几种不同论述相争鸣。从这一时期糖业的发展态势来看，沱江流域蔗糖经济的增长情况则呈现出与以上各家观点相异的发展路径，即一种发展与危机并存的"悖论型"增

---

① 朱英：《近代中国经济发展与社会变迁》，武汉：湖北人民出版社，2008 年，第 374 页。

② 吴承明：《中国资本主义与国内市场》，北京：中国社会科学出版社，1985 年，第 178 页。

③ 汪敬虞：《中国近代手工业及其在中国资本主义产生中的地位》，《中国经济史研究》1988 年第 1 期，第 88—100 页。

④ 彭南生：《半工业化——近代中国乡村手工业的发展与社会变迁》，北京：中华书局，2007 年。

长。这一"悖论型"增长模式，与黄宗智提出的农业发展"内卷化"及汪敬虞在讨论中国近代史发展中心线索时提出的资本主义"发展与不发展"的论点较为相似，但是仔细比对，三者之间均有一定的差异。"内卷化"着重强调农业的增长是一种无发展的增长，即单位面积上的劳动生产率并未提高，相反边际报酬呈递减趋势[①]；"发展与不发展"的观点认为在探讨中国近代史发展线索时，不仅要研究中国资本主义的发展，而且要研究它的不能充分发展及其原因[②]；而本书所提出的"悖论型"增长则是对蔗糖经济的发展与危机并存现象的一种描述。

一、从糖品流动来看糖业的"悖论型"增长

发展的一面是糖品不仅与其他商品形成对流，优化了区域贸易格局，而且刺激了其他行业的发展；危机的一面是糖品销售结构不合理的影响持续扩大，以及 20 世纪 40 年代政府对糖品交易的干预激化了蔗与糖、官与民之间的矛盾，蔗乡社会处于失序状态。

1. 发展的一面

首先，糖品与其他商品形成对流，优化了区域贸易格局。其一，糖品作为回头货，与洋货对流。近代以来，随着洋货逐渐倾销到四川内地，不少商人也聚集在沱江沿岸贩卖洋货（多为洋纱匹头），然而卖完货后要将钱款汇兑至上海，手续十分麻烦，经内扣汇水后只能得到原款的 70％，如受战事阻碍，只能得到 50％，且还须将款送到泸县、重庆才能汇出，这样外地商人认为不划算，于是把糖品作为回头货运回。[③] 其二，油菜与桐油之来源地多为糖的重要销售地或转口地，故油与糖的集散大致成对流的现象，因此，菜油的经营多由外销糖商兼理，以求商业资金的运用之便利，"该业（外庄）往外埠买货时，多附带办糖而去，一方卖糖，一方采购本地所需之物品，一来一往均可获利"[④]。

其次，糖品流动带动了银行、堆栈、保险等相关产业的发展。由于大宗的糖品交易需要大量的流动资金作为支持，所以不仅农村的高利贷及典当业

---

① 黄宗智：《华北的小农经济与社会变迁》，北京：中华书局，2000 年。

② 汪敬虞：《中国资本主义的发展与不发展：中国近代经济史中心线索问题研究》，北京：经济管理出版社，2007 年。

③ 内江市政协文史和学习委员会：《四川文史资料选辑》第 9 辑，中国人民政协四川省委员会文史资料学习委员会，1992 年，第 78 页。

④ 杨寿标、朱寿仁调查，钟崇敏撰述：《四川蔗糖产销调查》，重庆：中国农民银行经济研究处，1940 年，第 87—88 页。

异常发达，而且城镇上的钱庄业及银行业也极为繁荣。20 世纪 30 年代以前，沱江流域未有一家银行，但自 1932 年中国银行在内江设立办事处始，到 1940 年时，已达到十几家之多，内江一地就有"中央、中国、交通、农民、四川省行、聚兴诚、美丰、川盐、重庆、川康、大川等银行 11 家，太平保险公司 1 家，钱庄 12 家"[①]。为方便糖品交易及抵押贷款，商号及银行相继在临河码头设置大量存放糖品的堆栈，如仅内江一地，"各银行共有堆栈 19 所……私人堆栈亦有 19 所"[②]。大量待售糖品的存在，也刺激了以火险、水险为主的保险业的发展。自 20 世纪 30 年代欧亚保险公司来内江设立分公司始，到 1949 年公私保险公司达十几户之多。[③]

2. 危机的一面

首先是糖品销售结构的不利影响在持续扩大。红糖及白糖是沱江流域的主要糖制品，但运出川省的糖品只有桔糖和少量红糖，桔糖的销场又远在两湖地区，且在尚有巨大市场潜力的云贵及陕甘等市场的开拓上毫无建树。因此，在外糖竞争加剧及两湖市场沦陷等外部市场环境变化的情况下，川糖往往受到重大打击。1910 年前后，在汉口，因外糖的竞争，川省桔糖"销路大部分为外糖所侵夺，今在汉口其量不过 2 万—3 万桶"[④]。1925—1931 年，为外糖侵入川省倾销时期，红白糖销路均受打击，白糖销路，几完全为外糖所夺[⑤]；抗日战争爆发后，外糖进口断绝，本为川糖发展的大好时机，但是两湖销售市场沦陷后，交通受阻，桔糖的销量锐减。例如，富顺的桔糖，在宜沙未失陷前，大部分销两湖，但自宜沙失陷后，由于运输困难，仅约 1/5 销两湖，1/5 销于酒精厂，其余皆转制成白糖。[⑥]

---

① 杨寿标、朱寿仁调查，钟崇敏撰述：《四川蔗糖产销调查》，重庆：中国农民银行经济研究处，1940 年，第 72 页。

② 杨寿标、朱寿仁调查，钟崇敏撰述：《四川蔗糖产销调查》，重庆：中国农民银行经济研究处，1940 年，第 73 页。

③ 宋子麟：《我经营糖业运销的回忆》，《内江市市中区文史资料选辑》第 24 辑，中国人民政协内江市市中区委员会文史资料学习委员会，1986 年，第 133 页。

④ 《間島、天津、漢口、汕頭二於ケル砂糖》，《通商彙纂》，第 38 号商业，1910 年 5 月 6 日第 10 页。《領事報告資料》マイクロMF12875—61—51。

⑤ 杨寿标、朱寿仁调查，钟崇敏撰述：《四川蔗糖产销调查》，重庆：中国农民银行经济研究处，1940 年，第 171 页。

⑥ 杨寿标、朱寿仁调查，钟崇敏撰述：《四川蔗糖产销调查》，重庆：中国农民银行经济研究处，1940 年，第 134 页。

二、从政府统制的角度去看糖业的"悖论型增长"

1. 寓扶持于干预之中

国民政府为达到抗日战争和建设新中国的目的而对糖业行干预的同时，也客观上促进了糖业的发展。在扶持蔗糖业发展上，国民政府的主要具体措施有 3 个方面。

首先，开办合作社放款，救济蔗农经济，保证蔗糖生产。1937 年春，中国银行与四川省农村合作委员会协定贷款合约，划定内江、资中、荣昌、隆昌、资阳、简阳等 6 县为该行农贷区域，当年 5 月开始放贷。1938 年 1 月，开始办理甘蔗生产及制糖加工贷款。1939 年以后，蔗糖产销贷款逐渐增多。1941 年，在内江，贷出生产贷款 5 503 080 元、加工贷款贷出 9 739 500 元、糖房设备贷款 3 万元，共为 15 272 580 元；在资中，贷出生产贷款 3 383 744 元、加工贷款 996 532 元，共为 4 380 276 元。[①] 以中国农民银行的各种农村贷款为例，合作社放款 1939 年占 43.08%，1940 年占 34.18%。[②] 例如，1940 年对于蔗糖业放款标准，"蔗农每万土 70 元，以 10 万土为限，贷款期限一年半；'糖清加工'，每万斤甘蔗 70 元，期限亦为一年半；'红糖加工'每千斤红糖 40 元，期限一年；'白糖加工'，每万斤糖清 16 元，期限 9 个月；'糖房设备'，每座 2331 元，期限三年；'漏棚设备'，每千斤糖清 22 元，期限三年[③]。合作社贷款利息远低于其他融资利息"中国银行贷与合作社为九厘，合作社转放社员一分二厘"[④]，而高利贷的最低利率也达 4—5 分，高者甚至有 7—8 分之多。

其次，调处"蔗糖纠纷"，稳定蔗乡秩序，保证甘蔗产量。1939 年，四川雨水失调，甘蔗收成仅达 5 成，蔗价狂涨，收获后，时价已达每万旧秤 150—200 元，而 1938 年"卖青山"作价的甘蔗每万旧秤仅 40 元，二者相差甚巨，于是蔗农拒绝砍蔗，纷纷请求政府救济。[⑤] 同年 12 月 27 日，威远县政府率先作出反应，召集县党部、商会、农会、合作指导室及糖业蔗农之代

① 李德宣:《四川内江金融市况与蔗糖产销情形》,《中央银行经济汇报》第 6 卷第 6 期, 中央银行经济研究所, 1942 年 9 月 16 日, 第 63、58 页。

② 段渝:《抗战时期的四川》, 成都: 巴蜀书社, 2005 年, 第 126 页。

③ 杨寿标、朱寿仁调查, 钟崇敏撰述:《四川蔗糖产销调查》, 重庆: 中国农民银行经济研究处, 1940 年, 第 74 页。

④ 杨寿标、朱寿仁调查, 钟崇敏撰述:《四川蔗糖产销调查》, 重庆: 中国农民银行经济研究处, 1940 年, 第 74 页。

⑤ 朱吉礼:《内江之甘蔗糖清评价》,《四川经济季刊》1945 年第 2 卷第 3 期, 第 128 页。

表，共同组织甘蔗、糖清评价委员会，重评甘蔗价格为每万公斤 100—110 元。随后，内江县政府援引威远处理办法，召集评价会，评定甘蔗价格为每万旧斤（7000 公斤）96 元。[①] 政府在处理这次蔗糖纠纷的过程中，于 1940 年 1 月 17 日颁发了《修正杜绝蔗农糖房漏棚预买预卖纠纷办法》（十条）[②]，要求停止糖品的"预买预卖"期货交易。

最后，改进手工制糖技术，推动机器制糖业的发展，从而保证蔗糖业的糖品生产能力。就手工制糖技术革新而言，小型压榨机及手摇离心机的提倡及推广是其主要标志，二者分别从出糖率高低的压榨和分蜜两个环节对手工制糖技术进行改造。离心机不仅能增加 60% 的白糖产量，而且可以极大地缩短制糖时间，降低成本"土法漏制白糖至少需 20 日以上，改用离心机，只需 10 分钟即可，在时间上既属经济，糖之品质亦为精良"[③]。抗日战争爆发后，国民政府组织公私力量，在沱江流域建立了一批糖厂，如中国联合炼糖股份有限公司，该公司由中国银行、资源委员会及内江少数商股集资 400 万元于 1940 年冬在内江三元井创办，公司制糖的原动力为锅炉，主要机器有真空煮糖锅 2 架，系自制，原购价为 200 000 元；离心机 4 架，两架为香港制，另两架为旧中国货，共 60 000 元；结晶槽 6 架，系自制，共 60 000 元；滤汁器 2 个，共 150 000 元；车床 8 寸、6 寸、4 寸各一个，铇床 18 寸一个，共 20 000 元；真空泵及其他各泵 16 个；该公司购糖清为原料，加工制成各种糖品，每年购用糖清约 200 余万公斤，每日可出糖 7000 公斤及酒精 500 百加仑。[④]

2. 寓榨取于统制之中

政府对糖品交易的榨取及干预，加重了糖业危机。其一，从税收角度而论，1942—1944 年川康食糖专卖政策，的确对大后方的建设及抗日战争的胜利有着重大贡献，"从专卖利益收入统计上看，大抵皆能达其预算数，因之，专卖不失为财政收入的良方"[⑤]，同时，这 3 年的食糖专卖收入分别达到 125 331 614 元、255 986 902 元及 322 100 563 元，相比 1941 年食糖统税 2000

---

① 朱吉礼：《内江之甘蔗糖清评价》，《四川经济季刊》1945 年第 2 卷第 3 期，第 128 页。
② "专署有关各县蔗糖纠纷及杜绝蔗农、糖房、漏棚预买预卖办法"（1939. 12—1947. 11），内江市档案馆藏，四川省第二区行政督察专员公署全宗，档案号 1—3—554。
③ "关于糖类评价委员会组织章程、战时食糖专卖查验暂行规程"（1942. 2—1944. 7），第 13 页，资阳市雁江区档案馆藏，民国资阳县政府档全宗，档案号 2—1—695。
④ "内江支行中国炼糖公司押透贴现借款及股东会议记录卷"（1942—1944），重庆市档案馆藏，中国银行重庆支行全宗，档案号 0287—1—4110。
⑤ 何思睐：《抗战时期的专卖事业 1941—1945》，台湾："国史馆"，1997 年，第 521—522 页。

万元，增幅巨大。[①] 但是专卖政策所带来的负面影响也非常明显，如食糖专卖局的横征暴敛及其官员的贪污腐败问题[②]，加剧了官商之间的对立，其结果是"尽管短期内增加了财政收入，并有利于资助抗战，但长远来看，却招致了整个制糖工业的急剧萎缩和严重破坏，并且物价也无法得到有效的控制"[③]。其二，1939年，国民政府为解决糖品交易中的涨价纠纷而实施了"蔗糖评价"制度，即由政府出面召集公证人士及糖业有关各方，共同商议甘蔗、糖清价格，但是在物价狂涨的情况下，新制度不仅未能解决旧矛盾，反而又滋生了新纠纷——"蔗糖评价纠纷"。政府在危机的干预过程中，在法理与权变之间的灵活性多显不足，且存在严重的偏袒及自利行为[④]，如内江1939年蔗价问题，"省令饬照资中办法加价，并派成视察员宗民到内，主张比照资中价格，于内邑原议蔗价外，每7千公斤加价79元，补给蔗农。仲（健辉）县长则采纳糖商意见，主张由糖商捐资发账，或捐助地方公益，以了此案"[⑤]。1945年内江甘蔗评价有失公允，内江甘蔗价格较同一地域之资中低一半，内江蔗农纷纷请愿，要求加价，但是因"有糖帮出（县参议会）议长雷禹三、同糖业公会（主席）王有为从中运动，所以专署公然莫不关心，听其蔗糖评价失平"[⑥]。该年蔗糖评价纠纷，从1945年年底一直持续到1946年10月，正所谓"新糖上市、旧案未了"[⑦]。

从这一时期沱江流域糖业的整个发展趋势来看，该区域蔗糖经济的发展有起有落，但始终是向前发展的。在向前发展的过程中，蔗糖经济有两个显著的特点：一是由自在发展阶段过渡到统制发展阶段；二是制糖方式经历了由传统到现代的转变。但是我们看到糖业向前发展的同时，也应看到其发展

---

① 中国第二历史档案馆：《中国民国档案资料汇编》第5辑第2编，"财政经济"五，南京：江苏古籍出版社，1997年，第170页。

② 李永厚口述，关弓整理：《抗战末期内江食糖专卖局票照案始末》，《内江县文史资料选辑》第14辑，内江县县志编纂委员会政协内江县委员会，1988年12月，第123—129页；《内江县税务志》编写组：《原内江食糖专卖分局"印照"盗窃贪污梗概》，《内江县文史资料》第9期，内江县县志编纂委员会政协内江县委员会，1984年5月，第10页。

③ 张朝辉：《论抗战时期川康区食糖专卖》，《档案史料与研究》1999年第3期，第63—68页。

④ 胡丽美：《抗战以来四川内江的蔗糖纠纷》，四川师范大学硕士学位论文，2006年。

⑤ "内江县长关于蔗农纠纷向专员的呈件（1940）"，内江市档案馆，四川省第二区行政督察专员公署全宗，档号1—2—147。

⑥ "省府、专署对蔗农纠纷的批示训令及蔗农代表对甘蔗评价的呈文"（1945—1947），第38页，内江市档案馆，四川省第二区行政督察专员公署全宗，档号1—3—300。

⑦ "省府、专署对蔗农纠纷的批示训令及蔗农代表对甘蔗评价的呈文"（1945—1947），第54页，内江市档案馆，四川省第二区行政督察专员公署全宗，档号1—3—300。

并非具有可持续性，因为这种发展并非在糖品市场得到新的拓展及制糖技术有了重大突破的情况下取得的。清末民初，该区域蔗糖经济迎来第一次发展高峰，分析其原因，不难发现，期间包含了很多偶然性因素。战时，该区域蔗糖经济又迎来了一次快速发展阶段，然而，这次发展多归因于政府的超经济强制。而在抗日战争爆发后，国民政府把糖业的发展纳入其统制经济的范畴内，寓榨取于统制之中，进一步打击了业糖者的信心，自 1940 年以后，该流域的糖业呈现出不同程度的衰退。因此，不难发现其发展呈"悖论型"发展模式，既有发展的一面，又有危机甚至是衰退的一面。而从经济增长理论来看，沱江流域蔗糖经济的发展是介于广泛性增长及斯密型增长两种增长模式之间，其经济总量的增长一方面在于劳动分工和专业化的推动，另一方面也是主要方面，在于同类种植农户的增加。

参 考 文 献

一、原始文献与文献汇编

（一）档案文献

重庆市档案馆：中国银行重庆分行全宗（0287）；中国农民银行重庆分行全宗（0289）；聚
　　兴诚商业银行全宗（0304）；立信会计师重庆事务所全宗（0090）；川盐银行全宗
　　（0297）；美丰商业银行全宗（0296）。

简阳市档案馆：民国简阳县糖烟酒联合全宗（8）。

内江市档案馆：川康食糖专卖局全宗（11）；四川省第二行政督察公署全宗（1）；四川省
　　甘蔗试验场全宗（15）。

内江市东兴区档案馆：内江县政府全宗（1）。

四川省档案馆：四川省建设厅全宗（115）。

资中县档案馆：民国资中县政府全宗（1）。

资阳市雁江区档案馆：民国资阳县政府全宗（2）；民国资阳县工商交通联合全宗（8）；食
　　糖专卖局资阳分局（8）；资阳县商会全宗（8）；资阳县同业公会（8）。

（二）地方志

（清）黄廷桂等修：雍正《四川通志》，1733 年刻本。

故宫博物院：乾隆《富顺县志》，1760 年故宫珍本丛刊。

故宫博物院：乾隆《资阳县志》，1765 年故宫珍本丛刊。

（清）周硕勋编纂：乾隆《潮州府志》，1775 年刻本。

（清）常明等修：嘉庆《四川通志》，1816 年刻本。

（清）沈昭兴等修：嘉庆《直隶泸州志》，1820 年刻本。

（清）张澍纂：道光《蜀典》，1834 年刻本。

（清）王果纂修：道光《内江志要》，1845 年刻本。

（清）濮瑗修：咸丰《简州志》十四卷，1853 年刻本。

（清）王果纂修：咸丰《内江县志》，1858 年刻本。

（清）范涞清等修：咸丰《资阳县志》，1860 年刻本。

（清）王树桐修：同治《续金堂县志》，1867 年刻本。

（清）彭遵泗纂：光绪《蜀故》二十七卷，1876 年刻本。

（清）田秀栗、邓林修：光绪《直隶泸州志》，1882 年刻本。

（清）易家霖修：光绪《简州续志》十四卷，1897 年刻本。

张森楷等纂修：民国《合川县志》，1920 年刊本。

王暨英修：民国《金堂县续志》，1921 年铅印本。

朱襄虞、曾庆昌纂修：民国《内江县志》，1925 年刊本。

林志茂等修：民国《简阳县志》，1927 年铅印本。

张开文等纂修：民国《合江县志》，1929 年铅印本。

庐翊廷等编修：民国《富顺县志》，1931 年铅印本。

李青廷修：民国《简阳县续志》，1931 年铅印本。

潘载和纂修：民国《潮州府志略》，1933 年刻本。

龚煦春纂：民国《四川郡县志》，1935 年刻本。

四川通志局编：民国《四川通志稿》，1936 年稿本。

王禄昌修：民国《泸县志》，1938 年铅印本。

朱寿朋、伍应奎等纂：民国《内江县志》，1945 年石印本。

饶宗颐编纂：民国《潮州志》，"实业志"，1946 年铅印本。

郑汝励编著：民国《四川新地志》，1947 年铅印本。

佚名纂：民国《资阳县志稿》，1949 年铅印本。

（三）文献汇编

张国基：《潮安县农业调查报告》（1921 年），《广东农业概况调查报告书》，国立广东大学
    农学院刊行，1925 年。

张国基：《揭阳县农业调查报告》（1921 年），《广东农业概况调查报告书》，国立广东大学
    农学院刊行，1925 年。

郑振周：《惠阳县农业调查报告》（1921 年），《广东农业概况调查报告书》，国立广东大学
    农学院刊行，1925 年。

重庆中国银行：《四川省之糖》，上海：中国银行总管理处经济研究所，1934 年。

行政院农村复兴委员会：《广西省农村调查》，1934 年。

吕登平：《四川农村经济》，上海：商务印书馆，1935 年。

四川省甘蔗试验场：《沱江流域蔗糖业调查报告》，1938 年。

四川禁烟总局编纂组：《四川省现行禁烟法令述要》，1938 年。

中国国民经济研究所：《战时重庆之糖业》，重庆：中国国民经济研究所，1939 年。

张肖梅：《四川经济参考资料》，重庆：中国国民经济研究所，1939 年。

四川省农村经济调查委员会：《四川省租佃制度》，重庆：中国农民银行，1941 年。

杨寿标、朱寿仁调查，钟崇敏撰述：《四川蔗糖产销调查》，重庆：中国农民银行经济研究
    处，1940 年。

王成敬：《成渝路区之经济地理与经济建设》，成都：四川省银行经济研究处，1945 年。

王成敬：《川西北步行记》，贵阳：文通书局，1947 年。

台湾银行金融研究室：《台湾之糖》，台北：台湾银行出版，1949 年。

陈宗棠：《四川乡土知识》，1949 年铅印本。

川南区糖酒工业管理局编印：《川南区蔗糖业概况》，内部资料，1951 年。

内江专署委员会：《土法制糖参考资料》，内江：四川合作社联合社内江专区办事处编印，1954 年。

内江县人民委员会：《内江县甘蔗资料汇编》，内部资料，1957 年。

章有义：《中国近代农业史资料 1840—1937》（共三辑），北京：生活·读书·新知三联书店，1957 年。

彭泽益：《中国近代手工业史资料》，北京：生活·读书·新知三联书店，1957 年。

孙毓棠：《中国近代工业史资料》第一辑（1840—1895 年）上册，北京：科学出版社，1957 年。

冯和法：《中国农村经济资料》，台北：华世出版社，1978 年。

鲁子健：《四川财政史资料》，成都：四川人民出版社，1984 年。

内江地区档案馆：《民国时期内江蔗糖档案资料选编》三卷本，内部资料，1984 年。

秦孝仪：《抗战建国史料——农林建设》（三），《革命文献》第 104 辑，台北："中央文物供应社"，1986 年。

杨修武、叶自明：《内江自然灾害档案史料》，内江市档案馆，1989 年。

游时敏：《四川近代贸易史资料》，成都：四川大学出版社，1990 年。

何思眯：《抗战时期专卖史料》，台北："国史馆"，1992 年。

杨群熙：《潮汕地区商业活动资料》（内部资料），普宁市流沙怡祥彩印有限公司，2003 年。

二、学 术 著 作

（一）中文著作

严中平：《中国棉纺织史稿》，北京：科学出版社，1955 年。

傅衣凌：《明清江南市民经济试探》，上海：上海人民出版社，1957 年。

陈初尧、袁幼菊：《四川土法制糖工艺》，北京：轻工业出版社，1958 年。

周开庆：《四川经济志》，台北：商务印书馆，1972 年。

赵冈、陈钟毅：《中国棉业史》，台北：台湾联经出版事业公司，1977 年。

宓公幹：《典当论》，上海：大东图书公司，1978 年。

段本洛、张圻福：《苏州工业史》，南京：江苏古籍出版社，1982 年。

傅衣凌：《明清社会经济史论文集》，北京：人民出版社，1982 年。

李文治、魏金玉、经君健：《明清时代的资本主义萌芽问题》，北京：中国社会科学出版社，1983 年。

〔美〕德·希·帕金斯著，宋海文等译：《中国农业的发展 1368—1968》，上海：上海译文出版社，1984 年。

列宁：《俄国资本主义的发展》，见：《列宁全集》第 3 卷，北京：人民出版社，1984 年。

罗仑、景甦：《清代山东经营地主经济研究》，济南：齐鲁书社，1985 年。

吴承明：《中国资本主义与国内市场》，北京：中国社会科学出版社，1985 年。

傅崇矩：《成都通览》，成都：巴蜀书社，1987 年。

刘石吉：《明清时代江南市镇研究》，北京：中国社会科学出版社，1987 年。

傅衣凌：《明清社会经济变迁论》，北京：人民出版社，1989 年。

张学君、张莉红：《四川近代工业史》，成都：四川人民出版社，1990 年。

徐新吾：《中国近代缫丝工业史》，上海：上海人民出版社，1990 年。

陈栋梁、李明生：《内江糖业史》，成都：四川科学技术出版社，1990 年。

隗瀛涛：《近代重庆城市史》，成都：四川大学出版社，1991 年。

内江市对外宣传小组、内江市民间文艺家协会：《内江风情》，成都：四川人民出版社，
　　1991 年。

蓝勇：《历史时期西南经济开发与生态变迁》，昆明：云南教育出版社，1992 年。

郭声波：《四川历史农业地理》，成都：四川人民出版社，1993 年。

曹幸穗：《旧中国苏南农家经济研究》，北京：中央编译出版社，1996 年。

〔美〕李明珠著，徐秀丽译：《中国近代蚕丝业及外销（1842—1937）》，上海：上海科学院
　　出版社，1996 年。

朱英：《转型时期的社会与国家——以近代中国商会为主体的历史透视》，武汉：华中师
　　范大学出版社，1997 年。

何思眯：《抗战时期的专卖事业 1941—1945》，台湾："国史馆"，1997 年。

林满红：《茶·糖·樟脑业与台湾之社会经济变迁（1860—1895）》，台北：台湾联经出版
　　事业公司，1997 年。

洪若、邹作圣：《内江对联集览·漫画》，北京：中国社会出版社，2000 年。

黄宗智：《华北的小农经济与社会变迁》，北京：中华书局，2000 年。

黄宗智：《长江三角洲小农家庭与社会发展》，北京：中华书局，2000 年。

章开沅、马敏、朱英：《中国近代史上的官绅商学》，武汉：湖北人民出版社，2000 年。

〔美〕詹姆斯·C. 斯科特著，程立显译：《农民的道义经济学：东南亚的反叛与生存》，南
　　京：译林出版社，2001 年。

彭朝贵、王炎生：《清代四川农村社会经济史》，成都：天地出版社，2001 年。

苑书义、董丛林：《近代中国小农经济的变迁》，北京：人民出版社，2001 年。

侯建新：《农民、市场与社会变迁》，北京：社会科学文献出版社，2002 年。

彭南生：《中间经济：传统与现代之间的中国近代手工业（1840—1936）》，北京：高等教
　　育出版社，2002 年。

〔美〕弗里曼·毕克伟·塞尔登著，陶鹤山译：《中国乡村，社会主义国家》，北京：社会
　　科学出版社，2002 年。

许涤新、吴承明：《中国资本主义发展史》（三卷本），北京：人民出版社，2003 年。

任放：《明清长江中游市镇经济研究》，武汉：武汉大学出版社，2003 年。

〔美〕杜赞奇著，王福明译：《文化、权力与国家：1900—1942 年的华北农村》，南京：江

苏人民出版社，2004 年。

〔美〕白凯著，林枫译：《长江下游地区的地租、赋税与农民的反抗斗争 1840—1950 年》，上海：上海书店出版社，2005 年。

周正庆：《中国糖业的发展与社会生活研究——十六世纪中叶至 20 世纪三十年代》，上海：上海古籍出版社，2006 年。

王笛：《跨出封闭的世界——长江上游区域社会研究（1644—1911）》，北京：中华书局，2006 年。

〔美〕道格拉斯·C. 诺思著，历以平译：《经济史上的结构和变革》，北京：商务印书馆，2007 年。

彭南生：《半工业化——近代中国乡村手工业的发展与社会变迁》，北京：中华书局，2007 年。

〔美〕西奥多·W. 舒尔茨著，梁小民译：《改造传统农业》，北京：商务印书馆，2007 年。

〔英〕约翰·希克斯著，历以平译：《经济史理论》，北京：商务印书馆，2007 年。

〔日〕滨下武志著，高淑娟、孙彬译：《中国近代经济史研究：清末海关财政与通商口岸市场圈》（上、下），南京：江苏人民出版社，2008 年。

〔美〕李怀印著，岁有生、王士皓译：《华北村治——晚清和民国时期的国家和农村》，北京：中华书局，2008 年。

（二）日文著作

東亞同文会：《中国省別全誌》一卷広東、二卷広西、三卷雲南、五卷四川、九卷湖北、十卷湖南、十一卷江西、十二卷安徽、十三卷浙江、十四卷福建、十五卷江蘇、十六卷貴州，台北：南天書局，1988 年。

上海東亞同文書院：《中国経済全書》第 8 輯，上海：東亞同文会，1908 年。

拓殖局：《臺灣之糖業》附世界ニ於ケル糖業ノ發達、拓殖局報第二十八，1911 年。

木村増太郎：《日本の糖業》，台北：台湾日日新報社，1911 年。

臺灣總督官房調査課：《支那の糖業》海外調査第 11 號，台北：盛文社，1922 年。

中支建設資料整備委員会：《四川考察報告書》，上海：上海興亞院，1940 年。

竹添井井：《桟雲峡雨記》，米内山庸夫訳註，大阪：大阪屋号書店，1944 年。

鐵道省運輸局：《塩·砂糖·醤油·味噌ニ関スル調査》，大正十五年刊，東京：明治文献資料刊行会，1971 年復刻版，明治前期産業発達史資料別冊（96）1，重要貨物情況，第 9 編。

台湾総督府殖産局：《台湾の糖業》，昭和五年刊，東京：明治文献資料刊行会，1971 年復刻版，別冊（104）4//a。

天野元之助：《中国農業史研究》，神户：御茶の水書房，1989 年。

台糖株式会社：《台糖 90 年通史》，東京：株式会社日経事業出版社，1990 年。

森正夫：《江南デルタ市鎮研究》，名古屋：名古屋出版会，1992 年。

小島淑男：《近代中国の経済と社会》，東京：汲古書院，1993 年。

沼田頼輔：《日本農業小史》，明治 37 年 2 月明治書院刊行，東京：龍溪書舎，1994 年復刻版，明治後期産業発達史資料第 203 巻第 5 期，農林水産一班篇（3）。

糖業改良事務局：《砂糖ニ関スル調査》，明治四十三年 1 月糖業改良事務局刊行，東京：龍溪書舍，1994 年復刻版，明治後期産業発達史資料第 203 巻第 5 期，農林水産一班篇（3）。

ノーイルデーア著、澤全雄訳述：《甘蔗糖学》（上、中、下），糖業研究會出版部，大正五年出版，東京：龍溪書舍，1999 年復刻版，明治後期産業発達史資料第 500—502 巻第 10 期，農林水産一班篇（8）。

農商務省農務局：《砂糖ニ關スル調査》，大正二年刊（農務彙纂第 37），東京：龍溪書舍，1997 年復刻版，明治後期産業発達史資料第 355 巻第 7 期，府県産業篇（Ⅵ）。

社団法人糖業協会：《近代日本糖業史》（上、下），東京：劲草書房，1997 年。

陶德民：《日本漢学思想史論考 徂徠・仲基および近代》，大阪：関西大学出版部，1999 年。

湾総督府民政部殖産局：《瓜哇之糖業》，明治四十五年刊，東京：龍溪書舍，2000 年復刻版，明治後期産業発達史資料第 527 巻第 10 期，外国事情篇（含旧植民地資料）7。

松浦章：《清代上海沙船航運業史の研究》，大阪：関西大学出版部，2004 年。

今井駿：《四川省と近代中国：軍閥割拠から抗日戦の大後方へ》，東京：汲古書院，2007 年。

陶德民：《明治の漢学者と中国：安繹・天囚・湖南の外交論策》，大阪：関西大学出版部，2007 年。

久保文克：《近代製糖業の発展と糖業連合会：競争を基調とした協調の模索》，東京：日本経済評論社，2009 年。

松浦章：《清代内河水運史の研究》，大阪：関西大学出版部，2009 年。

（三）英文著作

Sidney Mintz. *Sweetness and Power: the Place of Sugar in Modern History*, New York: Viking Penguin Inc, 1986.

Bill Abert, Adrian Graves. *The World Sugar Economy in War and Depression（1914—1940）*, London: Great Britain by Billing & Sons Ltd, Worcester, 1988.

Wm. Theodore de Bary. *East Asian Civilizations—a Dialogue in Five Stages*, Cambridge: Harvard University Press, 1988.

Galloway J H. *The sugar cane industry: a historical geography from its origins to* 1914, London: Cambridge University Press, 1989.

三、论　文

（一）期刊论文

范毅军：《广东韩梅流域的糖业经济（1861—1931）》，《中央研究院近代史所辑刊》1983 年第 12 期，第 127—161 页。

John A. Larkin：The international Face of the Philippine Sugar Industry，1836—1920，*Philippine Review of Economics and Business*，1984，21（1）：39—58.

陈祥云：《近代四川商品农业的经营：以甘蔗市场为例》，《辅仁历史学报》（台湾）1998
年第 9 期，第 137—164 页。

陈祥云：《蔗糖经济与城市发展：以四川内江为中心的研究（1860—1949）》，《国史馆学
术集刊》（台湾）2002 年第 2 期，第 83—122 页。

平井健介：《1900—1920 年代東アジアにおける砂糖貿易と台湾糖》，《社会経済史学》
2007 年第 1 期，第 27—29、49 页。

陈祥云：《蔗糖经济与地域社会：四川糖帮的研究 1929—1949》，《辅仁历史学报》（台湾）
2008 年第 21 期，第 83—122 页。

（二）文史资料

金振声：《四川的糖业与国民党"专卖"、"征实"》，《四川文史资料选辑》第 13 辑，中国
人民政治协商会议四川省委员会文史资料研究委员会，1964 年，第 118—146 页。

四川大学历史系：《川陕革命根据地的建立和发展》，《四川文史资料选辑》第 21 辑，中国
人民政治协商会议四川省委员会文史资料研究委员会，1980 年，第 1—21 页。

李毅熙：《我所知道的解放前内江金融业》，《内江市文史资料》第 10 期，中国人民政治协
商会议内江市委员会内江市编史修志委员会，1981 年，第 3—11 页。

张俊之：《略谈解放前的内江钱庄》，《内江市文史资料》第 10 期，中国人民政治协商会议
内江市委员会内江市编史修志委员会，1981 年，第 11—14 页。

曾蓁、刘志勇：《内江本票案始末》，《内江市文史资料》第 10 期，中国人民政治协商会议
内江市委员会内江市编史修志委员会，1981 年，第 16 页。

周永林：《论蔗糖纠纷》，《内江文史资料选辑》第 12 辑，中国人民政治协商会议内江市委
员会文史资料委员会，1982 年，第 9—11 页（原载 1947 年 2 月 1 日重庆《新华日
报》）。

内江制药厂工运史编写小组：《中国联合练糖股份公司工人同资本家的斗争》，《内江文史
资料选辑》第 12 辑，中国人民政治协商会议内江市委员会文史资料委员会，1982
年，第 17—18 页。

陈靖方：《内江糖房遵义开》，《内江县文史资料》第 4 期，中国人民政治协商会议内江县
县志编纂委员会，1983 年，第 15—18 页。

刘建纯：《华农糖厂与内江蔗糖生产合作社的建办》，《内江县文史资料》第 4 期，中国人
民政治协商会议内江县县志编纂委员会，1983 年，第 14 页。

宋子麟：《解放前内江食糖经营概况》，《内江市市中区文史资料选辑》第 4 辑，中国人民
政治协商会议内江县县志编纂委员会，1983 年，第 8—10 页。

袁正铭：《原内江甘蔗改良场设置规模》，《内江县文史资料》第 4 期，中国人民政治协商
会议内江县县志编纂委员会，1983 年，第 11—14 页。

曾祥元、曾蓁：《反对国民党政府食糖征实的经过》，《内江县文史资料选辑》第 4 辑，中
国人民政治协商会议内江县县志编纂委员会，1983 年，第 4—5 页。

赵文林：《1947年内江蔗农请愿记》，《内江县文史资料选辑》第4辑，中国人民政治协商会议内江县县志编纂委员会，1983年，第6页。

邹作圣、曾蓁：《内江甘蔗引种问题》，《内江市文史资料》第2、3期，中国人民政治协商会议政协内江市委员会，1984年，第37—41页。

严茂修：《我经营糖房、漏棚的回忆》，《内江市文史资料》第4期，中国人民政治协商会议内江市委员，1984年，第36页。

宋子麟：《建国前内江商业概貌（一）》，《内江市文史资料》第4期，中国人民政治协商会议内江市委员会，1984年，第20—21页。

《内江县税务志》编写组：《原内江食糖专卖分局"印照"盗窃贪污梗概》，《内江县文史资料》第9期，中国人民政治协商会议内江县委员会县志编纂委员会，1984年，第10—11页。

张匀石：《回忆1946年内江蔗农反超额剥削斗争》，《内江市市中区文史资料选辑》第23辑，中国人民政治协商会议内江市市中区文史和学习委员会，1985年，第1—6页。

宋子麟：《记"爆火炮"给内江市场带来的冲击》，《内江市市中区文史资料选辑》第22辑，中国人民政治协商会议内江市市中区文史和学习委员会，1985年，第26—27页。

王东伟、黄江陵：《解放前内江甘蔗种植业概况》，《四川文史资料选辑》第35辑，中国人民政治协商会议四川省委员会文史资料研究委员会，1985年，第177—185页。

王东伟：《解放前内江制糖业概况》，《四川文史资料选辑》第35辑，中国人民政治协商会议四川省委员会文史资料研究委员会，1985年，第186—194页。

刘宗礼、黄世杰：《抗战时期内江县蔗糖生产的发展》，《内江县文史资料》第11、12期合刊，中国人民政治协商会议内江县委员会县志编纂委员会，1985年，第9—13页。

陈志苏、张惠昌、陈雁翚等：《抗战时期四川的田赋征实》，《成都文史资料选辑》（纪念抗日战争胜利四十周年，专辑之三），1985年，第105—121页。

《民国时期的高利贷剥削》，《泸州文史资料选辑》，中国人民政治协商会议四川省泸州市委员会文史资料工作委员会，1986年，第137—143页。

《农业志》编写组：《民国时期内江县的一次农业博览盛会》，《内江县文史资料》第13期，中国人民政治协商会议内江县委员会县志编纂委员会，1986年，第9—10页。

宋子麟：《建国前内江商业概貌（三）》，《内江市市中区文史资料选辑》第23辑，中国人民政治协商会议内江市市中区文史和学习委员会，1986年，第26—29页。

官述康：《资中、内江、富顺、简阳、资阳的"糖业生活"》，《内江市市中区文史资料选辑》第23辑，中国人民政治协商会议内江市市中区文史和学习委员会，1986年，第13—19页。

袁正铭：《1947年赴台湾糖厂实习之记忆》，《内江市市中区文史资料选辑》第23辑，中国人民政治协商会议内江市市中区文史和学习委员会，1986年，第5—13页。

张开俊、余学成：《解放前内江城乡社会劳力的雇佣》，《内江县文史资料选辑》第13期，中国人民政治协商会议内江县委员会县志编纂委员会，1986年，第26—30页。

严茂修：《糖房的制糖设备》，《内江市市中区文史资料选辑》第 25 辑，中国人民政治协商会议内江市市中区文史和学习委员会，1987 年，第 120—128 页。

宋子麟：《我经营糖业运销的回忆》，《内江市市中区文史资料选辑》第 24 辑，中国人民政治协商会议内江市市中区文史和学习委员会，1987 年，第 121—140 页。

宋子麟：《建国前内江商业概貌（四）》，《内江市市中区文史资料选辑》第 25 辑，中国人民政治协商会议内江市市中区文史和学习委员会，1987 年，第 175—182 页。

黄江陵：《杂糖店"同兴源"》，《内江市市中区文史资料选辑》第 25 辑，中国人民政治协商会议内江市市中区文史和学习委员会，1987 年，第 117—120 页。

黄江陵：《解放前的内江航运业》，《内江市市中区文史资料选辑》第 25 辑，中国人民政治协商会议内江市市中区文史和学习委员会，1987 年，第 129—159 页。

谭独：《四川省机制糖厂发展简述》，《内江文史资料选辑》第 3 辑，中国人民政治协商会议内江市委员会文史资料委员会，1988 年，第 53—56 页。

杨祝康：《近代内江蔗糖产量概略》，《内江县文史资料选辑》第 14 期，中国人民政治协商会议内江县委员会县志编纂委员会，1988 年，第 152—158 页。

杨修武、钟莳懋：《川康区食糖专卖概述》，《内江县文史资料选辑》第 14 辑，中国人民政治协商会议四川省委员会内江县县志编纂委员会，1988 年，第 95—122 页。

严茂修口述，白丁整理：《建国前内江糖坊（房）石辊的搬运》，《内江市市中区文史资料选辑》第 26 辑，中国人民政治协商会议内江市市中区文史和学习委员会，1988 年，第 53—58 页。

黄江陵：《大糖房主邱玉章》，《内江市市中区文史资料选辑》第 27 辑，中国人民政治协商会议内江市市中区文史和学习委员会，1988 年，第 50—54 页。

刘建纯：《内江糖业史料锁记》，《内江市市中区文史资料选辑》第 26 辑，中国人民政治协商会议内江市市中区文史和学习委员会，1988 年 7 月，第 44—52 页。

李永厚口述，关弓整理：《抗战末期内江食糖专卖局票照案始末》，《内江县文史资料选辑》第 14 辑，中国人民政治协商会议内江县县志编纂委员会，1988 年，第 123—129 页。

黄世杰、与铭、曾家猷：《内江土法制糖技术革新的人们》，《内江县文史资料》第 15 辑，中国人民政治协商会议内江县县志编纂委员会，1988 年，第 56—57 页。

徐大铨：《资中县球溪河地区土法制蔗糖概况》，《内江文史资料选辑》第 3 辑，中国人民政治协商会议四川省委员会内江市委员会文史资料委员会，1988 年，第 57—70 页。

张止敬等口述，谢嘉猷整理：《解放前后内江商业动态》，《内江市市中区文史资料选辑》第 28 辑（纪念内江解放四十周年），中国人民政治协商会议内江市市中区文史和学习委员会，1989 年，第 73—79 页。

黄世杰：《记建国初期内江县的土糖房》，《内江县文史资料》第 16 辑，中国人民政治协商会议内江县县志编纂委员会，1989 年，第 118—122 页。

洪庐：《内江蔗糖品类和内江蜜饯》，《内江文史资料选辑》第 7 辑，中国人民政治协商会议四川省委员会内江市文史资料委员会，1990 年，第 52—158 页。

徐智广：《内江蔗渣造纸生产演进锁记》，《内江市文史资料选辑》第 6 辑，中国人民政治协商会议内江市市中区文史和学习委员会，1990 年，第 95—102 页。

一之、姚龙章、叶松：《解放前资中食糖运销点滴》，《内江文史资料选辑》第 7 辑，中国人民政治协商会议四川省委员会内江市文史资料委员会，1990 年，第 159—163 页。

徐智广：《建国初期内江甘蔗生产即土糖加工成本简介》，《内江市市中区文史资料选辑》第 34 辑，中国人民政治协商会议内江市市中区文史和学习委员会，1991 年，第 111—125 页。

但恭慎：《同业公会小史》，《内江市市中区文史资料选辑》第 29 辑，中国人民政治协商会议内江市市中区文史和学习委员会，1991 年，第 41—54 页。

李孔遗：《富顺县的自由借贷》，《富顺文史资料选辑》第 5 辑，中国人民政治协商会议四川省委员会富顺县委员会文史资料研究委员会，1991 年，第 45—52 页。

任世俊、宋子麟：《解放前内江河坝街各帮分布》，《内江文史资料选辑》第 9 辑，中国人民政治协商会议四川省委员会内江市文史资料委员会，1992 年，第 187—190 页。

徐智广：《五十年代内江"甘蔗综合利用"经历见闻记略》，《内江文史资料选辑》第 32 辑，中国人民政治协商会议四川省委员会内江市委员会文史资料委员会，1994 年，第 78—90 页。

黄江陵：《一个名桔园的盛衰史》，《内江文史资料选辑》第 32 辑，中国人民政治协商会议四川省委员会内江市委员会文史资料委员会，1994 年，第 90 页。

王朝纲：《内江县的航运业》，《内江文史资料选辑》第 11 辑，中国人民政治协商会议内江市委员会文史研究委员会，1994 年，第 77—79 页。

邹作圣：《我对内江县第二产糖高峰产量作了一次核查》，《内江市市中区文史资料选辑》第 40 辑，中国人民政治协商会议内江市市中区文史和学习委员会，2002 年，第 179—188 页。

黄江陵：《建国前内江杂糖糕点业概况》，《内江市市中区文史资料选辑》第 40 辑，中国人民政治协商会议内江市市中区文史和学习委员会，2002 年，189—196 页。

徐智广：《上世纪四十年代前后内江的酒精工业》，《内江市市中区文史资料选辑》第 40 辑，中国人民政治协商会议内江市市中区文史和学习委员会，2002 年，第 197 页。

邹作圣：《立此存照——呼吁糖业博物馆失败纪事》，《内江市市中区文史资料选辑》第 42 辑，中国人民政治协商会议内江市市中区文史和学习委员会，2004 年，第 163—177 页。

宋国英：《资中历史悠久的制糖业》，《内江文史》第 23 辑，中国人民政治协商会议内江市委员会文史和学习委员会，2006 年，第 153—156 页。

四、报　　刊

官述康：《资中、内江、富顺、简阳、资阳的糖业生活》，《少年世界》1920 年第 1 卷第 5 期，第 60—64 页。

《四川各县经济调查之一斑》，《四川经济月刊》1935 年第 4 卷第 6 期，第 31—36 页。

《成渝路沿线经济概观（三）》，《四川经济月刊》1936 年第 6 卷第 1 期，第 33—44 页。

朱博能：《中国蔗糖业及其统制》，《东方杂志》1936 年第 33 卷第 3 号，第 62 页。

朱博能：《闽南的蔗糖业》，《复兴月刊》1936 年第 4 卷第 8 期，第 9—15 页。

《四川甘蔗及蔗糖改进试验工作概况》，《四川经济月刊》1938 年第 6 卷第 1 期，第 33—46 页。

甘蔗试验场：《重庆蔗糖贸易调查》，《建设周报》1938 年第 7 卷第 10 期，第 1—12 页。

艾汝洁：《资中蔗糖之产制》，《四川省营业税局月报》1939 年第 2 卷第 2 期，第 11—16 页。

李尔康，张力田：《制造酒精之糖品原料问题》，《建设通讯》1939 年第 7 卷第 22 期，第 1—15 页。

周大瑶，毕相辉：《川糖之沿革与现状》，《西南实业通讯》1940 年第 1 卷第 3 期，第 51—54 页。

杨公庶：《酒精工业生产及困难情形》，《西南实业通讯》1940 年第 8 卷第 1 期，第 15 页。

杨公庶：《抗战以来后方之酒精工业》，《西南实业通讯》1940 年第 5 卷第 5 期，第 7 页。

诗感：《今日我国之酒精车》，《江西公路》1940 年第 5 卷第 15 期，第 1—17 页。

邓兆槐：《四川蔗糖问题之商榷》，《建设周报》1940 年第 1—4 合刊，第 6—10 页。

《内江糖业现状记》，《四川经济月刊》1942 年第 7 卷第 4 期，第 76—81 页。

田文彬：《川康食糖专卖以后》，《新经济半月刊》1942 年第 7 卷第 4 期，第 76—81 页。

李德宣：《四川内江金融市况与蔗糖产销情形》，《经济汇报》1942 年第 6 卷第 6 期，第 51—71 页。

李尔康，张力田：《四川糖业之危机及振兴方策》，《西南实业通讯》1942 年第 6 卷第 6 期，第 21—27 页。

曹立瀛，赵士奇：《中国战时酒精工业之研究》，《资源委员会季刊》1945 年第 5 卷第 1 期，第 23—27 页。

朱吉礼：《内江之甘蔗糖清评价》，《四川经济季刊》1945 年第 2 卷第 3 期，第 120—128 页。

郭太龙：《四川省近年蔗糖产销概况（下）》，《中农月刊》1946 年第 3 卷第 11 期，第 56—57 页。

黄平元：《四川糖业公司之前瞻》，《台糖通讯》1948 年第 3 卷第 18 期，第 9 页。

五、学 位 论 文

刘志英：《论近代沱江流域的制糖工业》，四川大学硕士学位论文，1992 年。

白云春：《民国时期广东蔗糖业的发展》，中山大学硕士学位论文，1999 年。

胡丽美：《抗战以来四川内江的蔗糖纠纷》，四川师范大学硕士学位论文，2006 年。

附录 抗日战争时期食糖专卖暂行条例

第一章 通 则

第一条 央政府专卖之食糖如左

一、白糖

二、红糖、赤糖、乌糖、黄糖、黑糖

三、桔糖

四、方糖、块糖

五、精糖

六、冰糖

七、其他糖类

第二条 糖非经政府之许可，不得由国外输入，并不得由未施行本条例之区域移入。

第三条 糖及糖之加工料及其副产品，非经报由政府收购，或经其许可贩卖者，不得贩卖。

第四条 专卖之糖，应依法定税率，扣缴税款。其自国外输入，或自未施行专卖区域移入者，另缴平衡税。

第五条 糖专卖事业，由财政部食糖专卖局办理。其组织另以法律定之。

第六条 从事于糖之产制、销售者，应依法个别组织同业公会，由各主管官署监督之。前项各同业公会，经受委托，有协助专卖局执行特定事项之义务

第七条 专卖糖类之收购及出售，其衡器应依度量衡法之规定。

第二章 生产原料之管理

第八条 制糖之甘蔗、甜菜及其他可供制糖原料之种户，应于始业前一个月，将左列各事项向专卖局或其委托之机关团体声请免费登记，其变更或

废止种植时亦同。

  一、姓名住址

  二、品种

  三、种植地之面积及坐落

  四、轮种或连种

  五、成熟期

  六、产量之估计

  七、生产费之估计

  第九条　专卖局对于前条申请之面积、产量及其品种，应加核定，其有妨及主要民食之生产，或产糖原料有过剩之情形时，得限制之。

  第十条　制糖之甘蔗、甜菜及其他可供制糖原料之单位价格，由专卖局按照品种、分别核定标准，并公告之。专卖局为前项之核定时，应征取该区域产制者同业公会之意见。

  第十一条　经声请登记核定之原料，政府有保证其按价出售之义务。但不合制糖标准者，不在此限。

  第十二条　经登记之种户，得组织合作社及合作社联合社，向专卖局请求贷款与必要之生产资金。前项贷款办法，由财政部定之。

  第十三条　专卖局得分区设置示范场，培育种苗、指导种户改良品种及种植技术、防治病虫害之方法，或予以必要之协助。

第三章　成品制造之管理

  第十四条　制糖厂商应于开业前，将下列各事项声请专卖局核准登记，其变更时亦同。

  一、名称及代表人姓名、住址

  二、资本额

  三、制造方法及设备

  四、每年所制成品种类及数量

  五、每年开工期间及停工期间

  六、其他事项经专卖局指定者

前项登记，于歇业或解散时，应声请注销之。

  第十五条　制糖厂商，有依照第十条核定价格承购制糖原料之义务。

  第十六条　制糖厂商，应将下列各事项逐日记载于营业账簿。

一、原料之种类、数量及购进处所、日期及价格

二、使用原料之种类及其数量

三、成品之种类及其数量

四、成品储存处所

五、其他事项，经专卖局指定必须记载者

第十七条　专卖局对于制糖之过程及结果及制糖厂商之仓储与其账簿单据，得随时施行必要之检查。

第十八条　制糖厂商，应将所制成品种类及数量，按期报告该区同业公会，转报专卖局登记。

第十九条　制糖厂商，不得将已登记之成品掺混杂质或溶解。

第二十条　制糖厂商，对于成品之包装及其定量，应受专卖局之指示，非经许可不得变更。

第二十一条　本章规定，于加工制造商适用之。

第四章　成品存储之管理

第二十二条　专卖之糖，应于制造完成后十日内，悉数缴存专卖局在该区域所设之公栈或其所指定之商栈。

第二十三条　专卖局应于产销集中及运输扼要地点设置公栈，办理专卖糖类之入栈、出栈事项。

第二十四条　制糖厂商，自设有储糖仓栈或其他储糖设备者，经呈请专卖局认为便于管理，且合于前条规定条件时，亦得许其自为存储。但其仓储得由专卖局管理。

第二十五条　专卖局所设之公栈或其所指定之商栈，于糖类入栈时，应发给栈单与交货人。糖栈管理规则，由财政部定之。

第二十六条　专卖糖类之出栈，非贴有专卖凭证及专卖局所发之准运单，不得为之。

第五章　收　　购

第二十七条　专卖之糖，由专卖局依照财政部核定价格收购之。前项收购价格，由专卖局于该管区域内组织评价委员会，按照产制成本及合法利润为标准。并由财政部参酌实际情形，核定公告之。其变更时亦同。评价委员会，应由该区糖业公会参加。其组织规程，由财政部定之。

第二十八条　专卖局对于制糖厂商，得指定日期及场所，令其交付成品。

第二十九条　制糖厂商所交付之成品，如品质低劣，包装定量不合规定时，专卖局得命令其更为适当处理后收购之。

第三十条 国外输入之专卖糖类，应向专卖局请领特许凭证，于进口后，报由专卖局依本章规定收购之。前项规定，于未实行专卖区域移入之糖类准用之。

第六章 销 售

第三十一条 专卖之糖，其承销商、零售商，应经专卖局核准登记，给予凭照。

第三十二条 专卖之糖，其批发价格，由专卖局按照各区收购成本及国家专卖利益为计算标准，分别拟订，呈财政部核定公告之。

第三十三条 专卖之糖，其零售价格，由该区糖业公会拟订，报请专卖局核定公告，并转报财政部备案。

第三十四条 专卖局对于承销商、零售商之营业状况及其存货账册单据，得随时施以必要之检查。

第七章 罚 则

第三十五条 违犯第二条及第三十条之规定，而为输入或移出者，处以输入或移出之数量相等价值一倍至二倍之罚款，并没收其糖类。

第三十六条 违反第八条之规定，怠于登记者，处以一百元以下之罚款。

第三十七条 违反第十四条之规定，不为声请者，处以五百元以下之罚款。

第三十八条 制糖厂商违反第十六条及十八条之规定不为记载或报告，及为不正当之记载或报告者，处以三百元以下之罚款。其涉及伪造或编造者，依刑法处断。

第三十九条 违反第十九条、第二十条各规定，掺混杂质溶解或改变包装及其定量者，处以二百元以下之罚款，其掺杂之糖没收之。

第四十条 违反第二十二条、第二十四条各规定，私自存储糖类者，除将货件没收外，并处以五百元以下之罚款。其情节重大者，并得予以停业之处分。

第四十一条 违反第二十八条之规定，不依指定日期及场所交付成品者，处以三百元以下之罚款。

第四十二条 制糖厂商将所制糖类私自运销者，除将运销之糖没收外，并处以一千元以下之罚款。其情节重大者，并得以停业之处分。如不能没收市，追缴其价额。

第四十三条　本条例之罚款，由法院以裁定行之。对于前项裁定，得于五日内向该管上级法院抗告。对于抗告法院之裁定，不得再行抗告。法院得酌定期限，命受罚人缴纳罚款，逾限不缴纳者，得强制执行之。

第四十四条　凡将本条例所定各项凭证、单据私自改篡或旧证重用及伪造凭证者，除将货件没收外，并依刑法处断。

第八章　附　　则

第四十五条　在本条例实行前，制糖厂商及从事糖业之人所持有及所贩卖之专卖糖类，应自本条例施行日起一个月内向专卖局登记，并照价出售，其详细办法由财政部定之。

第四十六条　本条例施行细则，由财政部定之。

第四十七条　本条例施行日期及区域，以命令定之。

后　记

　　本书是 2012 年度教育部人文社会科学西部和边疆地区青年项目"抗日战争时期大后方糖业统制研究"（批准号：12XJC770010）的结项成果。

　　2011 年 9 月，有幸到西南大学历史文化学院中国史博士后流动站从事博士后研究工作，恰逢该年教育部项目申报，我就在博士论文《"从自由市场到统制市场"：近代四川沱江流域蔗糖经济研究》的基础上，申报了题目为"抗日战争时期大后方糖业统制研究"的教育部青年项目，很荣幸获得 2012 年度立项批准。最终成果加入了一个副标题"基于四川糖业经济的考察"，以此来限定论述的范围。

　　本书是我近年来研究成果的集中展示。书中第三、四、五章大部分内容来源自我的博士论文，其他部分内容则均为近年来的最新研究成果，有的内容已在一些学术刊物上发表，特向华中师范大学中国近代史研究所及相关刊物致谢。

　　本书由科学出版社出版，杨静编辑做了大量的工作，西南大学历史文化学院资助部分出版经费，特致谢意。

　　特别感谢我的导师朱英教授，无论在华中师范大学攻读博士学位期间，还是毕业后到西南大学工作，朱老师一直关心、扶助我成长。

赵国壮

2015 年 1 月 25 日于西南大学